ANDROID PROGRAMMING

안드로이드 프로그래밍

나근식 지음

도서출판 한산

머리말

안드로이드는 스마트한 모바일 기기를 위한 플랫폼으로 현재 스마트폰용 플랫폼으로 가장 많이 사용되고 있는 소프트웨어이다. 2007년에 안드로이드 SDK 1.0이 최초로 발표되어 여러 번의 버전 변경을 통해 현재 버전 9 베타 버전까지 공개되어 있다. 안드로이드는 스마트폰 뿐만 아니라 TV, 웨어러블 기기 등 거의 모든 스마트 기기뿐 아니라 이제는 자동차용 소프트웨어를 위한 플랫폼으로도 사용되고 있다.

이 책은 안드로이드 초보자들이 안드로이드 시스템을 이해하고, 안드로이드 플랫폼이 제공하는 다양한 기능들을 활용할 수 있는 실용적인 지식을 제공하는 것을 목표로 한다. 대부분의 어플리케이션에서 필요한 필수적인 컴포넌트나 위젯들에 대해서 동작 원리를 설명하고 이를 실재 어플리케이션 개발에 사용할 수 있도록 예제 프로그램을 제공한다. 이 책에서 제공하는 예제들은 부분적으로 어플리케이션을 개발하는 실무에 직접 적용할 수 있도록 완성도를 높여 구체적으로 작성되어 있다. 안드로이드 프로그램은 자바 언어로 작성되기 때문에 이 책에서는 자바 언어에 관한 내용은 별도로 설명하기 않는다. 그러나 자바의 기본 문법과 클래스 개념을 이해한다면 내용을 이해하는데 무리가 없을 것이다.

이 책은 안드로이드에 입문하는 독자들을 위해서 비교적 간단한 화면 설계와 액티비티의 이벤트 처리에서 시작해서 안드로이드 프로그램 개발자들에게 실무적으로 필요한 데이터베이스나 컨텐츠 제공자, 방송 수신자, 서비스, 쓰레드, 파일 처리, 네트워크 처리 등과 같은 복잡한 내용까지 다룬다. 대학교의 한 학기 정도의 기간 동안에 전체 내용을 모두 습득하여 유용한 어플리케이션을 개발할 수 있도록 기초적인 내용과 실무적인 내용을 적절하게 배분하여 설명하고 있다.

2018년 8월
저자 씀

차 례

1 장 안드로이드 소개

1. 안드로이드 소개

애플이 스마트폰을 공개한 이후 스마트 폰을 비롯한 스마트한 모바일 기기들을 위한 기술이 급속히 발전해서 다양한 형태의 스마트한 모바일 기기들이 등장하였다. 이러한 기기들은 데스크탑 컴퓨터 환경과 유사한 운영체제를 기반으로 기본적인 통신 기능뿐만 아니라 데스크탑 환경과 비슷한 수준의 컴퓨팅 환경까지 제공한다. 모바일 기기들은 데스크탑 컴퓨터에 사용되는 운영체제를 규모가 작은 모바일 환경에 적합하도록 수정한 모바일 운영체제를 사용한다.

현재 시장을 지배하는 모바일 운영체제는 구글의 안드로이드(Android), 애플의 iOS, 마이크로소프트의 윈도폰이 대표적이다. 이 중에서 안드로이드가 가장 많은 기기에서 사용된다. 안드로이드는 아파치 라이선스(Apache License)로 제공되는 무료 소프트웨어이기 때문에 저작권만 표시하면 소스 코드를 무료로 또는 상업적으로 사용할 수 있다. 따라서 안드로이드를 기반으로 개발되는 소프트웨어는 무료로 제공될 수도 있고, 상업적으로 판매될 수도 있다.

1.1 안드로이드 개요

2007년에 구글이 주도하고 삼성전자, 텍사스 인스트루먼트, 모토롤라 등이 참여한 컨소시엄인 OHA(Open Handset Alliance)에서 안드로이드 플랫폼을 개발하기 시작하여 2008년에 최초로 안드로이드 SDK 1.0 버전이 발표되었다. 이를 기반으로 대만의 HTC 사에서 최초의 안드로이드 폰이 개발되었고, 뒤를 이어 삼성전자에서 갤럭시 S를 발표하였다.

안드로이드는 2017년 현재 버전 8.0까지 발표되어 있고 지속적으로 업데이트되고 있다. 안드로이드의 각 버전은 디저트 이름을 바탕으로 하는 코드 네임이 부여되어 있는데, 디저트 이름은 알파벳 C부터 시작해서 하나씩 진행되면서 부여되고 있다. 코드 네임이 부여된 최초의 버전은 안드로이드 1.5로 코드 네임은 Cupcake이다.

[표 1-1] 안드로이드 버전

버전	API 레벨	이름	발표 년도
Android 1.5	3	Cupcake	2009.04
Android 1.6	4	Donut	2009.09
android 2.0~2.1	5, 6, 7	Eclair	2009.10
Android 2.2	8	Froyo	2010.05
Android 2.3	9, 10	Gingerbread	2010.12
Android 3.0~3.2	11, 12, 13	Honeycomb	2011.02
Android 4.0	14, 15	Ice Cream Sandwich	2011.10
Android 4.1~4.3	16, 17, 18	Jelly Bean	2012.07
Android 4.4	19, 20	KitKat	2013.10
Android 5.0~5.1	21, 22	Lollipop	2014.10
Android 6.0	23	Marshmallow	2015.05
Android 7.0	24	Nougat	2016.08
Android 8.0	25	Oreo	2017.08

1.2 안드로이드 시스템 구조

안드로이드 시스템은 리눅스 커널을 기반으로 자바 가상 머신을 포함하는 런타임, 라이브러리, 그리고 어플리케이션 프레임웍으로 구성되어 있다.

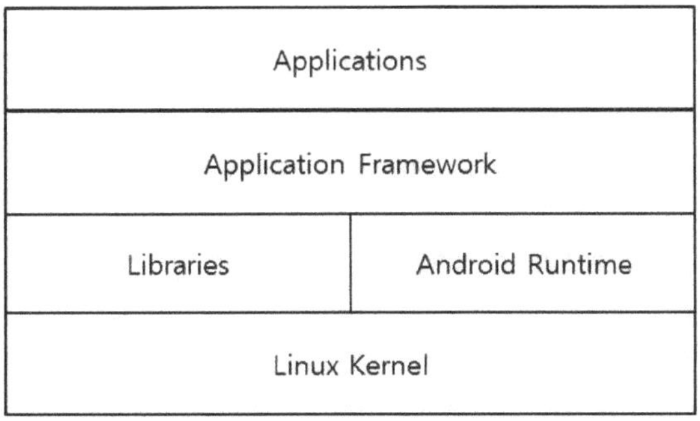

<그림 1-6> 안드로이드 시스템 구조

Linux Kernel

리눅스 커널은 시스템의 메모리 관리, 프로세스 관리, 파일 관리, 각종 장치 드라이버, 보안, 네트워크 기능 등을 담당한다.

Libraries

라이브러리는 C 언어의 표준 라이브러리를 포함해서, SQLite 데이터베이스, 2D/3D 그래픽, 오디오나 비디오의 녹음과 재생 기능 등을 제공한다.

Android Runtime

안드로이드 런타임은 자바 가상 머신과 런타임 코어 라이브러리로 구성된다. 하나의 안드로이드 어플리케이션 프로그램은 하나의 안드로이드 런타임이 실행시키고, 하나의 안드로이드 런타임은 하나의 리눅스 프로세스로 실행된다.

Application Framework

어플리케이션 프레임워크은 안드로이드 SDK의 API를 제공한다. 안드로이드 어플리케이션 프로그램은 안드로이드 SDK에서 자바의 클래스 형태로 제공하는 기능들을 이용해서 작성된다.

Applications

어플리케이션은 안드로이드 시스템 상에서 실행되는 어플리케이션을 말한다. 안드로이드 시스템이 제공하는 기본 어플리케이션과 개발자가 작성해서 탑재한 어플리케이션들이 여기에 속한다.

1.3 안드로이드 어플리케이션

안드로이드 어플리케이션 프로그램은 안드로이드 SDK가 제공하는 API들을 사용해서 자바 언어로 작성한다. 안드로이드 개발 도구인 안드로이드 스튜디오는 어플리케이션 프로그램의 소스 파일을 컴파일하여 .dex 파일을 만들고, 프로그램에서 사용하는 자원들과 .dex 파일을 합쳐서 .apk 파일을 생성한다. 이 .apk 파일이 장치에 탑재되어 안드로이드 런타임 내에 있는 가상 머신(Virtual Machine)에 의해 실행된다.

1.3.1 안드로이드 어플리케이션 프로그램의 구성 요소

안드로이드 어플리케이션 프로그램은 네 가지 구성 요소(Component) 즉, 액티비티(Activity), 서비스(Service), 방송 수신자(Broadcast Receiver), 컨텐츠 제공자(Contents Provider)로 구성된다. 하나의 어플리케이션 프로그램은 이들 구성요소 모두를 가지거나 일부만 가질 수도 있다.

(1) 액티비티

액티비티는 장치의 화면과 관련된 작업을 담당하며 사용자와 상호작용 한다. 화면에 나타나는 텍스트, 이미지, 비디오 등의 모든 내용은 액티비티에 의해 제공되는 것이고, 사용자가 화면을 터치하는 것과 같은 이벤트를 처리하는 것도 액티비티이다. 하나의 액티비티는 화면 전체를 차지하며 동작한다. 따라서 하나의 프로그램 내에는 여러 개의 액티비티가 있을 수 있지만, 한 순간에는 하나의 액티비티만이 화면에 보이고 나머지 액티비티들은 그 뒤에 가려져 있게 된다.

(2) 서비스

서비스는 사용자 인터페이스 화면을 가지지 않고 백그라운드로 실행된다. 서비스는 다른 컴포넌트에 의해 실행이 시작되고, 주어진 작업이 완료되면 자동으로 종료된다. 서비스는 주로 시간이 오래 걸리는 작업, 예를 들면 오디오 재생이나 네트워크를 통한 데이터의 다운로드 등과 같은 작업을 수행하는데 사용된다.

(3) 방송 수신자

방송 수신자는 방송 메시지를 받아서 실행이 시작되는 컴포넌트이다. 방송 메시지는 다른 어플리케이션 프로그램이나 안드로이드 시스템이 보낸다. 방송 메시지의 예로는 배터리 상태 보고, 화면 꺼짐/켜짐 알림, 문자 메시지 수신 등이 있다. 방송 수신자가 포함된 어플리케이션 프로그램이 장치에 설치될 때에 프로그램 내에 포함된 방송 수신자가 수신할 방송 메시지에 대한 정보를 시스템은 미리 알게 되는데, 시스템은 이 정보를 이용해서 어떤 방송 메시지가 발생하면 그 메시지를 기다리는 방송 수신자를 실행시킨다.

(4) 컨텐츠 제공자

컨텐츠 제공자는 데이터를 저장하고 있다가 다른 프로그램이 요청할 때 제공해 주는 컴포넌트이다. 컨텐츠 제공자는 다른 프로그램 혹은 컴포넌트에게는 마치 데이터베이스처럼 보인다. 안드로이드 폰에 기본적으로 있는 전화번호부, 갤러리, 오디오 플레이어 등은 모두 시스템이 기본적으로 제공하는 컨텐츠 제공자를 이용해서 만든 것이다.

1.3.2 안드로이드 프로그램의 실행

안드로이드에서 어플리케이션이 실행되는 방법은 보통 데스크탑 컴퓨터에서 프로그램이 실행되는 방법과 다르다.

먼저 안드로이드에서 컴포넌트는 실질적으로 하나의 실행 단위이다. 즉, 하나의 어플리케이션 프로그램을 실행한다는 것은 그 내에 있는 메인 액티비티를 실행하는 것이고, 메인 액티비티에서 시작해서 다른 액티비티 혹은 컴포넌트를 차례로 실행하게 된다. 하나의 컴포넌트가 다른 컴포넌트를 실행시키려면 그 컴포넌트의 실행을 요청하는 일종의 메시지인 인텐트(Intent)를 시스템에게 보내면 된다. 같은 어플리케이션 내의 컴포넌트를 실행할 때에는 실행할 컴포넌트의 클래스 이름을 직접 사용해서 실행시킨다.

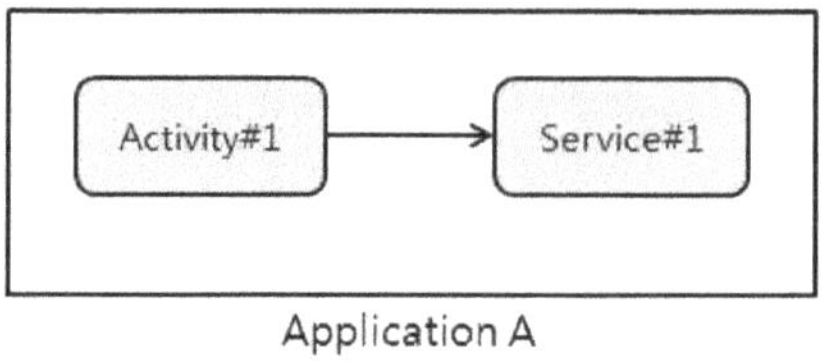

〈그림 1-2〉 같은 어플리케이션 내의 컴포넌트 실행

다른 프로그램 내에 있는 컴포넌트도 실행할 수 있다. 한 어플리케이션 내에 있는 액티비티가 다른 어플리케이션에 포함되어 있는 액티비티를 실행할 수 있다. 다른 어플리케이션 내의 컴포넌트를 실행할 때에는 클래스 이름을 알 수 없기 때문에 작업의 이름(action)을 지정해서 시스템에 그 작업을 수행할 컴포넌트를 찾아서 실행하도록 요청한다. 예를 들면 갤러리 앱에 있는 카메라 버튼을 터치하면 카메라 앱에 있는 사진을 찍을 수 있는 액티비티가 실행된다.

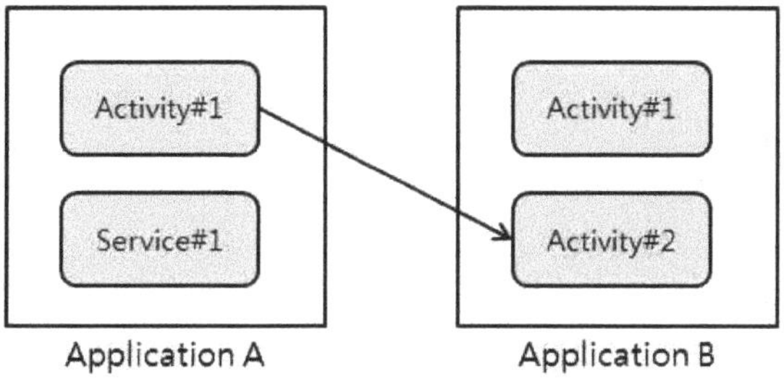

<그림 1-3> 다른 어플리케이션 내의 컴포넌트 실행

2 장 개발 도구 설치

2. 개발 도구 설치

안드로이드 프로그램을 개발하고 검증하기 위해서는 개발의 전 과정 즉, 편집, 컴파일, 디버깅, 설치 및 실행을 위한 도구들을 포함하는 통합 개발 환경이 필요하다. 여기서는 구글에서 제공하는 공식적인 안드로이드 개발 도구인 안드로이드 스튜디오를 포함해서 관련된 유용한 도구들을 설치하는 방법을 설명한다.

2.1 안드로이드 개발 도구

안드로이드 어플리케이션 프로그램을 개발하는 도구들은 여러 가지가 있는데 많이 사용하는 것은 다음과 같은 것들이 있다.

- Android Studio
- Eclipse
- App Inventor

자바 프로그램 작성에 많이 사용하던 통합 개발환경인 Eclipse를 사용해서도 안드로이드 프로그램을 개발할 수 있다. Eclipse에 안드로이드 SDK와 기타 프로그램 다운로드에 필요한 도구들을 설치하면 안드로이드용 개발 툴로 사용할 수 있는데, 사실 안드로이드 스튜디오가 나오기 전에는 Eclipse를 사용해서 안드로이드 프로그램을 개발했다.

현재 가장 많이 사용되는 것은 구글에서 아파치 라이센스로 제공하는 공식적인 통합 개발 환경인 안드로이드 스튜디오(Android Studio)이다. 안드로이드 스튜디오는 안드로이드 프로그램을 개발하는데 필요한 편집기, 컴파일러, SDK, 에뮬레이터 등을 모두 포함하고 있다. 안드로이드 스튜디오는 프로그램 개발에 필요한 여러 가지 도움말 정보와 자동완성 기능을 제공하고 있어서 안드로이드 프로그램 개발에 최적화되었다고 할 수 있다.

2.2 안드로이드 스튜디오 설치

안드로이드 프로그램은 자바 언어를 기반으로 작성하기 때문에 안드로이드 프로그램을 설치하기 전에 먼저 자바의 JDK가 설치되어 있어야 한다.

2.2.1 JDK 설치

대부분의 컴퓨터에는 이미 자바의 JDK가 설치되어 있지만 그렇지 않은 경우에는 이를 먼저 설치해야 한다. JDK 설치 과정은 다음과 같다.

(1) http://java.sun.com 에서 [Java Download]를 선택한다.

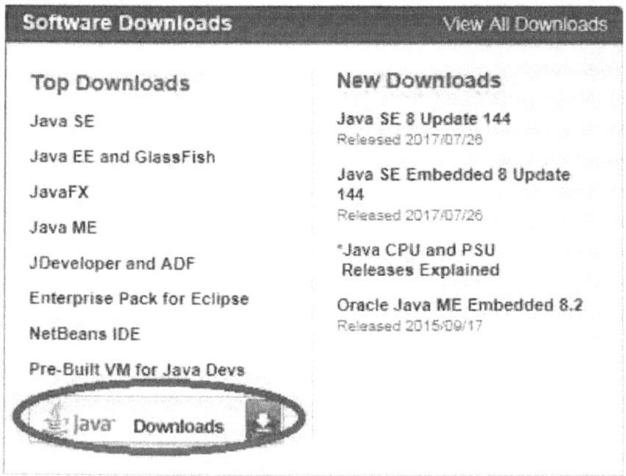

(2) Java SE 최신 버전을 다운로드한다.

(3) 라이센스에 동의하고 윈도우즈용 jdk를 다운로드하고 실행한다. 설치할 컴퓨터의 윈도우즈 운영체제가 32비트 운영체제(Windows x86 설치)인지 64비트 운영체제(Windows x64 설치)인지 확인한 후에 적절한 jdk를 설치한다.

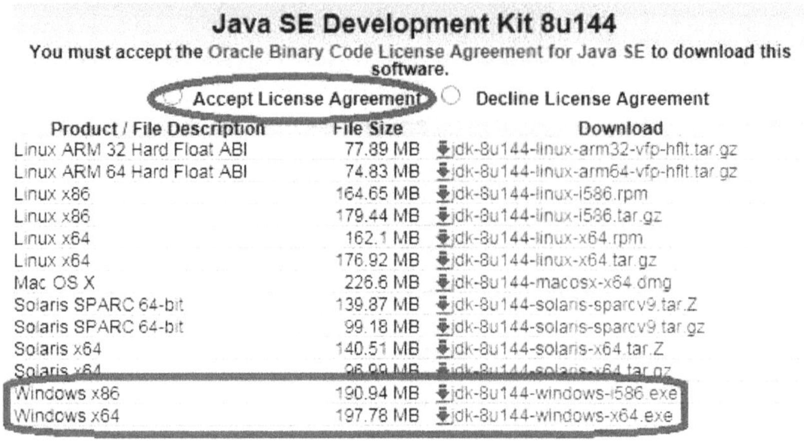

2.2.2 안드로이드 스튜디오 설치

안드로이드 스튜디오는 안드로이드 개발자 사이트에서 제공한다. 안드로이드 스튜디오의 압축 파일을 다운로드한 후에 압축을 풀면 설치가 완료되는데, 설치한 후에 필요한 SDK를 추가로 설치한다. 안드로이드 스튜디오를 설치하는 컴퓨터의 이름에 한글이나 공백 문자, 특수 문자 등이 포함되어 있으면 동작이 되지 않기 때문에 주의하여야 한다.

(1) https://developer.android.com/studio/index.html 에서 압축 파일을 다운로드한다.

(2) 다운로드가 시작되면 화면의 하단의 실행 버튼을 클릭하여 다운로드 되고 있는 실행파일을 실행하고 다음 단계로 진행한다.

(3) 설치할 소프트웨어를 선택하는 화면에서 디폴트로 두고 다음 단계로 진행한다.

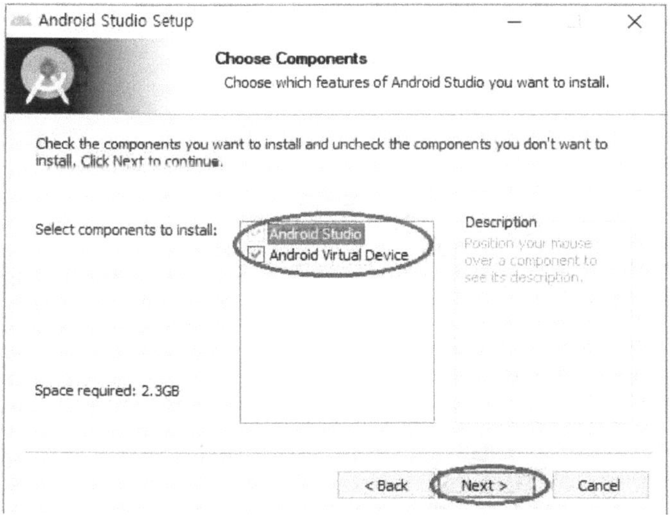

(4) 설치할 디렉토리를 선택하는 화면이다.

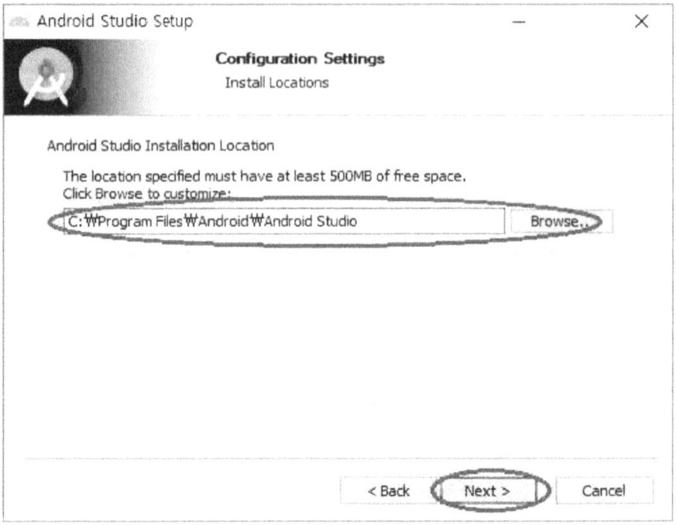

(5) 위 단계의 디렉토리 내에 다음과 같은 이름의 디렉토리를 생성하고, 그 아래에 안드로이드 스튜디오를 설치한다. 이후에 계속되는 화면에서는 디폴트를 선택하고 설치를 계속 진행한다.

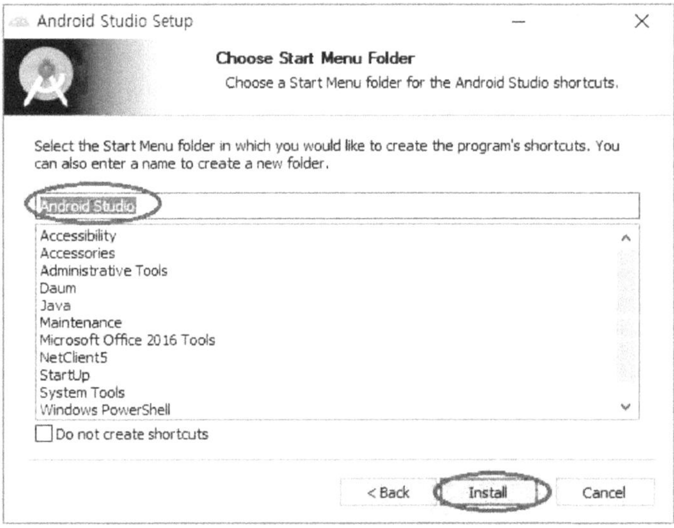

(6) 설치가 완료되면 안드로이드 스튜디오의 실행 여부를 묻는데, Finish 버튼을 클릭하여 설치를 완료하고, 안드로이드 스튜디오가 실행되도록 한다.

(7) 안드로이드 스튜디오가 실행되면 다음 화면이 나타나는데, 여기서 OK 버튼을 클릭한다. 이제부터 추가로 다운로드해야할 요소들을 다운로드하게 된다. 아래 화면은 이전에 안드로이드 스튜디오를 설치한 적이 없고 최초로 설치할 때 설치하는 과정이다. 또한 이전에 설치한 적이 있어도 완전히 삭제하고 다시 설치하는 과정이다.

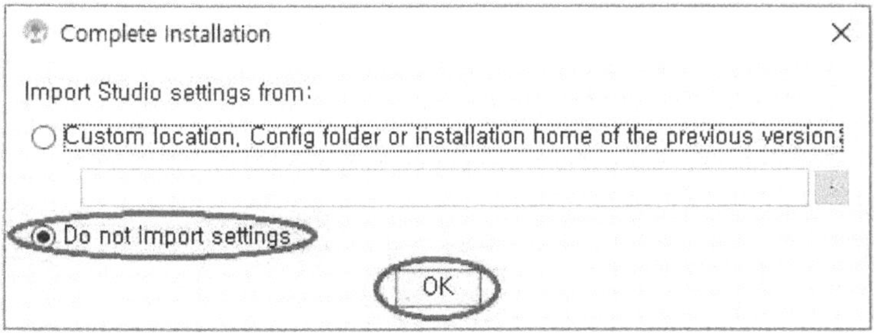

(8) 안드로이드 스튜디오로 여러 가지 어플리케이션들을 개발할 수 있음을 안내하는 화면인데, Next 버튼을 클릭한다.

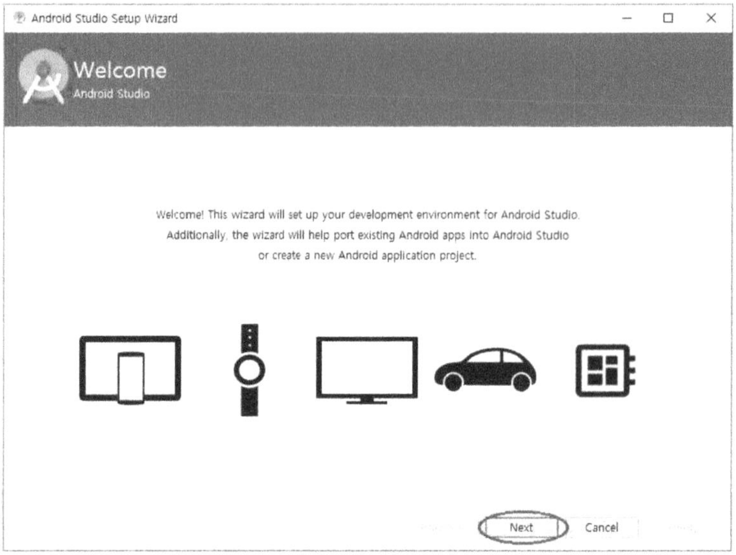

(9) 커스텀(Custom)으로 설치하면 필요한 요소들을 선택해서 설치할 수 있고, 표준형(Standard)로 설치하면 대부분 필요한 기능이 모두 설치되므로 Standard로 설치한다.

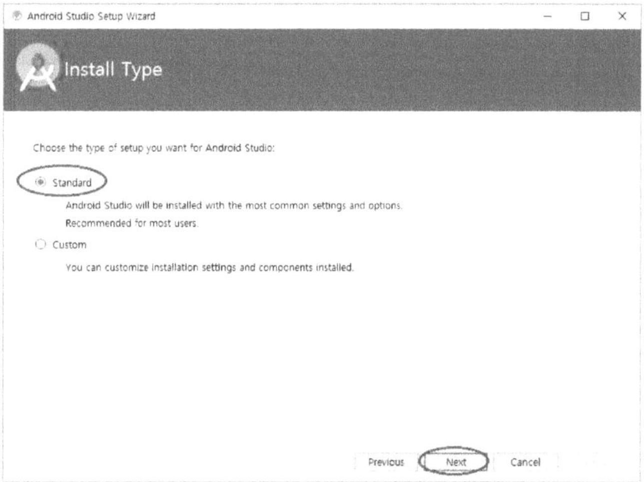

(10) 안드로이드 스튜디오의 편집기 화면의 형태를 선택하는데, 디폴트로 진행한다.

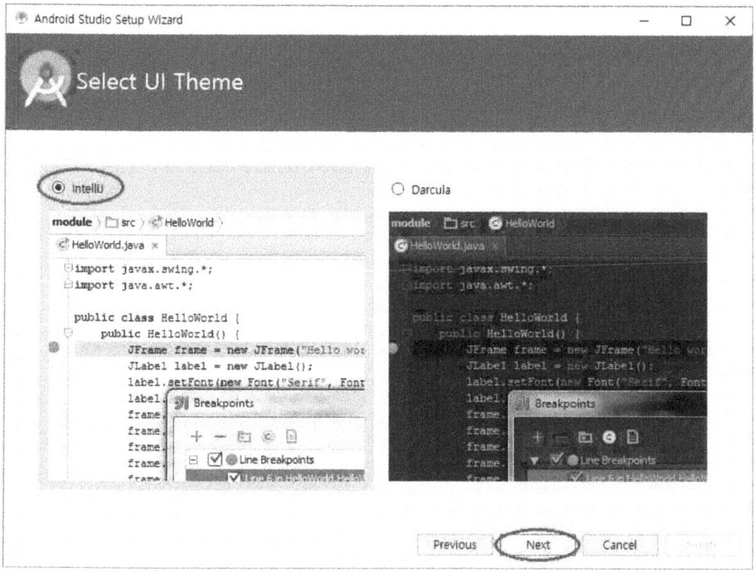

(11) 설치할 요소들과 그 크기를 보여주는 화면인데, Finish 버튼을 클릭하면 제시된 모든 요소들을 다운로드하고 설치한다. 상당한 정도의 시간이 소요될 수 있다.

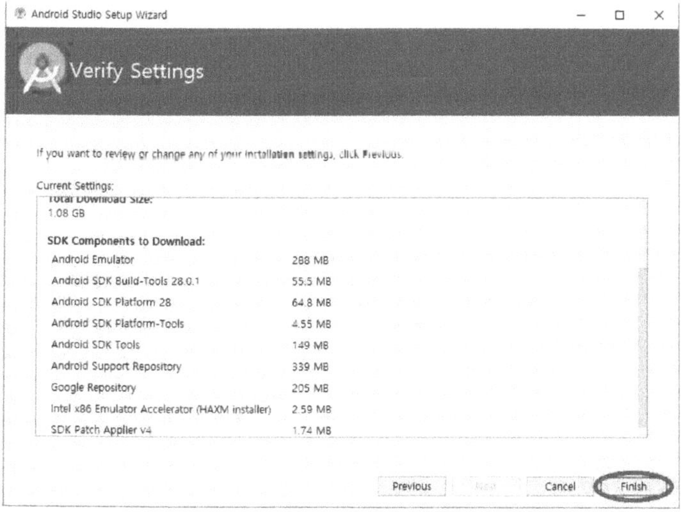

(12) 설치가 완료되면 아래의 안내 메시지가 나오는데 Finish 버튼을 클릭하면 설치 과정이 종료된다.

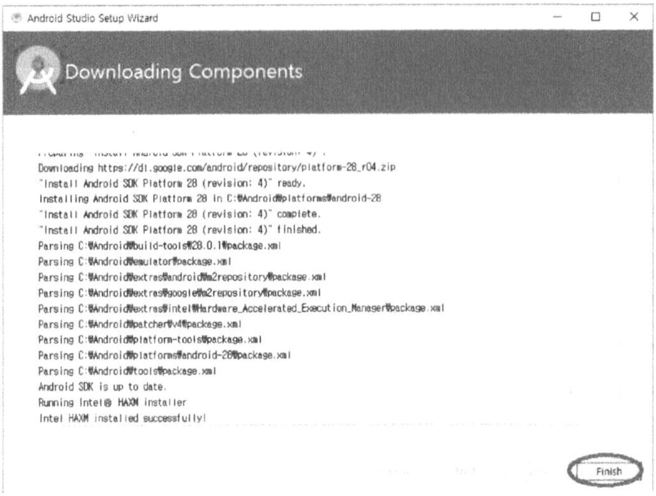

(13) 아래 화면이 나타나면 설치가 성공했음을 나타낸다. 이 화면은 완료되면 안드로이드 스튜디오의 실행 화면이다.

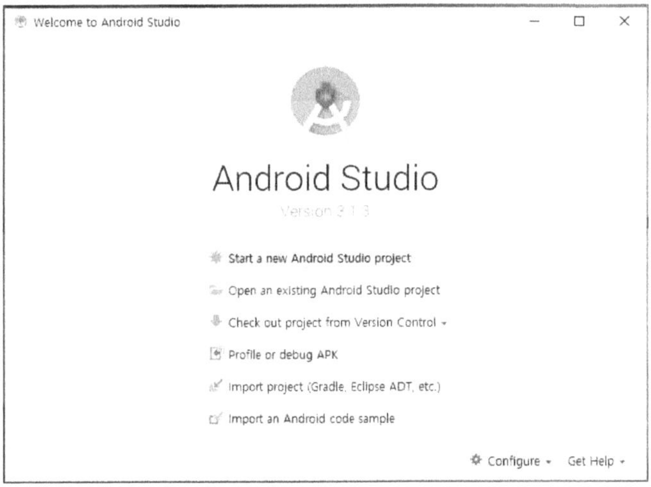

2.3 SDK 설정

안드로이드 스튜디오가 설치되면 SDK 관리자(SDK Manager)를 사용해서 부가적으로 필요한 요소들을 다운로드하고, 프로그래밍 환경에 맞도록 SDK를 설정해야 한다. 여기서는 Android 4.1(Level 16) 버전의 응용 프로그램 개발을 목표로 SDK 환경을 설정한다.

(1) Android Studio를 최초로 실행하면 아래 화면이 나타난다. 혹은 설치가 완료되면 아래 화면이 아타난다. SDK 설정을 위해서 Configure 버튼을 클릭한 다음, SDK Manager를 실행시킨다.

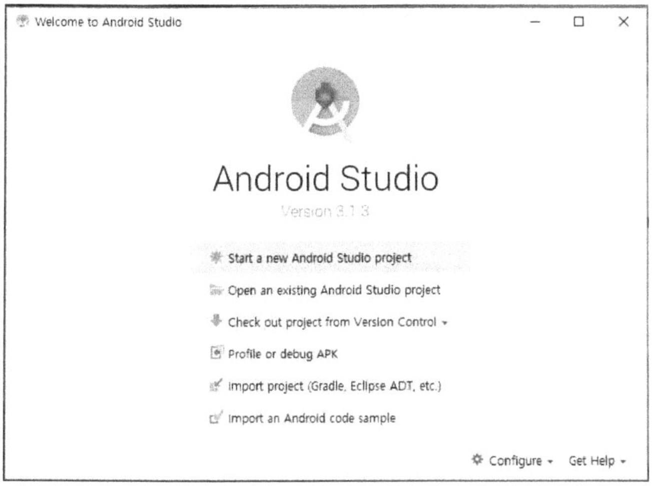

(2) SDK Platform 탭에서 Android 4.1 버전의 SDK platform과 에뮬레이터를 위한 System Image를 선택한 다음에 아래의 OK 버튼을 클릭해서 설치한다. System Image는 ARM 용으로 선택한다.

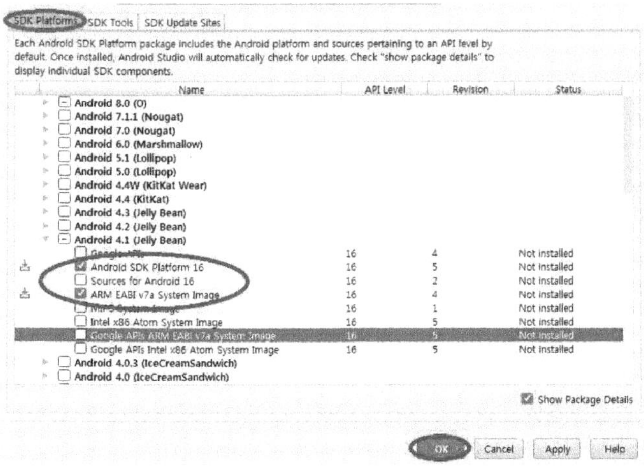

(3) 단계(2)의 설치 과정이 완료되면 SDK Tools 탭에서 아래의 툴들이 설치되었는지 확인한다. 만약 설치되어 있지 않으면 체크박스를 클릭해서 선택한 다음에 OK 버튼을 클릭해서 설치한다.

2.4 에뮬레이터

안드로이드 스튜디오는 작성된 어플리케이션을 테스트할 수 있는 에뮬레이터를 제공한다. 에뮬레이터는 직접 장치에서 실행하는 것보다 속도는 느리지만 장치에서 수행할 작업을 대부분 테스트해 볼 수 있다.

(1) 안드로이드 스튜디오를 실행시켜서 프로젝트를 생성하면 아래 화면과 같이 된다. 툴바에서 AVD Manager를 실행한다.

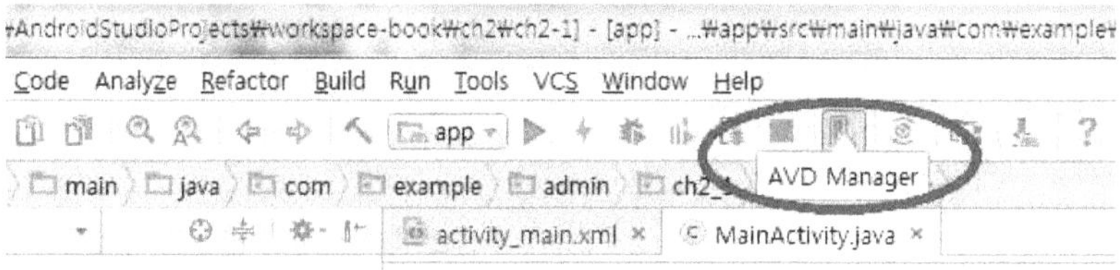

(2) 새로운 가상 장치를 생성하기 위해 Create Virtual Device 버튼을 클릭한

다.

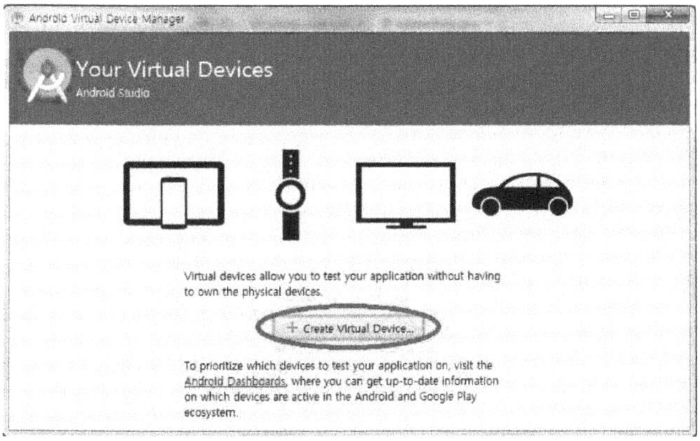

(3) 적절한 장치를 선택한다. 화면 해상도가 높고 화면 크기가 큰 장치의 에뮬레이터는 메모리를 많이 차지하고 속도가 느리므로 여기서는 768x1280 장치를 선택했다.

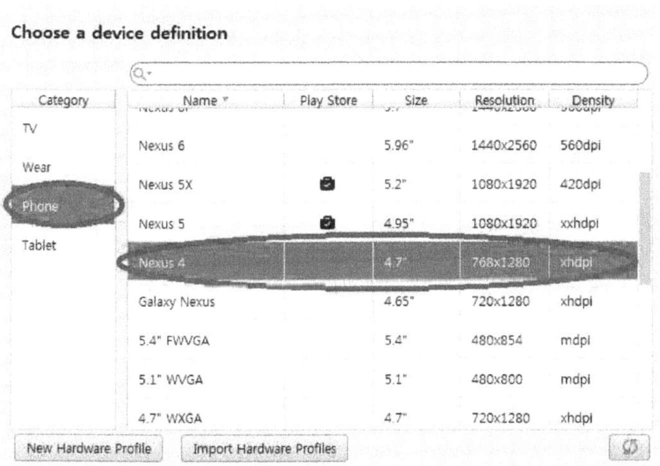

(4) 에뮬레이터에 설치할 적절한 안드로이드 플랫폼의 이미지를 선택한다. 버전이 높으면 에뮬레이터 속도가 느려질 수 있으므로 "Other Images" 탭에 있는 ARM용 android 4.1 (API level 16)으로 한다. 만약 2.3절의 SDK 설정 단계에서 ARM용 System Image를 다운로드하지 않았었다면 여기서 다운로드가 자동으로 이루어진다. (Recommended 탭에 있는 x86용 Android 4.1 System Image를 선택하면 에뮬레이터의 속도가 빨라지지만 개발에 사

용하는 컴퓨터의 CPU에 따라서 이를 선택할 수 없을 수도 있다.)

(5) Graphics를 Software로 하고, Advanced Settings을 선택하여 나머지 설정을 한다. Graphics를 Auto로 해도 된다.

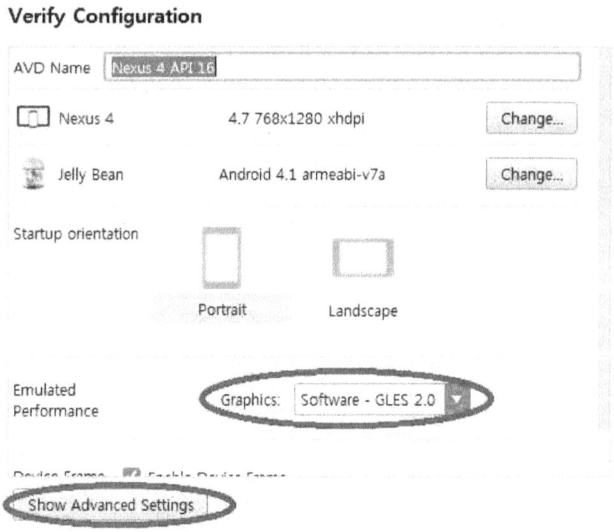

(6) 메모리 용량이 충분하지 않은 환경에서는 에뮬레이터가 동작하지 않을 수 있다. 이 경우에는 에뮬레이터가 사용하는 RAM의 크기를 512 MB로 하면

문제없이 동작한다. 나머지 요소들은 디폴트 값을 그대로 둔다.

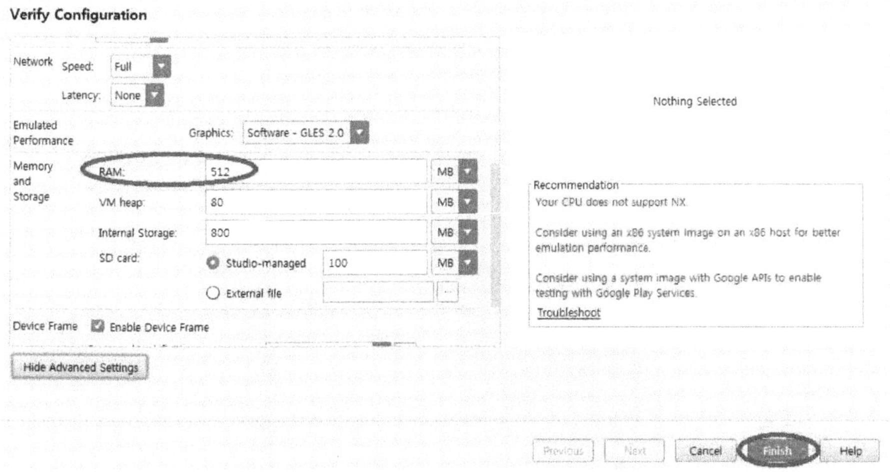

(7) 생성된 에뮬레이터를 볼 수 있다. 오른쪽 Action 항의 첫 번째 버튼인 실행 버튼을 클릭하여 실행시킨다. 가운데 버튼은 설정을 변경할 때 사용하는 버튼이고, 오른쪽 버튼은 에뮬레이터를 제거할 때 사용한다.

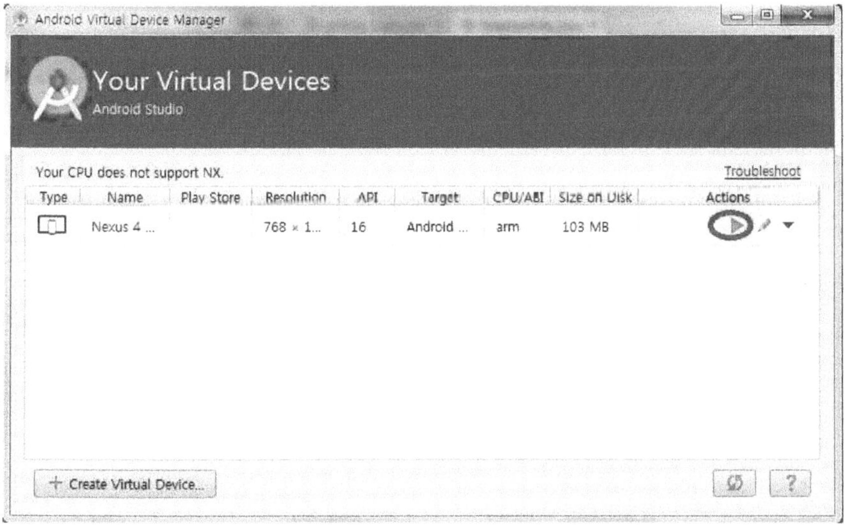

(8) 에뮬레이터가 실행되면 다음과 같은 장치 화면이 나타난다.

Android Emulator - Nexus_4_API_16:5554
5:39
Google
Camera

3 장 어플리케이션 작성과 실행

3. 어플리케이션 작성과 실행

여기에서는 안드로이드 스튜디오3.1을 이용해서 어플리케이션을 작성하고 실행하는 방법을 설명한다. 안드로이드 스튜디오는 프로그램을 작성하고, 컴파일하고, 실행하고, 디버깅하는 기능을 함께 제공한다. 작성된 프로그램은 에뮬레이터에서 실행할 수도 있고, 장치에서 직접 실행할 수도 있다. 또한 에뮬레이터나 장치에서 실행될 때에는 로그캣을 통해서 실행 과정을 관찰할 수도 있다.

3.1 프로젝트 생성

하나의 안드로이드 프로그램은 하나의 프로젝트로 구성된다. 프로젝트는 자바 소스 코드와 안드로이드 SDK가 제공하는 라이브러리, 프로그램에서 필요로 하는 여러 가지 자원들로 구성된다. 안드로이드 프로젝트를 생성하고 프로그램을 작성하는 방법은 다음과 같다.

(1) 안드로이드 스튜디오를 실행하면 이전에 작성한 마지막 프로젝트 화면이 나오는데, [File] --> Close Project로 프로젝트를 닫으면 아래 화면이 나온다. “Start a new Android Studio Project” 를 선택한다.

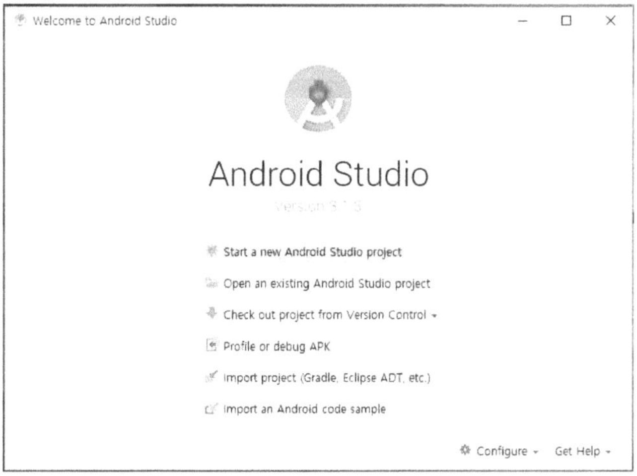

(2) 새로 생성되는 프로젝트의 Application Name과 Company domain을 적절히 정하고 프로젝트가 저장될 위치를 지정한다.

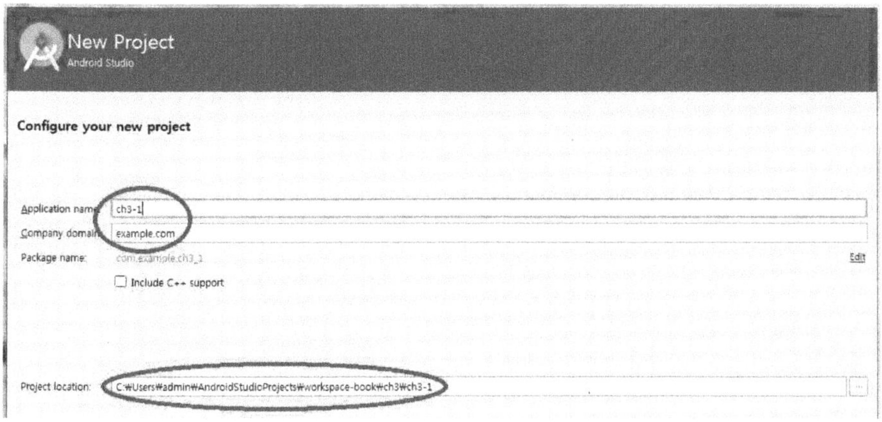

선택한 Application name은 프로젝트 완성 후에 어플리케이션의 실행 파일 이름이 되고, Company domain의 역순과 Application name은 연결되어 어플리케이션의 패키지 이름이 된다. 위의 경우에 패키지 이름은 com.example.ch3_1이 된다.

(3) 어플리케이션이 실행될 장치의 최소 SDK 레벨을 정한다. 여기서는 Android 4.1 Jelly Bean으로 했다. 이렇게 작성된 어플리케이션은 최소 레벨 이하의 장치에서는 실행되지 않기 때문에 실행될 환경을 고려해서 주의 깊게 선택해야 한다.

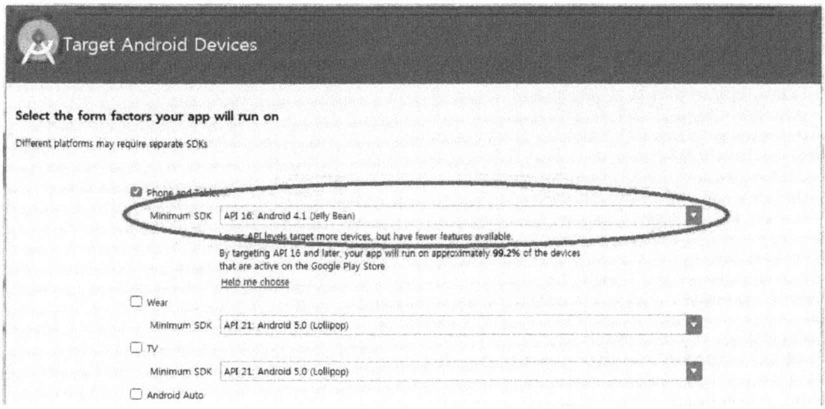

(4) Main Activity의 기본형을 선택하는데, 여기서는 Empty Activity로 했다. Empty Activity는 액티비티 화면에 "Hello World" 만 나타나는 최소한의 요소만 포함하는 액티비티를 말한다.

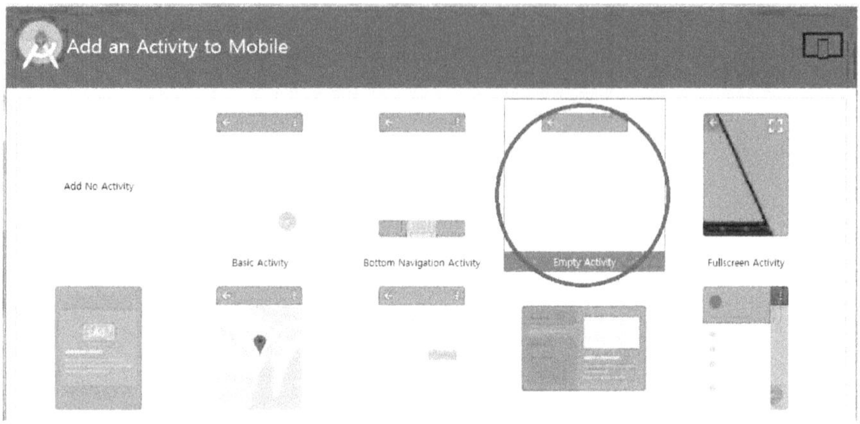

(5) Main Activity의 클래스 이름과 그 화면 구성을 나타내는 레이아웃 파일 이름을 정하는데 절차인데 여기서는 디폴트로 했다. Activity 이름은 액티비티를 나타내는 자바 클래스 파일 이름이고, Layout 이름은 화면 구성을 나타내는 XML 파일의 이름이 된다.

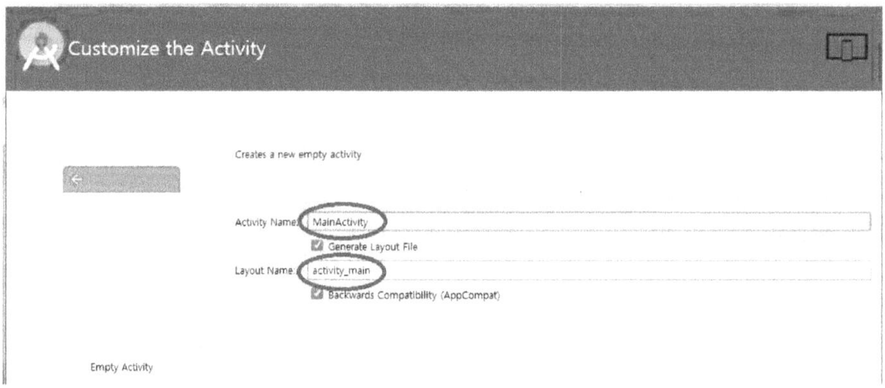

(6) 최종적으로 finish 버튼을 클릭하면 다음과 같은 안드로이드 스튜디오 화면이 나타난다.

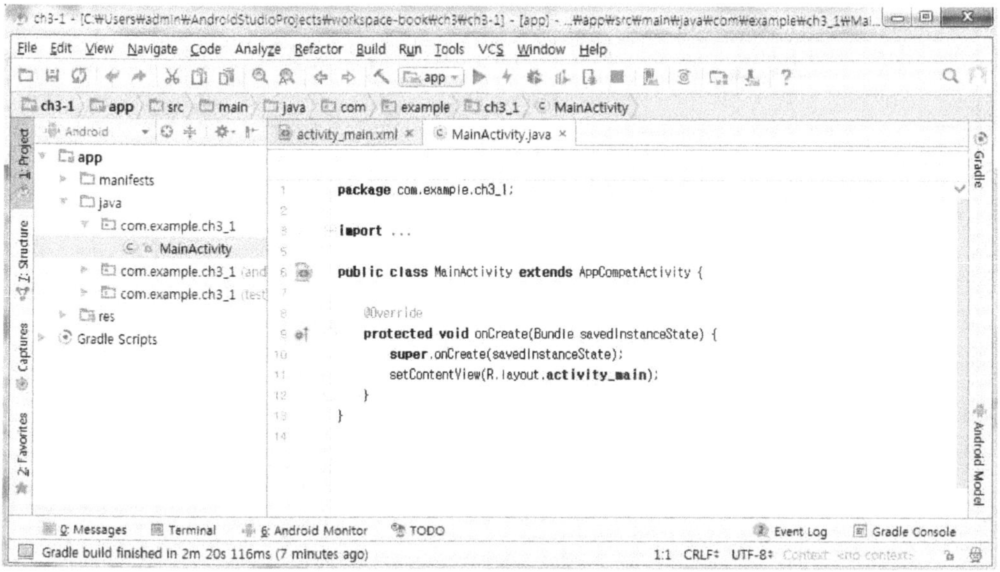

3.2 프로젝트 구성

안드로이드 스튜디오는 통합 개발 환경이므로 소스 에디터, 컴파일러, 디버거를 모두 포함하고 있다.

3.2.1 안드로이드 스튜디오 화면 구성

안드로이드 스튜디오의 화면은 크게 세 부분(프로젝트 창, 소스 창, 안드로이드 모니터 창)으로 구성된다. 세 개의 창의 위치는 임의로 정할 수 있지만 보통 디폴트 위치에 두고 사용한다.

(1) Project

프로젝트 창은 현재 진행되고 있는 안드로이드 프로젝트의 구성 요소들을 보여준다. 프로젝트 창에서 선택한 요소의 상세 내용이 오른쪽의 소스 창에 나타난다.

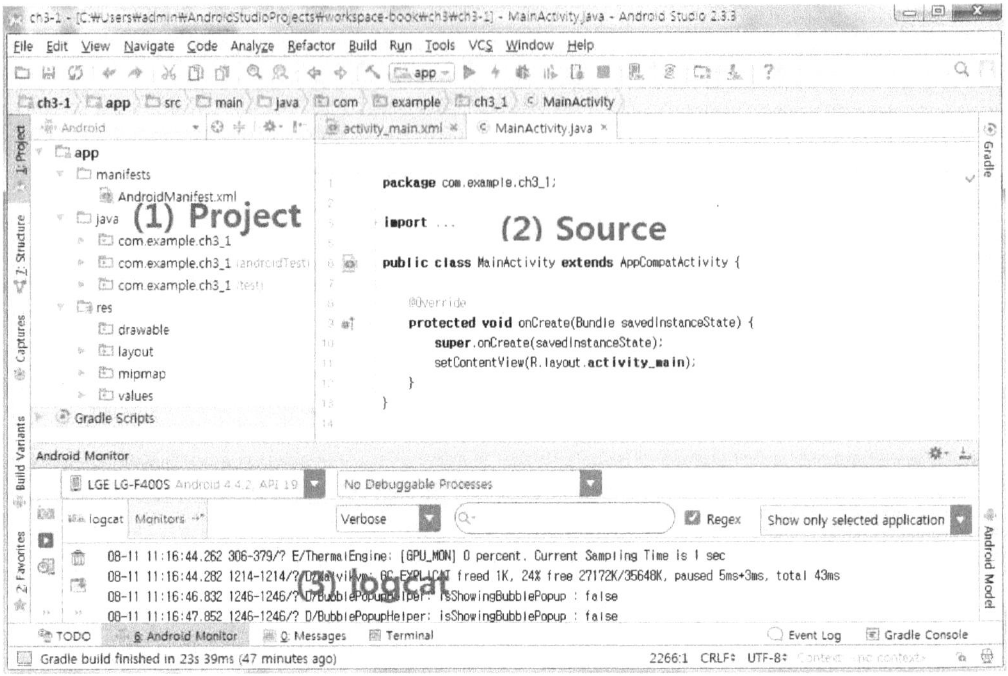

(2) Source

소스 창은 프로그램의 소스 파일들을 편집하는 편집기 창이다. 안드로이드 프로그램의 소스 파일은 java 파일, xml 파일, 기타 문서 파일들이 있을 수 있다.

(3) logcat

안드로이드 모니터의 로그캣(logcat) 창은 에뮬레이터나 안드로이드 장치와 연결되어 안드로이드 플랫폼이나 실행중인 어플리케이션이 내보내는 로그 메시지들을 보여준다. 개발자는 이 로그 메시지를 해석해서 프로그램을 디버깅할 수 있다.

3.2.2 프로젝트 구성

안드로이드 프로젝트는 자바 소스 파일과 프로그램에서 필요로 하는 자원 파일들, 그리고 어플리케이션에 대한 정보 파일로 구성된다.

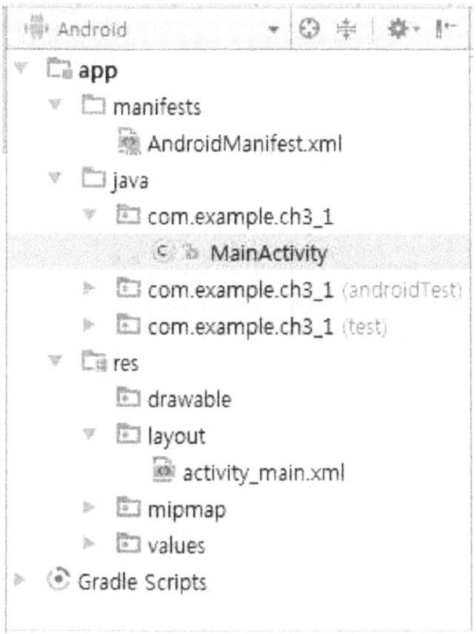

(1) java

이 폴더는 자바 소스 파일들을 담고 있다. 이 폴더 아래에는 기본적으로 어플리케이션의 패키지 이름에 해당하는 폴더가 있고, 그 아래에 있는 파일들이 프로그램의 소스 파일이다.

(2) res

이 폴더 아래에는 프로그램에서 사용하는 자원(resource) 파일들이 있다. drawable 폴더에는 주로 이미지 파일들이 해상도에 따라 나누어져 있고, layout 폴더는 액티비티나 다이얼로그의 화면 구성을 나타내는 XML 파일들이 있다. 이 폴더에 있는 자원 파일들의 아이디는 R.layout.activity_main과 같은 방식으로 정해진다.

(3) manifests

이 폴더에는 어플리케이션의 구성이나 권한에 관한 정보를 담은 AndroidManifest.xml 파일이 있다. 이 파일에는 어플리케이션이 사용하는 SDK 버전 정보, 어플리케이션을 구성하는 컴포넌트인 액티비티, 서비스, 방송 수신자, 컨텐츠 제공자 등에 대한 정보와 어플리케이션에서 필요한 권한 정보 등이 기술되어 있다.

(4) Gradle Scripts

이 폴더에는 프로그램 빌드시에 필요한 스크립트 파일들이 있다. 그레이들은 java, C, C++, Python과 같은 여러 가지 언어들을 이용해서 프로그램을 개발할 때에 컴파일과 배포 등을 지원해 주는 자동화 툴이다.

3.3 프로그램 실행

안드로이드 프로그램은 에뮬레이터에서 실행하거나 기기에서 직접 실행할 수 있다. 프로그램을 실행하려면 안드로이드 스튜디오의 툴 바에서 실행 버튼을 선택하거나 메뉴 바에서 [run] --> [run...] --> [1.app]를 선택한다. 이때 아래 그림과 같은 다이얼로그가 나타나는데, 여기에는 현재 안드로이드 스튜디오와 연결되어 있는 장치들이 보인다. 이 장치들은 실재 장치이거나 에뮬레이터 장치인데, 이들 중에서 어플리케이션이 실행되기를 원하는 장치를 선택하면, 어플리케이션이 로드되고 실행된다.

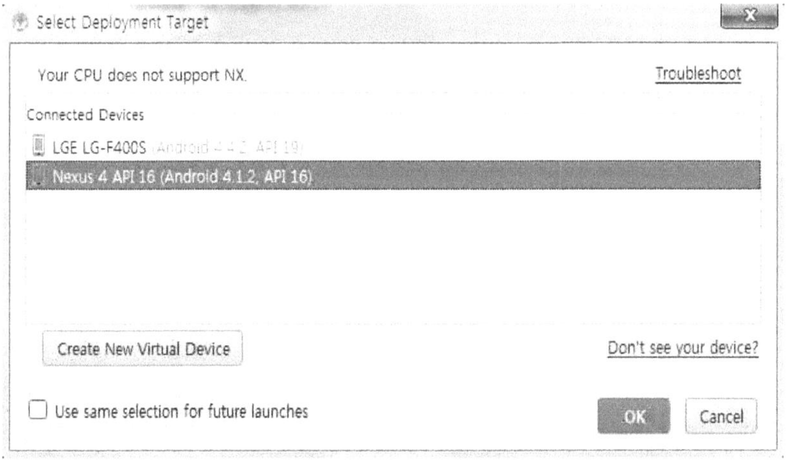

그림에는 각 장치의 안드로이드 SDK 버전이 표시되어 있는데, 반드시 프로젝트를 생성할 때에 선택한 어플리케이션의 최소 SDK 버전보다 높은 SDK

버전을 가지는 장치에서 실행해야 한다. 아래 그림은 자동으로 생성된 어플리케이션을 에뮬레이터에서 실행한 화면을 캡쳐한 것이다.

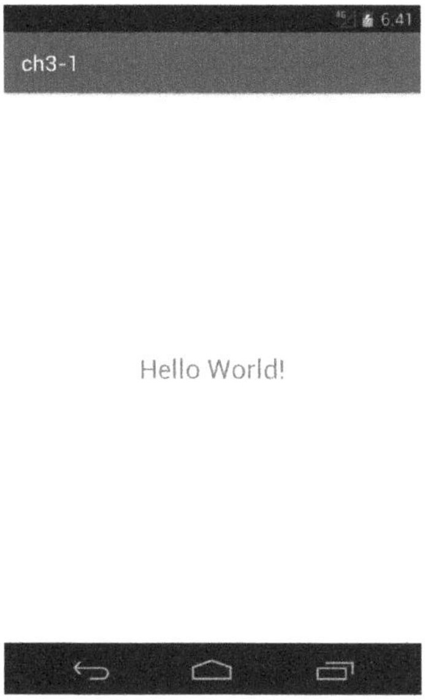

3.4 소스 프로그램 구성

안드로이드 프로그램은 java 소스 프로그램과 여러 가지 자원(resource)들로 구성된다. 그 중에서 개발자가 직접 작성하는 부분은 java 파일과 XML 파일이다. 예제3-1)은 3.1절에서 생성한 프로젝트의 소스 파일들이다. 안드로이드 스튜디오에서 자동으로 생성한 파일은 세 개가 있는데, activity_main.xml 파일과 MainActivity.java 파일, AnaroidManifest.xml 파일이다.

예제3-1) res/layout/activity_main.xml

```
<?xml version="1.0" encoding="utf-8"?>
<RelativeLayout
    xmlns:android="http://schemas.android.com/apk/res/android"
    android:layout_width="match_parent"
    android:layout_height="match_parent">
```

```
    <TextView
        android:layout_width="wrap_content"
        android:layout_height="wrap_content"
        android:layout_centerInParent="true"
        android:textSize="25sp"
        android:text="Hello World!"/>
</RelativeLayout>
```

예제3-1) java/..../MainActivity.java

```
package com.example.ch3_1;

import android.support.v7.app.AppCompatActivity;
import android.os.Bundle;

public class MainActivity extends AppCompatActivity {

    @Override
    protected void onCreate(Bundle savedInstanceState) {
        super.onCreate(savedInstanceState);
        setContentView(R.layout.activity_main);
    }
}
```

activity_main.xml 파일은 MainActivity.java에 정의되어 있는 액티비티의 화면 구성을 위한 파일이다. 장치의 전체 화면은 레이아웃 RelativeLayout이 차지하고 있고, 그 내부에 하나의 TextView가 있다. TextView의 text 속성은 TextView에 표시될 내용 즉, 문자열을 가지고 있다.

MainActivity는 AppCompatActivity를 상속 받아서 만든 액티비티이다. 이 액티비티는 생성될 때 자동으로 호출되는 메서드인 onCreate() 내에서 activity_main.xml 파일에 있는 내용을 setContentView() 메서드를 사용해서 화면에 표시한다. activity_main.xml 파일은 자바 파일 내에서는 R.layout.activity_main으로 지칭하도록 되어 있다. 이것은 activity_main.xml 파일이 리소스가 있는 폴더 res 아래에 있는 layout 폴더 아래에 있기 때문이다.

예제3-1) manifests/AndroidManifest.xml

```
<?xml version=“1.0“ encoding=“utf-8“?>
<manifest xmlns:android=“http://schemas.android.com/apk/res/android“
    package=“com.example.ch3_1“>

    <application
        android:allowBackup=“true“
        android:icon=“@mipmap/ic_launcher“
        android:label=“@string/app_name“
        android:roundIcon=“@mipmap/ic_launcher_round“
        android:supportsRtl=“true“
        android:theme=“@style/AppTheme“>
        <activity android:name=“.MainActivity“>
            <intent-filter>
                <action android:name=“android.intent.action.MAIN “ />

                <category android:name=“android.intent.category.LAUNCHER“ />
            </intent-filter>
        </activity>
    </application>

</manifest>
```

AndroidManifest.xml 파일은 이 어플리케이션의 구성 정보를 담고 있다. 어플리케이션의 패키지 이름은 com.example.ch3_1이다. 어플리케이션 내에는 하나의 액티비티가 있는데, 그 이름은 MainActivity 이다. 이 액티비티는 어플리케이션의 메인 액티비디(android.intent.action.Main)로서 어플리케이션을 실행시키면 최초로 실행되는 액티비티이다. 그리고 이 액티비티의 로고가 론쳐 화면에 나타난다.

4 장 레이아웃 설계와 이벤트 처리

4. 레이아웃 설계와 이벤트 처리

안드로이드 프로그램에서 화면 구성이나 처리를 담당하는 컴포넌트는 액티비티이다. 액티비티 화면에 여러 요소들을 배치하는 것을 레이아웃(layout)이라 한다. 사용자의 화면 조작이나 시스템 내부 원인으로 이벤트(event)가 발생하는데, 이에 반응해서 프로그램의 일정 부분을 실행하는 것을 이벤트 처리(event handling)라 한다.

4.1 뷰(View)와 위젯(Widget)

View는 화면에 나타나는 UI를 담당하는 가장 기본적인 클래스이다. 화면을 구성하는 다른 모든 UI 요소들은 이 View 클래스의 하위 클래스이다. 안드로이드 SDK에서는 미리 만들어진 뷰들을 제공하는데, 이들은 위젯(widget)이라 한다.

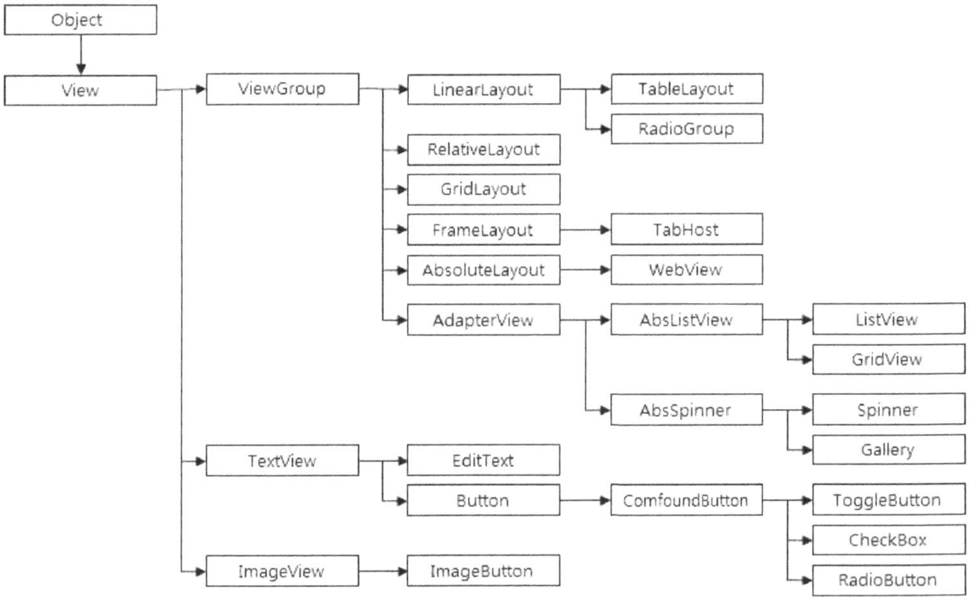

<그림 4-1> UI 위젯들의 계층

4.1.1 뷰

뷰는 화면의 가장 기본적인 구성 요소이고, 다른 뷰 들을 묶어서 담는 컨테이너(container) 역할을 하는 뷰도 있는데, 이들을 뷰 그룹(ViewGroup)의 하위 클래스들이다. 그리고 ViewGroup 또한 View의 하위 클래스이다. 안드로이드의 UI를 담당하는 뷰 들의 계층 구조는 <그림4-1>과 같다.

모든 뷰는 화면의 한 영역을 차지하고, 뷰 내에는 뷰의 내용(contents)이 있다. 뷰의 내용은 글자일 수도 있고, 이미지일 수도 있다.

4.1.2 위젯

위젯은 안드로이드 SDK에 포함되어 있는 UI 요소로서 모두 android.widget.widgetname 패키지를 통해 제공된다. 여기서 widgetname은 그 위젯의 이름의 나타내는 것으로 예를 들면 Button, TextView, ImageView 등과 같은 것이다. 모든 위젯들은 View의 하위 클래스로 구현되어 있다. 따라서 뷰와 위젯을 같은 의미로 사용하기도 한다.

[표 4-1] 대표적인 위젯들

구분	위젯 이름	기능
기본 위젯	TextView	텍스트를 표시할 때 사용한다.
	EditText	텍스트를 입력 받을 때 사용한다.
	Button	명령을 입력 받을 때 사용한다.
	ToggleButton	클릭할 때마다 On/Off를 반복하는 버튼이다.
	ImageView	이미지를 보여준다.
	CheckBox	선택할 때 사용하는 버튼이다.
	RadioButton	그룹으로 묶어 하나만 선택할 때 사용한다.
어뎁터 뷰	ListView	여러 항목을 나열할 때 사용한다.
	GridView	여러 항목을 격자 모양으로 보여준다.
	Gallery	여러 개의 이미지를 보여주고 가로로 스크롤 된다.

	Spinner	여러 항목 중에서 선택할 때 사용한다.
레이아웃	LinearLayout	자식 뷰 들을 수평/수직으로 배치한다.
	RelativeLayout	자식 뷰 들을 상대적 위치에 따라 배치한다.
	FrameLayout	자식 뷰 들을 겹쳐서 보여준다.
	GridLayout	자식 뷰 들을 표 형태로 보여준다.
	TableLayout	자식 뷰 들을 표 형태로 보여준다.

<그림4-2>는 [표 4-1]에 있는 많이 사용하는 대표적인 위젯들을 나타낸 것이다. 안드로이드 SDK는 기본적인 프로그램에 필요한 거의 모든 위젯들을 제공한다.

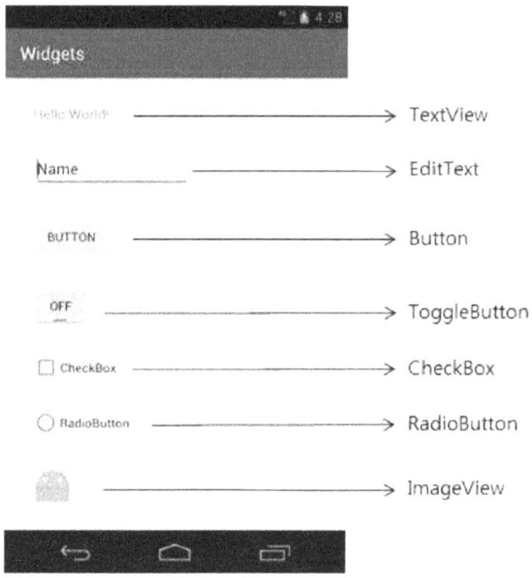

<그림 4-2> 많이 사용하는 위젯

4.1.3 뷰의 기본 속성

안드로이드 앱의 화면을 구성하는 모든 요소들은 뷰의 하위 클래스이므로 뷰가 가진 모든 속성을 그대로 상속 받고, 각 위젯별로 별도의 속성들을 가진다.

먼저 프로그램 내에 있는 뷰들을 식별하기 위한 식별자(identifier)인 id 속성이 있다. 이 속성의 값은 문자열 형식으로 부여하지만 내부적으로는 숫자로 변환되어 사용된다. 또한 뷰는 화면에 표시되는 요소이기 때문에 위치, 크기, 색상, 내용 등의 기본 속성을 가진다.

[표 4-2] View의 기본 속성

속성	기능
id	뷰를 식별하는 식별자
layout_width	뷰가 차지하는 영역의 폭
layout_height	뷰가 차지하는 영역의 높이
layout_margin	소속된 컨테이너 혹은 다른 뷰와의 외부 공백
padding	뷰의 경계와 내용 사이의 내부 공백
background	뷰가 차지하는 영역의 배경색 또는 배경 이미지

```
<Button
    android:id="@+id/button1"
    android:layout_width="wrap_content"
    android:layout_height="wrap_content"
    android:padding="30dp"
    android:layout_margin="50dp"
    android:backgroud="#FF88AACC"
    android:text="Button "
/>
```

id는 하나의 앱 내에서 뷰를 식별하는 식별자인데, 위와 같은 방법으로 식별자를 부여할 수 있다. id 속성의 값을 "@+id/button1" 으로 하면 button1이라는 이름의 id가 새로 생성된다.

layout_width와 layout_height, 그리고는 그 값으로 wrap_content, match_parent 또는 크기를 나타내는 숫자 값을 줄 수 있다. wrap_content는 뷰의 크기를 내용의 크기와 같게 하는 것이고, match_parent는 뷰의 크기를 뷰가 소속된 컨테이너의 크기와 같게 하라는 뜻이다. 크기를 숫자로 표시할 때 사용하는 단위는 [표4-3]과 같다.

[표 4-3] 크기의 단위

단위	의미
px	pixels. 화면의 픽셀 수
in, mm	인치나 밀리미터와 같은 물리적 크기
pt	points. 1/72 인치를 나타냄
dp(dip)	Density independent pixels. 화면 해상도와 무관하게 160dpi 화면을 기준으로 나타낸 픽셀 수. 160dpi화면에서는 1px가 1dp임.
sp	scale independent pixels. dp와 같은 단위인데, 사용자사 선택한 폰트의 크기를 고려해서 스케일링한 단위로 문자 크기에 주로 사용.

모든 뷰는 layout_width와 layout_height로 규정되는 크기의 화면상의 영역을 가지며, 그 영역 내부에 뷰의 내용(contents)을 가진다. 또한 영역의 내부와 외부에 여백을 가질 수 있다. 내부 여백을 padding이라 하고, 외부 여백을 layout_margin 이라 한다.

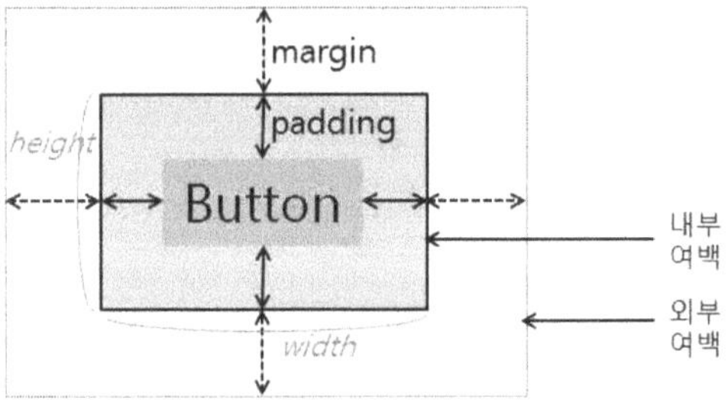


```
<Button
    android:id=“@+id/button1“
    android:layout_width=“wrap_content“
    android:layout_height=“wrap_content“
    android:text=“Button“
    android:padding=“30dp“
    android:layout_margin=“50dp“
    android:background=“#FF88AACC“
    />
```

<그림 4-3> 뷰의 내용과 여백

padding은 뷰의 내용과 뷰가 차지하고 있는 영역의 위, 아래, 왼쪽, 오른쪽 경계 사이의 여백을 말하는데, padding 속성으로 네 곳 모두의 여백 크기를 정할 수 있다. 여백 네 곳의 크기를 별도로 정할 때에는 위, 아래, 왼쪽, 오른쪽 여백의 크기를 각각 paddingTop, paddingBottom, paddingLeft, paddingRight 속성으로 정할 수 있다.

layout_margin 속성은 뷰와 인접한 뷰 혹은 그 뷰가 속하는 부모 뷰 사이의 외부 여백을 말한다. 내부 여백과 마찬가지로 외부 여백도 layout_margin 속성으로 위, 아래, 왼쪽, 오른쪽 외부여백의 크기를 같게 정할 수 있고 또한 layout_marginTop, layout_marginBottom, layout_marginLeft, layout_marginRight 속성으로 네 곳의 외부 여백을 별도로 지정할 수 있다.

뷰의 내부 여백과 내용이 있는 영역은 뷰의 background 속성으로 지정된 색상 혹은 이미지를 그 배경으로 가진다. 하지만 외부 여백은 뷰의 영역이 아니고 부모 뷰의 영역이므로 부모 뷰의 background 속성에 따라 배경이 결정된다. background 속성에 색상 값을 지정할 때에는 다음과 같이 16진수 상수로 표현 한다.

"#AARRGGBB"

AA는 한 바이트의 투명도를 나타내는데, 0이면 완전히 투명한 것이고 FF이면 완전히 불투명한 것을 나타낸다. RR, GG, BB는 각각 빛의 삼원소인 빨강(Red), 녹색(Green), 파랑(Blue)을 나타내는 한 바이트의 값이다. 색은 빛의 삼원소의 크기와 투명도에 의해 결정된다.

4.2 레이아웃

레이아웃은 뷰들을 화면에 배치하는 것을 말한다.

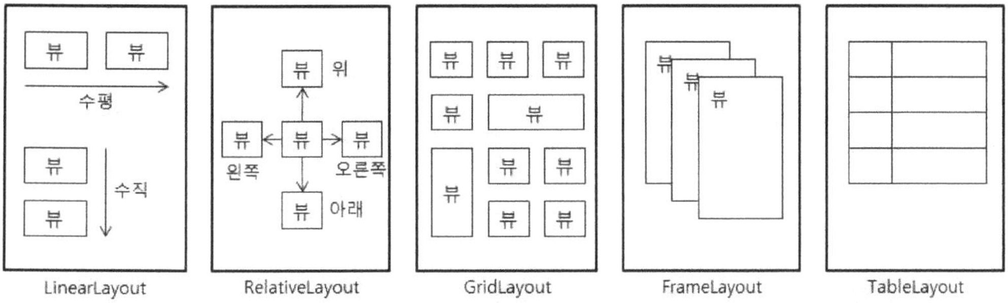

<그림 4-4> 레이아웃 구조

안드로이드에서는 뷰들의 화면 배치를 위해서 LinearLayout, RelativeLayout, GridLayout, TableLayout, FrameLayout과 같은 컨테이너 뷰들을 제공한다.

레이아웃은 다음과 같은 세 가지 방법으로 작성할 수 있다.

(1) XML 파일을 편집하는 방법
XML 파일에 필요한 위젯들과 그 속성을 직접 편집하는 방법으로 원하는 화면 형태를 정확히 작성할 수 있어서 가장 많이 사용된다.

(2) 디자인 툴을 사용하는 방법
XML 편집 화면에서 하단의 [Design] 탭을 선택하면 XML 파일의 화면 모양을 볼 수 있다. 여기서 왼쪽의 palette에 있는 위젯을 마우스로 드래그해서 화면에 올려놓으면 자동으로 XML 파일이 작성된다. 그러나 이 방법으로는 복잡한 화면을 디자인하기가 어려워 간단한 경우에만 사용한다.

(3) 코드를 이용하는 방법
자바 소스 코드에서 위젯 객체를 생성해서 컨테이너 뷰에 적절히 배치하는 방법이다. 동적으로 위젯을 추가할 경우에 사용한다.

4.2.1 LinearLayout

LinearLayout은 내부에 뷰들을 수평(horientation) 혹은 수직(vertical)으로 배치할 수 있다. 하나의 LinerLayout 내에는 수평 혹은 수직의 배치만 가능하고, 수평과 수직으로 혼합해서 배치할 수는 없다. 따라서 수평과 수직으로 혼합해서 배치하려면 수평 배치의 LinearLayout과 수직 배치의 LinearLayout을 함께 사용해야 한다.

예제4-1) res/layout/activity_main.xml

```
<?xml version=“1.0“ encoding=“utf-8“?>
<LinearLayout
```

```
    xmlns:android=“http://schemas.android.com/apk/res/android“
    android:layout_width=“match_parent“
    android:layout_height=“match_parent“
    android:orientation=“horizontal“ >
    <Button
        android:layout_width=“wrap_content“
        android:layout_height=“wrap_content“
        android:text=“Button1“/>
    <Button
        android:layout_width=“wrap_content“
        android:layout_height=“wrap_content“
        android:text=“Button2“/>
</LinearLayout>
```

LinearLayout에서 배치 방향을 결정하는 속성은 orientation이다. 자식 뷰들을 수평으로 배치할 때에는 orientation 속성 값을 horizontal로 준다. 옆의 그림에서 Button1과 Button2는 수평으로 배치되었다.

예제4-2) res/layout/activity_main.xml

```
<?xml version=“1.0“ encoding=“utf-8“?>
<LinearLayout
    xmlns:android=“http://schemas.android.com/apk/res/android“
    android:layout_width=“match_parent“
    android:layout_height=“match_parent“
    android:orientation=“vertical“ >
    <Button
        android:layout_width=“wrap_content“
        android:layout_height=“wrap_content“
        android:text=“Button1“/>
    <Button
        android:layout_width=“wrap_content“
        android:layout_height=“wrap_content“
        android:text=“Button2“/>
</LinearLayout>
```

자식 뷰들을 수직으로 배치할 때에는 orientation 속성 값을 vertical로 준다. 옆의 그림에서 Button1과 Button2는 수직으로 배치되었다.

LinearLayout 내에 있는 자식 뷰들의 크기는 layout_weight 속성의 영향을 받는다.

예제4-3) res/layout/activity_main.xml

```
<?xml version=“1.0“ encoding=“utf-8“?>
<LinearLayout
    xmlns:android=“http://schemas.android.com/apk/res/android“
    android:layout_width=“match_parent“
    android:layout_height=“match_parent“
    android:orientation=“horizontal“ >
    <Button
        android:layout_width=“wrap_content“
        android:layout_height=“wrap_content“
        android:layout_weight=“1“
        android:text=“Button1“/>
    <Button
        android:layout_width=“wrap_content“
        android:layout_height=“wrap_content“
        android:layout_weight=“2“
        android:text=“Button2“/>
</LinearLayout>
```

옆의 그림에서 Button1과 Button2의 수평 크기는 대략 1:2 인데 이는 부모 뷰의 orientation 속성이 horizontal 이고, 두 버튼의 layout_weight가 1:2 이기 때문이다. 이 비율은 정확하지 않고 대략적인 값이다. orientation 속성이 vertical일 때에는 수직 방향의 비율을 정할 수 있다.

그리고 LinearLayout 내에 있는 자식 뷰들의 위치는 layout_gravity 속성의 영향을 받는다.

예제4-4) res/layout/activity_main.xml

```
<?xml version=“1.0“ encoding=“utf-8“?>
<LinearLayout
    xmlns:android=“http://schemas.android.com/apk/res/android“
    android:layout_width=“match_parent“
```

```
    android:layout_height="match_parent"
    android:orientation="vertical" >
    <Button
        android:layout_width="wrap_content"
        android:layout_height="wrap_content"
        android:layout_gravity="center"
        android:text="Button1"/>
    <Button
        android:layout_width="wrap_content"
        android:layout_height="wrap_content"
        android:layout_gravity="right"
        android:text="Button2"/>
</LinearLayout>
```

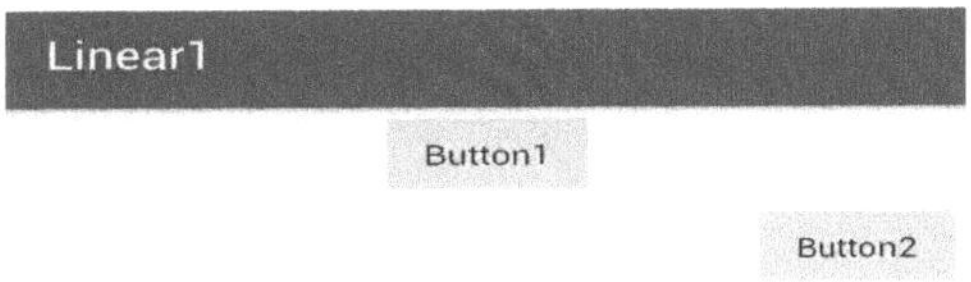

orientation 속성 값이 vertical일 때 layout_gravity에 따라서 자식 뷰를 왼쪽(left), 중앙(center), 오른쪽(right)에 오도록 배치할 수 있다. 옆의 그림은 예제4-4)의 결과인데, 버튼이 중앙과 오른쪽에 배치되었다. orientation이 horizontal일 때에는 자식 뷰를 위(top), 중앙(center), 아래(bottom)에 오도록 배치할 수 있다. 옆의 그림에서는 중앙(center)과 오른쪽(right)에 배치했다.

4.2.2 RelativeLayout

RelativeLayout은 내부 뷰들을 뷰가 소속된 RelativeLayout 내의 상대적 위치를 지정하거나 뷰들 사이의 상대적 위치를 지정해서 배치할 수 있다. 특정 뷰의 위치는 뷰가 소속되는 컨테이너인 RelativeLayout내의 위(Top), 아래(Bottom), 왼쪽(Left), 오른쪽(Right), 혹은 가운데(Center)에 배치할 수 있다.

[표 4-4] RelativeLayout의 주요 속성

속성	의미
layout_alignParentTop	컨테이너의 위쪽
layout_alignParentBottom	컨테이너의 아래쪽

layout_alignParentLeft	컨테이너의 왼쪽
layout_alignParentRight	컨테이너의 오른쪽
layout_centerInParent	컨테이너의 수평/수직으로 가운데
layout_centerHorizontal	컨테이너의 수평으로 가운데
layout_centerVertical	컨테이너의 수직으로 가운데

예제4-5) res/layout/activity_main.xml

```
<?xml version=“1.0“ encoding=“utf-8“?>
<RelativeLayout
     xmlns:android=“http://schemas.android.com/apk/res/android“
     android:layout_width=“match_parent“
     android:layout_height=“match_parent“>
     <Button
          android:layout_width=“wrap_content“
          android:layout_height=“wrap_content“
          android:layout_alignParentTop=“true“
          android:layout_alignParentLeft=“true“
          android:text=“Button1“/>
     <Button
          android:layout_width=“wrap_content“
          android:layout_height=“wrap_content“
          android:layout_alignParentTop=“true“
          android:layout_alignParentRight=“true“
          android:text=“Button2“/>
     <Button
          android:layout_width=“wrap_content“
          android:layout_height=“wrap_content“
          android:layout_alignParentBottom=“true“
          android:layout_centerInParent=“true“
          android:text=“Button3“/>
     <Button
          android:layout_width=“wrap_content“
          android:layout_height=“wrap_content“
          android:layout_centerInParent=“true“
          android:text=“Button4“/>
</RelativeLayout>
```

예제4-5)의 Button1은 layout_alignParentTop과 layout_alignParentLeft가 true이므로 컨테이너인 레이아웃 안에서 왼쪽 상단에 배치되었다. 같은 원리

로 Button2는 layout_alignParentRight가 true이므로 오른쪽 상단에 배치되었다. Button3은 layout_alignParentBottom과 layout_centerInParent가 true이므로 하단의 가운데에 배치되었고, Button4는 layout_centerInParent만 true이므로 컨테이너의 가운데에 배치되었다.

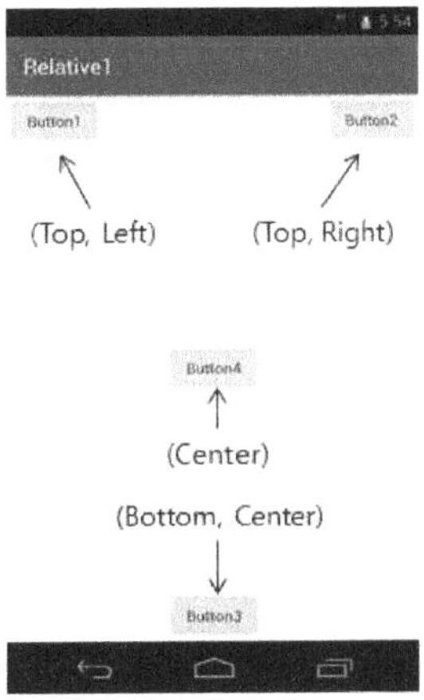

또한 RelativeLayout 내에 있는 뷰들 사이의 상대적 위치도 지정할 수 있다. 이 때는 기준이 되는 뷰를 먼저 레이아웃 내에 배치하고 이 기준 뷰에 대해 다른 뷰를 상대적으로 배치한다.

[표 4-5] RelativeLayout 내의 뷰들의 배치와 관련된 속성

속성	의미
layout_above	지정된 뷰의 위
layout_below	지정된 뷰의 아래
layout_toLeftOf	지정된 뷰의 왼쪽까지
layout_toRightOf	지정된 뷰의 오른쪽까지

예제4-6) res/layout/activity_main.xml

```
<?xml version="1.0“ encoding="utf-8“?>
<RelativeLayout
    xmlns:android="http://schemas.android.com/apk/res/android“
    android:layout_width="match_parent“
    android:layout_height="match_parent“>
    <Button
        android:id="@+id/button1“
        android:layout_width="wrap_content“
        android:layout_height="wrap_content“
        android:layout_alignParentTop="true“
        android:layout_alignParentLeft="true“
        android:text="Button1“ />
    <Button
```

```
            android:layout_width="wrap_content"
            android:layout_height="wrap_content"
            android:layout_alignParentTop="true"
            android:layout_alignParentRight="true"
            android:layout_toRightOf="@id/button1"
            android:text="Button2"/>
        <Button
            android:layout_width="wrap_content"
            android:layout_height="wrap_content"
            android:layout_below="@id/button1"
            android:layout_alignParentBottom="true"
            android:text="Button3"/>
</RelativeLayout>
```

위의 예에서는 기준이 되는 Button1을 먼저 컨테이너의 상단 왼쪽에 배치하고, Button2는 layout_alignParentTop과 layout_alignParentRight를 true로 해서 화면의 상단 오른쪽에 배치하면서 layout_toRightOf= “@id/button1” 을 사용해서 Button1의 오른쪽까지 크기를 확장했다. 같은 원리로 Button3은 컨테이너의 하단에 배치하면서 layout_below = “@id/button1” 을 사용해서 Button1의 바로 아래까지 오도록 크기를 확장했다.

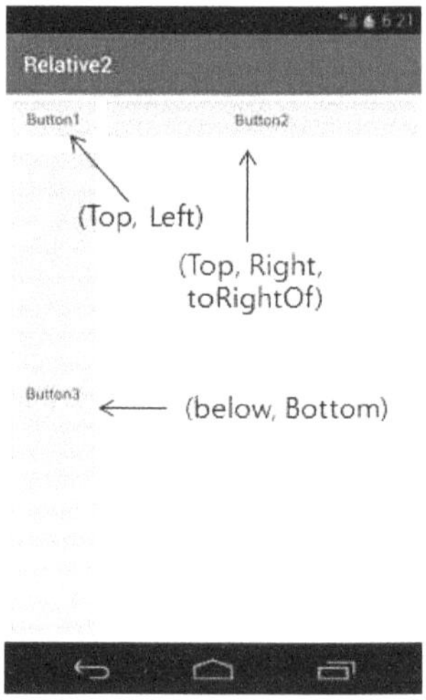

4.2.3 FrameLayout

FrameLayout은 자식 뷰들을 겹쳐서 보이게 한다. 따라서 최상위에 있는 뷰만 화면에 보이고 그 아래의 뷰들은 전부 혹은 부분적으로 가려지게 된다. FrameLayout에서 어떤 뷰를 화면에 나타나지 않게 하려면 visibility 속성을 이용하면 된다. 이 속성은 해당 뷰를 자리는 차지 하지만 보이지 않게 하거나, 보이지도 않고 자리도 차지하지 않게 할 때 사용한다.

[표 4-6] visibility 속성의 값

속성값	뷰의 상태
visible	뷰가 화면에 보임
invisible	뷰가 화면에 보이지 않지만 자리는 차지함
gone	뷰가 화면에 보이지 않고, 자리도 차지하지 않음

예제4-7) res/layout/activity_main.xml

```
<?xml version=“1.0“ encoding=“utf-8“?>
<FrameLayout
    xmlns:android=“http://schemas.android.com/apk/res/android“
    android:layout_width=“match_parent“
    android:layout_height=“match_parent“>
    <ImageView
        android:layout_width=“match_parent“
        android:layout_height=“100dp“
        android:src=“@drawable/icon1“
        android:background=“#FFEEEEEE“
        android:visibility=“visible“/>
    <ImageView
        android:layout_width=“match_parent“
        android:layout_height=“100dp“
        android:src=“@drawable/icon2“
        android:background=“#FFEEEEEE“
        android:visibility=“visible“/>
    <ImageView
        android:layout_width=“match_parent“
        android:layout_height=“100dp“
        android:src=“@drawable/icon3“
        android:background=“#FFEEEEEE“
        android:visibility=“visible“/>
</FrameLayout>
```

FrameLayout은 내부의 자식 뷰들을 왼쪽 상단을 기준으로 겹쳐서 배치한다. 따라서 여러 개의 자식 뷰가 있을 때에는 XML 파일에서 가장 마지막에 기술된 뷰가 화면에 보인다. 또한 자식 뷰의 visibility 속성 값에 따라 보이는 뷰가 결정된다. 위의 그림에서는 크기가 같은 세 개의 ImageView가 겹쳐서 배치되었지만 마지막에 기술된 icon3만 화면에 보이고 다른 2개는 가려져서 보이지 않는다.

4.2.4 TableLayout

TableLayout은 내부에 자식 뷰들을 테이블 모양으로 배치한다. 테이블의 한 행(row)은 TableRow로 만들어지고, TableRow는 다시 여러 개의 자식 뷰들을 가지는데, 이 자식 뷰들을 셀(cell)이라 한다. TableLayout의 열(column)의 크기는 기본적으로 열에 속한 뷰들 중에서 가장 큰 뷰의 크기와 같다. stretchColumn 속성은 열의 크기를 확장해서 TableLayout의 폭 전체를 채울 수 있도록 한다. stretchColumn의 값을 "*" 로 하면 모든 열의 크기를 같게 하고, 열 번호를 주면 그 번호에 해당하는 열만 크기를 확장한다. 열 번호는 0번부터 시작한다. 아래 그림에서 stretchColumn 값을 1로 주었기 때문에 1번 열의 크기가 최대로 확장되었다.

예제4-8) res/layout/activity_main.xml

```
<?xml version="1.0" encoding="utf-8"?>
<TableLayout
    xmlns:android="http://schemas.android.com/apk/res/android"
    android:layout_width="match_parent"
    android:layout_height="match_parent"
    android:stretchColumns="1" >
    <TableRow>
        <TextView
            android:layout_span="2"
            android:text="회원정보"
            android:gravity="center"/>
    </TableRow>
    <TableRow>
        <TextView
            android:text="이름 "
            android:gravity="right"/>
        <EditText
            android:id="@+id/name" />
    </TableRow>
    <TableRow>
        <TextView
            android:text="전화번호 "
```

```
                android:gravity="right"/>
            <EditText android:id="@+id/tel"/>
        </TableRow>
        <TableRow>
            <TextView
                android:text="주소 "
                android:gravity="right"/>
            <EditText android:id="@+id/address"/>
        </TableRow>
        <TableRow>
            <Button
                android:layout_column="1"
                android:text="확인"/>
        </TableRow>
</TableLayout>
```

테이블의 셀에 있는 뷰의 속성으로 layout_span 속성은 인접한 열을 합쳐서 표시하도록 한다. 위의 예에서 "회원정보" 셀의 layout_span 값이 2 이므로 두 개의 열이 합쳐져서 화면 폭 전체를 차지하고 있다. 또한 layout_column 속성은 셀의 열 위치를 지정한다. 위의 예에서 "확인" 버튼의 layout_column 값이 1이므로 버튼의 위치가 첫 번째(0 번)가 아닌 두 번째(1 번) 열이 되었다.

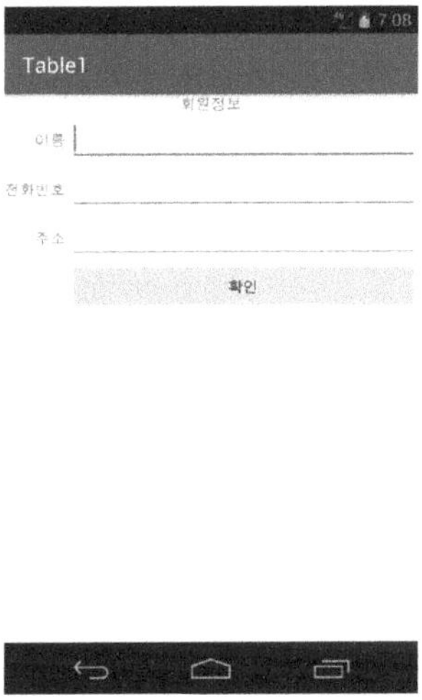

4.2.5 GridLayout

GridLayout은 TableLayout과 유사하게 내부에 자식 뷰들을 격자 모양으로 배치하는 것이다. 내부의 자식 뷰 하나를 셀(cell)이라 하는데, 기본적으로 모든 셀은 같은 크기를 가지지만 몇 개의 셀을 수평 혹은 수직 방향으로 합쳐서 더 큰 셀을 만들 수도 있다. GridLayout의 중요한 속성과 셀의 중요한 속성은 다음과 같다.

[표 4-7] GridLayout의 속성과 내부 셀의 속성

적용	속성	기능
GridLayout	rowCount	행의 수
	columnCount	열의 수
셀	layout_rowSpan	확장된 행 방향의 셀 수
	layout_colSpan	확장된 열 방향의 셀 수
	layout_row	셀의 행 번호
	layout_column	셀의 열 번호
	layout_gravity	셀의 크기를 확장하거나 위치를 지정

예제4-9) res/layout/activity_main.xml

```
<?xml version="1.0" encoding="utf-8"?>
<GridLayout
    xmlns:android="http://schemas.android.com/apk/res/android"
    android:layout_width="match_parent"
    android:layout_height="wrap_content"
    android:columnCount="5" >
    <Button android:text="7" android:layout_width="70dp"/>
    <Button android:text="8" android:layout_width="70dp"/>
    <Button android:text="9" android:layout_width="70dp"/>
    <Button android:text="/" android:layout_width="70dp"/>
    <Button android:text="=" android:layout_width="70dp"
        android:layout_rowSpan="4"
        android:layout_gravity="fill"/>

    <Button android:text="4"  android:layout_width="70dp"/>
    <Button android:text="5"  android:layout_width="70dp"/>
    <Button android:text="6"  android:layout_width="70dp"/>
    <Button android:text="*"  android:layout_width="70dp"/>

    <Button android:text="1"  android:layout_width="70dp"/>
    <Button android:text="2"  android:layout_width="70dp"/>
    <Button android:text="3"  android:layout_width="70dp"/>
    <Button android:text="-"  android:layout_width="70dp"/>

    <Button android:text="0"  android:layout_width="70dp"
        android:layout_columnSpan="2"
        android:layout_gravity="fill_horizontal" />
    <Button android:text="."  android:layout_width="70dp"/>
```

```
        <Button android:text="+"  android:layout_width="70dp"/>
    </GridLayout>
```

위의 예에서 columnCount를 5로 해서 열의 수가 5가 되도록 했다. 1행 5열에 있는 "=" 버튼은 layout_rowSpan을 4로 해서 "=" 버튼 크기를 4행 전체가 되게 하고 이 열의 크기를 부모 뷰인 GridLayout의 나머지 공간 전체가 되도록 하기 위해 layout_gravity를 "fill"로 설정했다. 이렇게 하면 이 다음에 있는 2행부터는 열을 4 개씩만 지정할 수 있다. "0" 버튼의 크기를 2개의 열을 가득 차지하도록 하기 위해 layout_columnSpan을 2로 하고, 이 셀의 layout_gravity를 fill_horizontal로 설정했다.

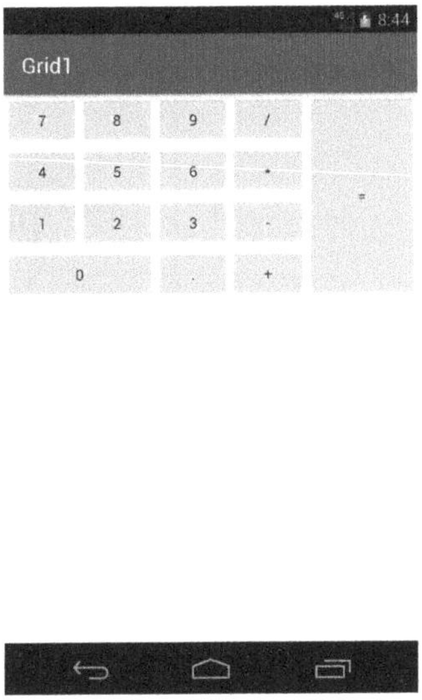

4.3 이벤트 처리

다른 그래픽 사용자 인터페이스(GUI) 프로그램과 마찬가지로 안드로이드 프로그램도 이벤트 처리 방식으로 동작한다. 즉, 사용자 혹은 시스템이 발생시키는 이벤트를 받아서 이를 처리하는 방식으로 프로그램이 진행된다. 예를 들면 화면에 있는 버튼 위젯을 클릭하면 그 버튼에 클릭 이벤트가 발생한다. 이벤트가 발생했을 때 이를 처리하는 것은 메서드(method) 형태로 정의되어 있고, 이 메서드를 이벤트 핸들러(event handler)라 한다. 버튼 위젯에서 클릭 이벤트를 처리하는 핸들러는 onClick() 메서드이다. 따라서 버튼을 클릭했을 때 처리해야할 작업을 실행하는 프로그램 코드는 onClick() 메서드 내에 구현해 두어야 한다.

화면에 표시되는 모든 뷰들은 View 클래스를 상속 받아서 만든 하위 클래스인데, View 클래스에 이미 화면을 클릭할 때 실행되는 onClick(), 화면을 터치할 때 실행되는 onTouch()가 정의되어 있기 때문에 사실상 모든 뷰는 이

두 가지 이벤트는 처리하도록 되어 있다.

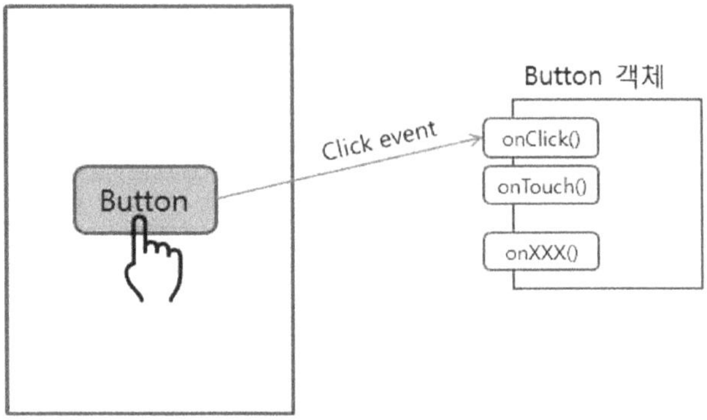

<그림4-5> 이벤트 처리

안드로이드 위젯들의 이벤트 핸들러는 자바의 인터페이스(interface)를 이용해서 정의되어 있고, 처리해야 할 이벤트의 핸들러를 재정의(Override)해서 사용하면 된다. 안드로이드에서 이벤트를 처리하는 방법은 다음과 같은 세 가지가 있다.

(1) XML 파일에 이벤트 처리 함수를 등록하는 방법
(2) 이벤트 처리 객체를 생성해서 등록하는 방법
(3) 뷰 클래스의 이벤트 처리 메서드를 재정의해서 사용하는 방법

4.3.1 XML 파일에 이벤트 처리 함수를 등록하는 방법

화면 설계를 위한 XML 파일에서 각 위젯의 속성으로 필요한 이벤트 핸들러 메서드를 지정하고, 자바 소스에서 이 메서드를 구현해 주는 방법이다. 위젯별로 별도의 이벤트 핸들러 메서드를 작성하거나 여러 위젯에서 같은 이벤트 핸들러를 함께 사용하도록 작성할 수도 있다. 여러 위젯이 이벤트 핸들러를 공유하는 경우에는 이벤트 핸들러에 전달되는 인수로 이벤트를 발생시킨 위젯을 식별한다.

예제4-10) res/layout/activity_main.xml

```
<?xml version="1.0“ encoding=“utf-8“?>
<LinearLayout
    xmlns:android="http://schemas.android.com/apk/res/android“
    android:layout_width=“match_parent“
    android:layout_height="match_parent“
    android:orientation=“horizontal“>
    <Button
        android:id=“@+id/button1“
        android:layout_width=“wrap_content“
        android:layout_height=“wrap_content“
        android:layout_weight=“1“
        android:textAllCaps=“false“
        android:text=“Button1“
        android:onClick=“button1Click“/>
    <Button
        android:id=“@+id/button2“
        android:layout_width=“wrap_content“
        android:layout_height=“wrap_content“
        android:layout_weight=“1“
        android:textAllCaps=“false“
        android:text=“Button2“
        android:onClick=“button2Click“/>
</LinearLayout>
```

Button1에는 onClick 속성에 button1Click 메서드를 등록하였고, Button2에는 onClick 속성에 button2Click 메서드를 등록하였다.

예제4-10) java/..../MainActivity.java

```
public class MainActivity extends AppCompatActivity {

    @Override
    protected void onCreate(Bundle savedInstanceState) {
        super.onCreate(savedInstanceState);
        setContentView(R.layout.activity_main);
    }
    //
    public void button1Click(View view) {
        Toast.makeText(getApplicationContext(), “Button1 clicked“,
Toast.LENGTH_SHORT).show();
    }
```

```
        //
        public void button2Click(View view) {
            Toast.makeText(getApplicationContext(), "Button2 clicked",
    Toast.LENGTH_SHORT).show();
        }
}
```

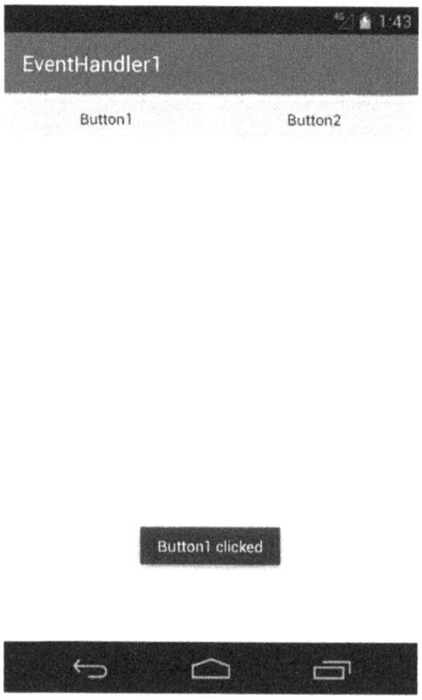

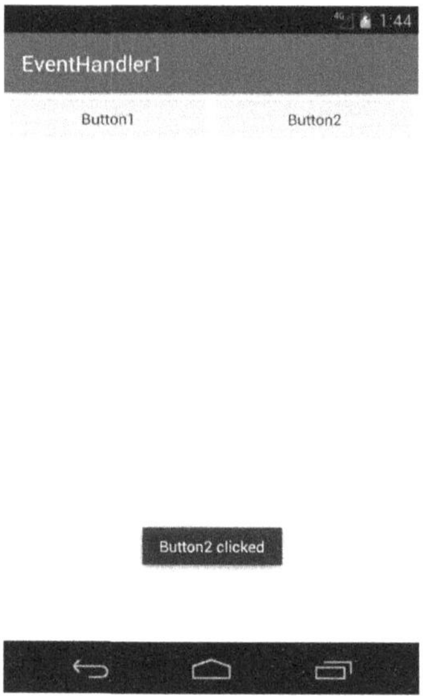

자바 소스 파일에는 button1Click() 메서드와 button2Click() 메서드를 구현해 두었다. 실행 화면에서 Button1을 클릭하면 button1Click() 메서드가 실행되고, Button2를 클릭하면 button2Click() 메서드가 실행되는 것을 볼 수 있다.

동일한 이벤트 핸들러 메서드를 여러 위젯의 이벤트 핸들러로 등록할 수도 있는데, 이 경우에 이벤트 핸들러에서 위젯을 구분하기 위해서는 위젯의 id를 사용한다.

예제4-11) res/layout/activity_main.xml

```
<?xml version="1.0" encoding="utf-8"?>
<LinearLayout
    xmlns:android="http://schemas.android.com/apk/res/android"
    android:layout_width="match_parent"
    android:layout_height="match_parent"
```

```
        android:orientation=“horizontal“>
        <Button
            android:id=“@+id/button1“
            android:layout_width=“wrap_content“
            android:layout_height=“wrap_content“
            android:layout_weight=“1“
            android:textAllCaps=“false“
            android:text=“Button1“
            android:onClick=“buttonClick“/>
        <Button
            android:id=“@+id/button2“
            android:layout_width=“wrap_content“
            android:layout_height=“wrap_content“
            android:layout_weight=“1“
            android:textAllCaps=“false“
            android:text=“Button2“
            android:onClick=“buttonClick“/>
</LinearLayout>
```

여기서는 두 개의 버튼에 대한 클릭 이벤트 핸들러로 동일한 메서드인 buttonClick을 등록했다.

예제4_11) java/..../MainActivity.java

```
public class MainActivity extends AppCompatActivity {

    @Override
    protected void onCreate(Bundle savedInstanceState) {
        super.onCreate(savedInstanceState);
        setContentView(R.layout.activity_main);
    }
    //
    public void buttonClick(View view) {
        if (view.getId() == R.id.button1) {
            Toast.makeText(getApplicationContext(), “Button1 clicked“,
Toast.LENGTH_SHORT).show();
        } else if (view.getId() == R.id.button2) {
            Toast.makeText(getApplicationContext(), “Button2 clicked“,
Toast.LENGTH_SHORT).show();
        }
    }
}
```

두 버튼이 동일한 클릭 이벤트 핸들러를 사용하고 있으므로 어느 버튼에서 클릭 이벤트가 발생했을 때에도 동일한 이벤트 핸들러인 buttonClick() 메서드가 호출된다. 이 때 인수 view는 클릭된 버튼의 참조이다. view.getId() 메서드는 뷰의 Id 속성 값을 반환하므로 이를 이용해서 어느 버튼이 클릭되었는지 판별할 수 있다.

4.3.2 이벤트 처리 객체를 생성하는 방법

XML에 이벤트 핸들러 메서드를 등록하지 않아도 프로그램이 실행될 때에 이벤트 핸들러를 등록할 수 있다. 특정 위젯에서 발생할 수 있는 이벤트와 그 이벤트 발생시에 호출해야 할 이벤트 핸들러 메서드는 자바의 인터페이스 형태로 정의되어 있는데, 이를 이벤트 리스너(Event Listener)라 한다. 자바에서 인터페이스 내의 함수를 구현하면 클래스가가 되고, 이 클래스를 객체화해서 위젯 객체에 등록하면 이벤트를 처리할 수 있다.

```
protected void onCreate(Bundle savedInstanceState) {
    .....................
    //
    View.OnClickListener buttonClickListener = new ButtonClickListener();
    //
    Button button = (Button)findViewById(R.id.button);
    button.setOnClickListener(buttonClickListener);
    .....................
}
//
class ButtonClickListener implements View.OnClickListener {
    public void onClick(View view) {
        .....................
    }
}
```

예제4-12)는 이벤트 리스너를 이용해서 이벤트 처리 객체를 생성하는 방법으로 이벤트 처리를 하는 프로그램이다.

예제4-12) java/..../MainActivity.java

```
public class MainActivity extends AppCompatActivity {
    @Override
    protected void onCreate(Bundle savedInstanceState) {
        super.onCreate(savedInstanceState);
        setContentView(R.layout.activity_main);
        //
        View.OnClickListener buttonClickListener = new ButtonClickListener();
        //
        Button button1 = (Button)findViewById(R.id.button1);
        button1.setOnClickListener(buttonClickListener);
        Button button2 = (Button)findViewById(R.id.button2);
        button2.setOnClickListener(buttonClickListener);
    }
    //
    class ButtonClickListener implements View.OnClickListener {
        public void onClick(View view) {
          if (view.getId() == R.id.button1) {
              Toast.makeText(getApplicationContext(), "Button1 clicked",
Toast.LENGTH_SHORT).show();
          } else if (view.getId() == R.id.button2) {
              Toast.makeText(getApplicationContext(), "Button2 clicked",
Toast.LENGTH_SHORT).show();
          }
        }
    }
}
```

일반적으로 이벤트 리스너 클래스는 단 한번만 객체화되기 때문에 위와 같이 클래스로 만들 필요는 없고 인터페이스내의 메서드를 구현해서 바로 객체화해서 사용하는 것이 편할 수도 있다. 이렇게 클래스를 만들지 않고 바로 객체화하는 것을 무명 클래스라 한다.

```
protected void onCreate(Bundle savedInstanceState) {
    .....................
    //
    Button button = (Button)findViewById(R.id.button);
    button1.setOnClickListener(buttonClickListener);
    .....................
}
```

```
//
View.OnClickListener  buttonClickListener = new  View.OnClickListener() {
    public void onClick(View view) {
        ....................
    }
};
```

예제4-13)은 무명 클래스를 이용해서 이벤트를 처리하는 방법을 보여주는 프로그램이다.

예제4-13) java/..../MainActivity.java

```
public class MainActivity extends AppCompatActivity {
    @Override
    protected void onCreate(Bundle savedInstanceState) {
        super.onCreate(savedInstanceState);
        setContentView(R.layout.activity_main);
        //
        Button button1 = (Button)findViewById(R.id.button1);
        button1.setOnClickListener(buttonClickListener);
        Button button2 = (Button)findViewById(R.id.button2);
        button2.setOnClickListener(buttonClickListener);
    }
    //
    View.OnClickListener  buttonClickListener = new  View.OnClickListener() {
        public void onClick(View view) {
            if (view.getId() == R.id.button1) {
              Toast.makeText(getApplicationContext(), "Button1 clicked",
Toast.LENGTH_SHORT).show();
            } else if (view.getId() == R.id.button2) {
              Toast.makeText(getApplicationContext(), "Button2 clicked",
Toast.LENGTH_SHORT).show();
            }
        }
    };
}
```

만약 버튼마다 다른 코드를 사용한다면 다음과 같이 클릭 리스너를 등록할 때 객체를 바로 생성해서 등록하는 것이 간편할 수도 있으나 확장성을 고려하면 좋은 방법은 아니다.

```
protected void onCreate(Bundle savedInstanceState) {
    .....................
    //
    Button button = (Button)findViewById(R.id.button);
    button1.setOnClickListener(new  View.OnClickListener() {
        public void onClick(View view) {
            .....................
        }
    });
    .....................
}
```

4.3.3 액티비티에서 인터페이스 메서드들을 재정의하는 방법

액티비티에서 필요한 이벤트 리스너 인터페이스 내에 있는 핸들러 메서드들을 구현하는 방법인데, 처리해야 할 이벤트가 많으면 프로그램이 복잡해질 수 있다.

예제4-14) java/..../MainActivity.java

```
public class MainActivity extends AppCompatActivity implements
View.OnClickListener {

    @Override
    protected void onCreate(Bundle savedInstanceState) {
        super.onCreate(savedInstanceState);
        setContentView(R.layout.activity_main);
        //
        Button button1 = (Button)findViewById(R.id.button1);
        button1.setOnClickListener(this);
        Button button2 = (Button)findViewById(R.id.button2);
        button2.setOnClickListener(this);
    }
    //
    public void onClick(View view) {
        if (view.getId() == R.id.button1) {
            Toast.makeText(getApplicationContext(), "Button1 clicked",
```

```
Toast.LENGTH_SHORT).show();
            } else if (view.getId() == R.id.button2) {
                Toast.makeText(getApplicationContext(), “Button2 clicked“,
Toast.LENGTH_SHORT).show();
            }
        }
}
```

이 예에서는 OnClickListener 인터페이스를 MainActivity 클래스에서 구현(implements) 하기 위해 클래스 내에 onClick() 메서드를 두고 있다. 그리고 button.setOnClickListener(this)에서 이벤트를 처리하는 객체를 액티비티 객체로 설정하기 위해 this라고 하였다.

4.3.4 뷰 클래스의 메서드를 재정의 하는 방법

안드로이드에서 제공하는 기본 뷰의 이벤트 핸들러 메서드들을 재정의해서 새로운 커스텀 뷰를 만들어 사용하는 방법이다. 새로운 뷰는 반드시 별도의 자바 파일에 public 클래스로 만들어야 한다. 이 예에서는 Button 위젯을 상속받아 새로운 버튼 MyButton을 만들어 사용하고 있다.

예제4-15) res/layout/activity_main.xml

```
<?xml version=“1.0“ encoding=“utf-8“?>
<LinearLayout
    xmlns:android=“http://schemas.android.com/apk/res/android“
    android:layout_width=“match_parent“
    android:layout_height=“match_parent“
    android:orientation=“horizontal“>
    <com.example.eventhandler6.MyButton
        android:id=“@+id/button1“
        android:layout_width=“wrap_content“
        android:layout_height=“wrap_content“
        android:layout_weight=“1“
        android:textAllCaps=“false“
        android:text=“MyButton1“/>
    <com.example.eventhandler6.MyButton
        android:id=“@+id/button2“
        android:layout_width=“wrap_content“
```

```
17              android:layout_height="wrap_content"
18              android:layout_weight="1"
19              android:textAllCaps="false"
20              android:text="MyButton2"/>
21  </LinearLayout>
```

XML 파일에서 새로 만든 뷰를 사용할 때에는 이 뷰가 어느 패키지에 있는지를 명시해야 한다. 위의 예에서 MyView는 com.example.eventhandler6 패키지에서 구현하고 있으므로 XML 파일의 라인7과 라인 14에서는 com.example.eventhandler6.MyButton와 같이 버튼을 구현하고 있는 클래스의 전체 이름을 사용하고 있다. MyButton은 Button을 상속 받아서 만들었으므로 Button의 속성 모두를 그대로 사용할 수 있다.

예제4-15) java/..../MyButton.java

```
1   public class MyButton extends  android.support.v7.widget.AppCompatButton
      implements View.OnClickListener {
2       public  MyButton(Context context) {
3           super(context);
4           setOnClickListener(this);
5       }
6       //
7       public MyButton(Context context, AttributeSet attrs) {
8           super(context, attrs);
9           this.setOnClickListener(this);
10      }
11      //
12      @Override
13      public void onClick(View view) {
14          Toast.makeText(getContext(), ((Button)view).getText(),
    Toast.LENGTH_SHORT).show();
15      }
16  }
```

위 프로그램은 MyButton 클래스의 구현을 보여준다. MyButton의 두 개의 생성자는 super()를 이용해서 Button의 생성자를 호출한다. MyButton이 XML 파일에 포함되어 있을 때는 두 개의 생성자 중에서 라인 7에 있는 생성자가 사용된다. 클릭 이벤트 핸들러인 onClick()을 재정의하고 있다.

예제4-15) java/..../MainActivity.java

```
public class MainActivity extends AppCompatActivity {

    @Override
    protected void onCreate(Bundle savedInstanceState) {
        super.onCreate(savedInstanceState);
        setContentView(R.layout.activity_main);
    }
}
```

MyButton내에 onClick() 이벤트 핸들러가 구현되어 있으므로 액티비티에서는 이를 따로 구현할 필요가 없다. 이렇게 새로운 뷰를 만들어 사용하는 방법은 기존의 뷰에 새로운 기능을 추가하여 여러 번 재사용할 필요가 있을 때에 사용한다.

4.4 대표적인 기본 위젯의 활용

모든 위젯들은 View의 자식 클래스이므로 [표4-2]에서 소개한 공간적 크기나 위치를 나타내는데 사용되는 기본 속성들을 가진다. 또한 여러 위젯들이 공통적인 속성을 가진다. 예를 들면 그 내용으로 글자를 가지는 TextView, EditText, Button 등은 모두 내용으로 표시할 글자를 나타내는 text 속성, 글자의 크기를 나타내는 textSize, 글자의 색을 나타내는 textColor 등의 속성을 가진다. 또한 모든 뷰는 클릭이나 터치를 할 수 있기 때문에 onClick(), onTouch() 등의 이벤트 핸들러를 가진다. 여기서는 한 위젯에서 설명한 속성이나 이벤트 핸들러는 다른 위젯에서는 반복해서 설명하지 않지만 사용은 할 수 있다. 어떤 위젯에 어떤 속성이나 이벤트 핸들러가 적용되는지는 그 위젯이 어디에 사용할 수 있는지 이해하면 직관적으로 알 수 있다.

4.4.1 TextView

TextView는 화면에 글자를 표현하는데 사용된다. 입력은 불가능하고 글자의 크기, 색상, 스타일을 지정할 수 있다. 정적으로 설계 단계에서 문자열 라벨을 표현하거나, 프로그램에서 필요한 텍스트를 나타낼 때에 사용한다. 주요 속성은 다음과 같은 것들이 있다.

[표 4-8] TextView의 주요 속성

속성	기능
text	TextView에 표시할 내용
textSize	텍스트의 폰트 크기(주로 sp 단위 사용)
textColor	텍스트의 색상
textStyle	텍스트 스타일(normal, italic, bold)
gravity	텍스트의 내용 영역 내의 위치

예제4-16) res/layout/activity_main.xml

```
<?xml version=“1.0“ encoding=“utf-8“?>
<LinearLayout
    xmlns:android=“http://schemas.android.com/apk/res/android“
    android:layout_width=“match_parent“
    android:layout_height=“match_parent“
    android:orientation=“vertical“>
    <TextView
        android:layout_width=“200dp“
        android:layout_height=“50dp“
        android:background=“#FFAAAAAA“
        android:textColor=“#FF444444“
        android:textSize=“20sp“
        android:text=“TextView1“/>
    <TextView
        android:layout_width=“200dp“
        android:layout_height=“50dp“
        android:gravity=“center“
        android:background=“#FFDDDDDD“
        android:textColor=“#FF444444“
        android:textSize=“25sp“
        android:text=“TextView2“/>
    <TextView
        android:layout_width=“200dp“
        android:layout_height=“50dp“
        android:gravity=“center“
```

```
            android:background="#FFAAAAAA"
            android:textColor="#FF444444"
            android:textSize="25sp"
            android:text="TextView3"
            android:textStyle="italic"/>
</LinearLayout>
```

첫 번째 TextView는 내용 영역의 크기에 비해 text 속성의 값인 "TextView1"이 차지하는 크기가 작아서 기본 위치인 왼쪽 위에 표시되었다. 이것이 위치에 대한 속성이 지정되지 않은 TextView가 내용을 표시하는 기본 위치이다. 두 번째는 내용의 위치를 나타내는 gravity 속성을 center로 두었기 때문에 텍스트가 내용 영역의 가운데 위치에 표시되었다. 세 번째는 텍스트의 스타일을 italic으로 했기 때문에 글자가 기울어졌다. background 속성을 이용해서 배경색을 지정할 수 있음을 보여준다.

4.4.2 EditText

EditText는 글자를 입력 받기 위해 사용한다. 입력이 가능하다는 점을 제외하면 기본적으로 TextView와 동일한 속성들을 가진다. 그리고 표시되는 라인 수를 제한할 수 있다. 특징적인 속성은 [표4-9]와 같다. EditText는 기본적으로 여러 라인을 입력할 수 있는데 maxLines 속성으로 화면에 보이는 라인 수를 지정할 수 있다.

[표 4-9] EditText의 주요 속성

속성	기능
text	입력창에 표시되는 텍스트
enabled	입력 가능(true)/불가능(false)

maxLines	화면에 보이는 최대 라인 수
gravity	여러 라인일 때에 시작 라인의 위치 지정

예제4-17) res/layout/activity_main.xml

```
<?xml version=“1.0“ encoding=“utf-8“?>
<LinearLayout
     xmlns:android=“http://schemas.android.com/apk/res/android“
     android:layout_width=“match_parent“
     android:layout_height=“match_parent“
     android:orientation=“vertical“>
     <TextView
          android:id=“@+id/textView1“
          android:layout_width=“match_parent“
          android:layout_height=“100dp“
          android:layout_margin=“10dp“
          android:padding=“10dp“
          android:onClick=“clearText“
          android:background=“#FFDDDDDD“/>
     <LinearLayout
          android:layout_width=“match_parent“
          android:layout_height=“100dp“
          android:layout_margin=“10dp“
          android:orientation=“horizontal“>
          <TextView
               android:layout_width=“50dp“
               android:layout_height=“match_parent“
               android:gravity=“right“
               android:layout_marginRight=“10dp“
               android:text=“Input“/>
          <EditText
               android:id=“@+id/name“
               android:layout_width=“wrap_content“
               android:layout_height=“match_parent“
               android:gravity=“top“
               android:background=“#FFEEEEEE“
               android:layout_weight=“1“/>
     </LinearLayout>
     <Button
          android:layout_width=“wrap_content“
          android:layout_height=“wrap_content“
          android:layout_gravity=“center_horizontal“
          android:onClick=“doIt“
```

```
            android:text=“OK“/>
</LinearLayout>
```

예제4-17) java/..../MainActivity.java

```
1   public class MainActivity extends AppCompatActivity {
2       @Override
3       protected void onCreate(Bundle savedInstanceState) {
4           super.onCreate(savedInstanceState);
5           setContentView(R.layout.activity_main);
6       }
7       //
8       public void doIt(View view) {
9           EditText edit = (EditText)findViewById(R.id.name);
10          TextView textView = (TextView)findViewById(R.id.textView1);
11          textView.setText(edit.getText());
12      }
13      //
14      public void clearText(View view) {
15          TextView textView = (TextView)findViewById(R.id.textView1);
16          textView.setText(““);
17          EditText edit = (EditText)findViewById(R.id.name);
18          edit.setText(““);
19      }
20  }
```

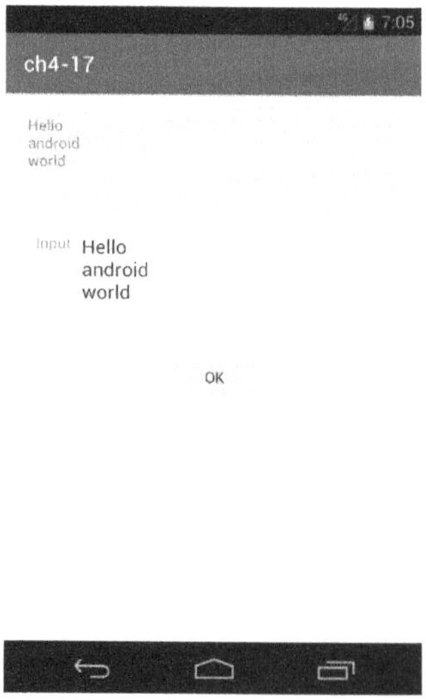

버튼의 XML 파일에서 onClick 이벤트 핸들러 속성에 doIt() 메서드 이름을 등록했기 때문에 버튼을 클릭하면 라인 8의 doIt() 메서드가 실행되어 Id가 name인 EditText에서 입력된 문자열을 읽어서 Id가 textView1인 TextView에 표시한다. 또한 textView1의 onClick 속성에 clearText() 메서드가 등록되어 있어서 textView1을 클릭하면 라인 14에 있는 clearText() 메서드가 실행되어 TextView와 EditText의 화면에 표시된 문자열을 지운다.

4.4.3 Button

Button은 주로 명령을 입력할 때에 사용하고 TextView에서 사용할 수 있는 거의 모든 속성을 사용할 수 있다. 버튼의 기본 형태는 직사각형에 배경색은 회색이다. 버튼의 모양을 보기 좋게 바꾸는 몇 가지 방법이 있는데, 이렇게 버튼의 형태나 동작을 바꾼 것을 커스텀 버튼(Custom Button)이라 한다. 여기서는 XML을 이용해서 커스텀 버튼을 만드는 방법을 소개한다.

예제4-18) res/layout/activity_main.xml

```
<LinearLayout
    xmlns:android=“http://schemas.android.com/apk/res/android“
    android:layout_width=“match_parent“
    android:layout_height=“match_parent“>
    <Button
        android:layout_width=“wrap_content“
        android:layout_height=“100dp“
        android:layout_weight=“1“
        android:layout_margin=“10dp“
        android:padding=“10dp“
        android:textAllCaps=“false“
        android:textSize=“20sp“
        android:text=“Button1“
        android:background=“@drawable/button_shape1“/>
    <Button
        android:layout_width=“wrap_content“
        android:layout_height=“100dp“
        android:layout_weight=“1“
        android:layout_margin=“10dp“
        android:padding=“10dp“
        android:textAllCaps=“false“
        android:textSize=“20sp“
        android:text=“Button2“
        android:background=“@drawable/button_shape2“/>
</LinearLayout>
```

Button1은 모서리가 둥글고 배경색도 변경되었다. Button2는 더 정교하게 변경된 것으로 배경색에 그라데이션이 적용되었다. 이를 위해 Button1과

Button2의 background 속성에 이러한 형태가 만들어 지게 하는 button_shape1과 button_shape2를 지정하였는데, 이들은 모두 XML 파일로 만들어지고 res/drawable 아래에 두어야 한다.

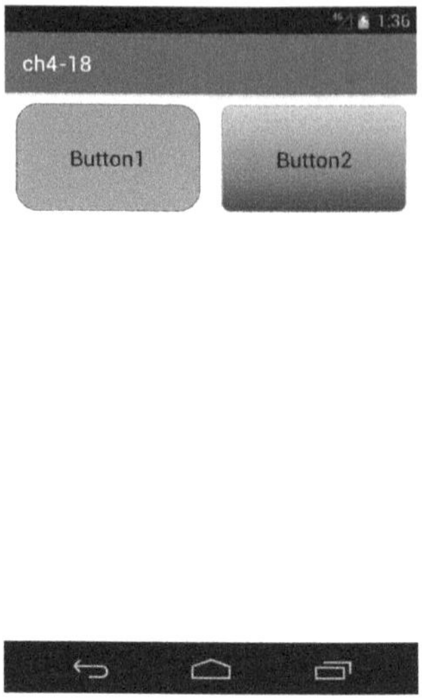

button_shape1에서 stroke은 테두리를 나타내고, solid는 바탕색을 나타낸다. corners는 모서리를 둥글게 하는데 사용된다. 여기서는 반경(radius)이 20dp가 되도록 네 모서리를 둥글게 하였는데, 모서리 각 부분을 각각 다른 반경으로 둥글게 되도록 지정할 수도 있다.

예제4-18) res/drawable/button_shape1.xml

```
<?xml version=“1.0“ encoding=“UTF-8“?>
<shape xmlns:android=“http://schemas.android.com/apk/res/android“>
    <stroke
        android:width=“1dp“
        android:color=“#FF006060“/>
    <corners
        android:radius=“20dp“ />
    <padding
        android:left=“5dp“
        android:right=“5dp“
        android:top=“5dp“
        android:bottom=“5dp“/>
    <solid
        android:color=“#FF5090d0“/>
</shape>
```

예제4-18) res/drawable/button_shape2.xml

```
<?xml version=“1.0“ encoding=“utf-8“?>
<shape xmlns:android=“http://schemas.android.com/apk/res/android“
    android:shape=“rectangle“>
    <padding
        android:left=“7dp“
        android:top=“15dp“
```

```
            android:right=“7dp“
            android:bottom=“15dp“ />
        <gradient
            android:startColor=“#104090“
            android:endColor=“#70c0f0“
            android:type=“linear“
            android:angle=“90“/>
        <stroke
            android:width=“1dp“
            android:color=“#5090d0“ />
        <corners android:radius=“8dp“ />
    </shape>
```

button_shape2는 gradient 속성을 이용하여 배경색이 시작(startColor)과 끝(endColor)을 기준으로 점차적(gradient)으로 변하도록 지정하였다.

4.4.4 ImageView

이미지를 보여주는데 사용된다. 이미지는 리소스에 있는 이미지 파일일 수도 있고, 외부 장치에서 얻은 이미지를 비트맵으로 변환한 것일 수도 있다.

[표 4-10] ImageView의 주요 속성

속성	기능
src	표시할 이미지
scaleType	이미지 표시 방법

예제4-19) res/layout/activity_main.xml

```
<?xml version=“1.0“ encoding=“utf-8“?>
<LinearLayout
    xmlns:android=“http://schemas.android.com/apk/res/android“
    android:layout_width=“match_parent“
    android:layout_height=“match_parent“
    android:orientation=“vertical“>
    <LinearLayout
        android:layout_width=“match_parent“
        android:layout_height=“wrap_content“>
```

```
        <ImageView
            android:layout_width=“150dp“
            android:layout_height=“250dp“
            android:scaleType=“fitCenter“
            android:src=“@drawable/ic_launcher“
        />
        <ImageView
            android:layout_width=“150dp“
            android:layout_height=“250dp“
            android:scaleType=“fitXY“
            android:src=“@drawable/ic_launcher“
            />
    </LinearLayout>
    <LinearLayout
        android:layout_width=“match_parent“
        android:layout_height=“wrap_content“>
        <ImageView
            android:layout_width=“150dp“
            android:layout_height=“250dp“
            android:scaleType=“centerCrop“
            android:src=“@drawable/ic_launcher“
            />
        <ImageView
            android:layout_width=“150dp“
            android:layout_height=“250dp“
            android:scaleType=“centerInside“
            android:src=“@drawable/ic_launcher“
            />
    </LinearLayout>
</LinearLayout>
```

scaleType 속성은 ImageView 영역 내에 이미지를 표시하는 방법을 결정한다. fitCenter는 영역의 가로/세로 크기에 맞게 이미지를 변형하지 않고 표시한다. 이 때에 크기는 축소 혹은 확대될 수 있다. 그러나 fitXY는 영역의 가로/세로 크기에 맞게 이미지를 변형하여 표시한다. 그래서 두 번째 이미지는 세로로 확대되었다. centerCrop은 이미지를 변형하지 않고 영역에 맞게 확대만 하여 표시하는데, 가로/세로 비율이 맞지 않는 부분은 잘라낸다. centerInside는 영역의 크기에 맞게 이미지를 표시하는데, 이미지 크기가 영역의 크기보다 크면 이미지를 축소한다.

4.4.5 CheckBox와 RadioButton

CheckBox는 항목을 선택할 때에 사용하고 여러 개가 동시에 선택될 수도 있다. RadioButton은 RadioGroup으로 묶어서 사용하는데, 하나의 RadioGroup 내에 있는 항목 중에서는 하나만 선택할 수 있다.

예제4-20) res/layout/activity_main.xml

```
<?xml version="1.0" encoding="utf-8"?>
<RelativeLayout
    xmlns:android="http://schemas.android.com/apk/res/android"
    android:layout_width="match_parent"
    android:layout_height="match_parent"
    android:padding="20dp">
    <LinearLayout
        android:id="@+id/checkGroup"
        android:layout_width="wrap_content"
        android:layout_height="wrap_content"
        android:layout_alignParentLeft="true"
        android:orientation="vertical">
        <CheckBox android:id="@+id/check1"
            android:layout_width="wrap_content"
            android:layout_height="wrap_content"
            android:onClick="checkClick"
            android:text="Red"/>
        <CheckBox android:id="@+id/check2"
            android:layout_width="wrap_content"
            android:layout_height="wrap_content"
            android:onClick="checkClick"
            android:text="Green"/>
        <CheckBox android:id="@+id/check3"
            android:layout_width="wrap_content"
            android:layout_height="wrap_content"
            android:onClick="checkClick"
            android:text="Blue"/>
    </LinearLayout>
    <RadioGroup
```

```
            android:layout_width=“wrap_content“
            android:layout_height=“wrap_content“
            android:layout_toRightOf=“@id/checkGroup“
            android:layout_marginLeft=“50dp“
            android:orientation=“vertical“>
            <RadioButton android:id=“@+id/radio1“
                android:layout_width=“wrap_content“
                android:layout_height=“wrap_content“
                android:onClick=“radioClick“
                android:text=“Red“/>
            <RadioButton android:id=“@+id/radio2“
                android:layout_width=“wrap_content“
                android:layout_height=“wrap_content“
                android:onClick=“radioClick“
                android:text=“Green“/>
            <RadioButton android:id=“@+id/radio3“
                android:layout_width=“wrap_content“
                android:layout_height=“wrap_content“
                android:onClick=“radioClick“
                android:text=“Blue“/>
        </RadioGroup>
</RelativeLayout>
```

예제4-20) java/..../MainActivity.java

```
public class MainActivity extends AppCompatActivity {
    @Override
    protected void onCreate(Bundle savedInstanceState) {
        super.onCreate(savedInstanceState);
        setContentView(R.layout.activity_main);
    }
    //
    public void checkClick(View v) {
        CheckBox check = (CheckBox)v;
        if (check.isChecked()) {
            Toast.makeText(getApplicationContext(), check.getText() + “ is checked“, Toast.LENGTH_SHORT).show();
        } else {
            Toast.makeText(getApplicationContext(), check.getText() + “ is unchecked“, Toast.LENGTH_SHORT).show();
        }
    }
    //
    public void radioClick(View v) {
```

```
            RadioButton check = (RadioButton)v;
            if (check.isChecked()) {
                Toast.makeText(getApplicationContext(), check.getText() + “ is checked“, Toast.LENGTH_SHORT).show();
            } else {
                Toast.makeText(getApplicationContext(), check.getText() + “ is unchecked“, Toast.LENGTH_SHORT).show();
            }
        }
}
```

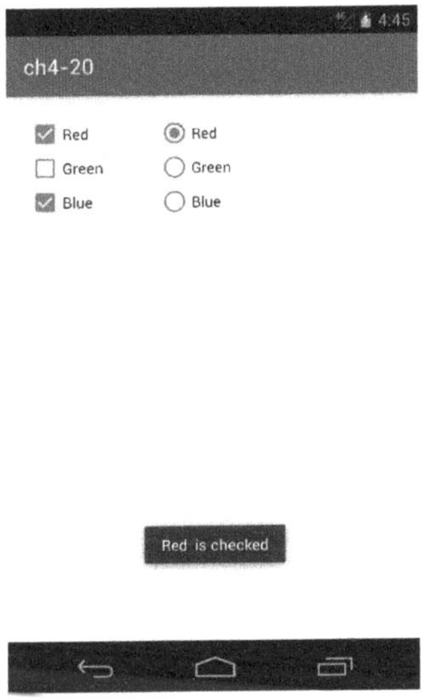

CheckBox는 그룹으로 묶는 것이 아니라 각각 별개로 동작한다. 그러나 RadioButton은 그룹으로 묶는데 RadioGroup을 이용한다. 이 프로그램에서는 세 개의 라디오 버튼이 모두 하나의 그룹에 속하므로 세 개 중에 하나만 선택된다.

CheckBox와 RadioButton에서 특정 버튼의 현재 상태 즉, 체크되어 있는지 아닌지를 검사하는 메서드는 isChecked()이다. 이 메서드는 체크된 상태이면 true를 반환하고 그렇지 않으면 false를 반환한다. CheckBox의 경우에 체크를 할 때와 체크를 해제할 때 한 번씩의 이벤트가 발생한다. 그러나 RadioButton의 경우에 한 버튼을 체크하면 다른 버튼은 자동으로 체크가 해제된다. 따라서 한 라디오 버튼을 체크하면 두 개의 라디오 버튼에서 이벤트가 발생한다.

[실습과제 4-1]

간단한 계산기의 화면을 설계하고 계산 기능을 제외한 일부 동작을 구현한다. 계산 기능은 수학적 표현식에 대한 복잡한 처리를 필요로 하므로 간단하게 구현할 수 있는 기능이 아니다. 따라서 여기서는 안드로이드에서 여러 가지 레이아웃과 위젯들을 이용해서 화면 구성만 구현해 보도록 한다.

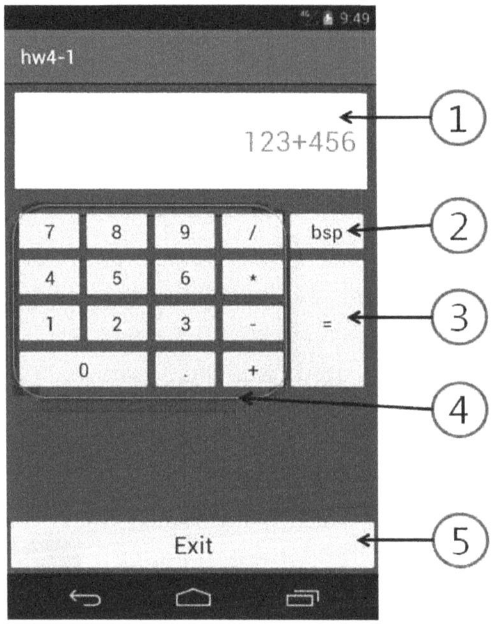

(1) ①은 TextView를 사용하고 화면의 상단에 위치한다.
 크기: 높이는 100dp, 너비는 전체
 글자: 크기는 30sp
 글자 위치: 오른쪽, 수직 방향으로 가운데
 바깥 여백: 10dp
 안쪽 여백: 10dp
 배경색: 흰색

(2) ②는 bsp(Back Space)로 ①영역에 있는 뒤쪽의 한 글자를 지운다.
 크기: 높이는 디폴트 크기, 너비는 ④영역을 제외한 전체

글자: 소문자로 "bsp", 크기는 20sp

(3) ③은 ①영역에 있는 계산식을 계산하는 기능을 가져야 하지만, 여기서 계산 기능은 구현되지 않기 때문에 이 버튼을 터치하면 ①영역에 "Not Implemented" 라는 문장을 보여준다.

크기: 높이는 세 행의 높이, 너비는 ④영역을 제외한 전체

글자: "=", 크기는 20sp

(4) ④영역은 숫자와 연산자 버튼이 있는 영역으로 이 버튼을 터치하면 글자가 ①영역에 나타난다. 글자 크기는 20sp로 한다.

(5) ⑤는 종료 버튼으로 이 버튼을 터치하면 프로그램이 종료한다.

위치: 화면의 최하단

크기: 높이는 60dp, 너비는 화면 전체

글자: "Exit" 대소문자를 조합해서 표시, 크기는 25sp

안쪽 여백이나 바깥 여백은 없음

(6) 전체 화면의 배경색은 #FF444444로 한다.

(7) 설명되지 않은 여백이나 크기 등은 그림과 완전히 동일하게 한다.

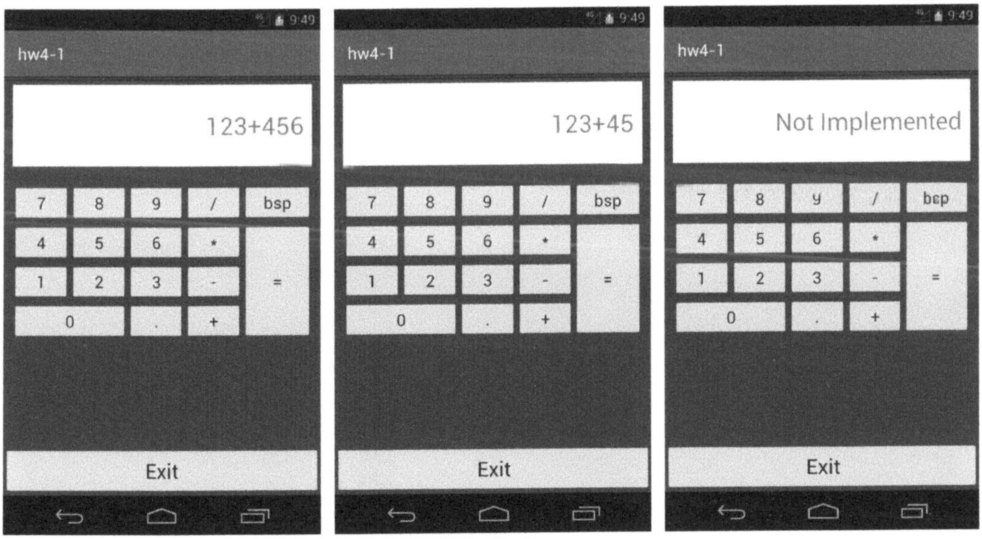

5 장 어뎁터와 어뎁터 뷰

5. 어댑터와 어댑터 뷰

안드로이드에서는 대량의 데이터를 화면에 자동으로 표시할 수 있는 편리한 방법을 제공한다. 주소록 같은 응용에 주로 사용되는 리스트와 이미지를 앨범 형태로 화면에 표시하는 그리드나 갤러리 등이 이러한 목적으로 사용되는 뷰이다. 이러한 뷰를 어댑터 뷰(Adapter View)라 한다.

5.1 어댑터와 어댑터 뷰의 연결

어댑터 뷰들은 모두 대량의 데이터를 저장하고 있는 데이터 소스(Data Source)의 데이터를 화면에 규칙적인 방법으로 표시한다. 데이터 소스에서 데이터 항목들을 가져와서 일정한 방법으로 가공해서 어댑터 뷰에 표시할 수 있도록 해주는 것이 어댑터(Adapter)이다.

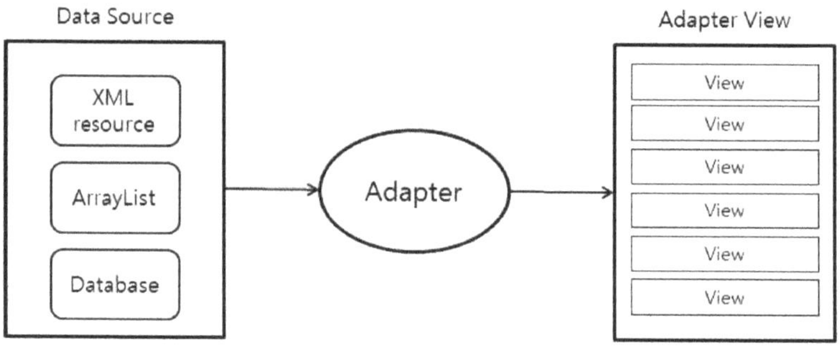

<그림 5-1> 어댑터와 어댑터 뷰

어댑터는 프로그램이 실행되는 동안에 변경되지 않는 정적인 데이터들뿐만 아니라 동적으로 변경되는 데이터들도 변경되는 즉시 어댑터 뷰에 표시할 수 있다. 이 과정은 다음과 같은 절차로 이루어진다.

(1) 초기화 과정에서는 어댑터 뷰의 setAdapter() 메서드를 이용해서 어댑터 뷰와 어댑터를 연결한다.
(2) 어댑터 뷰는 자신의 화면에 표시할 뷰를 어댑터의 getView() 메서드를 이

용해서 어댑터에게 요청한다.

(3) 어댑터의 getView() 메서드는 데이터 소스에서 데이터를 가져와서 어댑터 뷰에 표시할 하나의 항목인 뷰를 만들어서 반환한다.

(4) 어댑터 뷰는 getView()에서 반환 받는 뷰를 자신의 적절한 위치에 표시한다.

(5) 데이터 소스에 있는 모든 데이터가 어댑터 뷰에 표시될 때까지 어댑터 뷰는 (2)~(4) 과정을 반복한다. 데이터 소스에 있는 데이터의 수는 getCount() 메서드를 통해 알 수 있도록 어댑터의 getCount() 메서드를 구현해 두어야 한다.

(6) 데이터 소스에 데이터가 추가되거나 변경되면 프로그램에서는 어댑터에 대해 데이터 소스의 데이터가 변경되었다는 사실을 어댑터의 notifyDataSetChanged() 메서드를 이용해서 통보한다. 이 때마다 데이터 소스에 있는 모든 데이터가 어댑터 뷰에 다시 표시된다.

(7) 어댑터는 notifyDataSetChanged() 메서드를 통해 데이터 소스의 내용이 변경된 사실을 통보 받으면 어댑터 뷰에게 데이터를 다시 표시하도록 요청하고, 이 요청에 따라 (2)~(5) 과정이 다시 반복된다.

어댑터 뷰는 뷰 그룹의 하위 클래스인데, 일반적인 뷰 그룹과는 달리 사용자와 상호작용을 할 수 있는 뷰 그룹이다. 많이 사용되는 어댑터 뷰는 ListView, GridView, Spinner 이다.

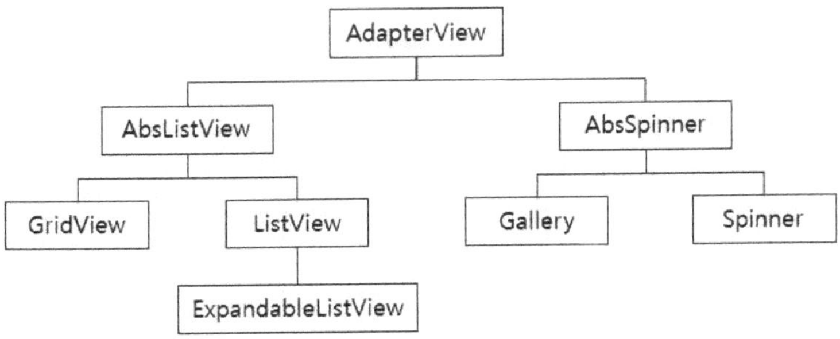

<그림5-2> 어댑터뷰 클래스의 계층구조

어댑터 뷰에서 많이 사용되는 메서드는 [표 5-1]과 같다.

[표 5-1] 어뎁터 뷰의 메서드

메서드	기능
setAdapter()	어뎁터 뷰와 어뎁터를 연결한다
setOnItemClickListener()	어뎁터 뷰의 항목을 클릭할 때에 발생한다.
setOnItemLongClickListener()	어뎁터 뷰의 항목을 롱 클릭할 때에 발생한다.

모든 어뎁터는 Adapter의 하위 클래스이다. Adapter는 클래스가 아니라 자바의 인터페이스인데 하위 클래스들은 그 추상 메서드들을 일부 구현해야 한다.

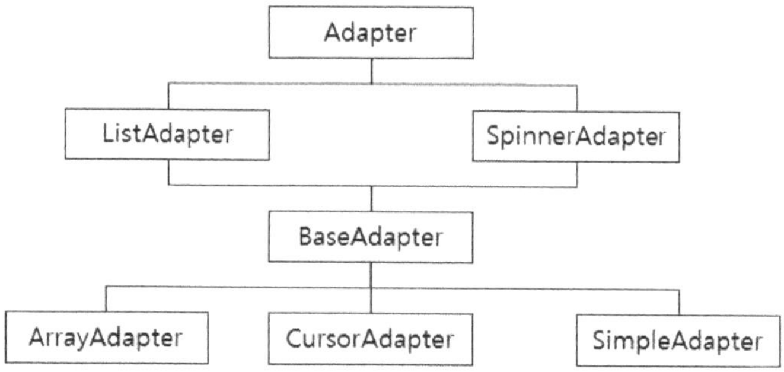

<그림 5-3> 어뎁터 클래스의 계층구조

배열에 저장된 간단한 데이터를 어뎁터 뷰에 표시할 때에는 ArrayAdapter를 사용한다. 그러나 대부분의 복잡한 형태의 데이터는 BaseAdapter를 상속받아서 커스텀 어뎁터를 만들어 사용한다. 어뎁터에서 많이 사용되는 메서드들은 [표 5-2]와 같다.

[표 5-2] Adapter의 메서드

메서드	기능
getCount()	데이터 집합에 있는 데이터의 수를 반환한다.
getItem()	특정 위치의 데이터 항목을 반환한다.

getItemId()	특정 위치에 있는 데이터 항목의 아이디를 반환한다.
getView()	어뎁터 뷰의 특정 위치에 표시할 뷰를 생성해서 반환한다.
notifyDataSetChanged()	어뎁터에게 데이터 소스의 데이터가 변경되었음을 알린다.

5.1.1 기본 어뎁터

안드로이드에서는 텍스트만 표시하는 간단한 형태의 어뎁터 뷰를 위한 어뎁터를 기본으로 제공한다. 기본적인 어뎁터는 배열에 저장된 데이터들을 리스트 뷰와 연결하는데 사용되는 ArrayAdapter, 정적인 데이터를 XML로 정의한 레이아웃에 표현해 주는 SimpleAdapter, 데이터베이스에 있는 간단한 형태의 데이터를 표시해 주는 CursorAdapter가 있다.

어뎁터 뷰에 있는 각 항목을 나타내는 뷰는 레이아웃 파일로 정의할 수 있는데, 많이 사용하는 형태의 레이아웃은 안드로이드에서 [표 5-3]과 같이 정의해 두고 있다.

[표 5-3] Adapter의 기본적인 레이아웃

레이아웃 리소스 ID	기능
simple_list_item_1	하나의 TextView로 구성된 레이아웃
simple_list_item_checked	체크가 표시되는 레이아웃
simple_list_item_single_choice	라디오 버튼이 있는 레이아웃
simple_list_item_multiple_choice	체크박스가 있는 레이아웃

예제5-1) res/layout/activity_main.xml

```
<?xml version="1.0“ encoding="utf-8“?>
<LinearLayout xmlns:android="http://schemas.android.com/apk/res/android“
    android:layout_width="match_parent“
    android:layout_height="match_parent“
```

```
        android:padding="“10dp“>
        <ListView
            android:id=“@+id/listView1“
            android:layout_width=“match_parent“
            android:layout_height=“wrap_content“/>
</LinearLayout>
```

예제5-1) java/....MainActivity.java

```
1   public class MainActivity extends AppCompatActivity {
2       final String[] vcodes = new String[] {
3           “1.0 - Apple Pie“, “1.1 - Banana Bread“, “1.5 - Cupcake“,
4           “1.6 - Donut“, “2.0 - Eclair“, “2.2 - Froyo“,
5           “2.3 - Gingerbread“, “3.0 - Honeycomb“, “4.0 - Ice Cream Sandwich“,
6           “4.1 - Jelly Bean“, “4.4 - KitKat“, “5.0 - Lollipop“,
7           “6.0 - Marshmallow“, “7.0 - Nougat“
8       };
9
10      @Override
11      protected void onCreate(Bundle savedInstanceState) {
12          super.onCreate(savedInstanceState);
13          setContentView(R.layout.activity_main);
14          //
15          ListView listView = (ListView)findViewById(R.id.listView1);
16          ArrayAdapter adapter = new ArrayAdapter(this,
    android.R.layout.simple_list_item_1, vcodes);
17          listView.setAdapter(adapter);
18          listView.setOnItemClickListener(itemClickListener);
19      }
20      //
21      AdapterView.OnItemClickListener itemClickListener = new
    AdapterView.OnItemClickListener() {
22          @Override
23          public void onItemClick(AdapterView<?> parent, View view, int position,
    long id) {
24              Toast.makeText(getApplicationContext(), vcodes[position],
    Toast.LENGTH_SHORT).show();
25          }
26      };
27  }
```

라인 16에서 ArrayAdapter형의 객체를 생성하는데, 리스트의 아이템으로 단순한 문자열을 표시할 수 있도록 simple_list_item_1을 선택했고, 여기에 표시하는 문자열은 배열 vcodes에 있는 문자열을 사용하도록 했다. 이렇게 어뎁터를 생성한 다음에 라인 17에서는 setAdapter() 메서드를 사용해서 라인 15에서 얻은 listView에 연결한다. 또한 리스트의 아이템을 터치했을 때 발생하는 이벤트를 처리할 수 있도록 라인 18에서는 listView에 터치 이벤트 핸들러를 setOnItemClickListener() 메서드를 사용해서 등록했다.

OnItemClickListener() 이벤트 핸들러에서는 내부의 onItemClick() 메서드를 구현해 주어야 하는데, 이 메서드의 인수 position은 데이터 소스인 배열 vcodes의 몇 번째 아이템이 클릭되었는지를 나타낸다. 아래 그림에서는 리스트에 문자열이 표시되는 것을 볼 수 있고, 마지막 아이템을 터치했을 때 이벤트가 발생하여 이벤트 핸들러가 실행된 것을 볼 수 있다.

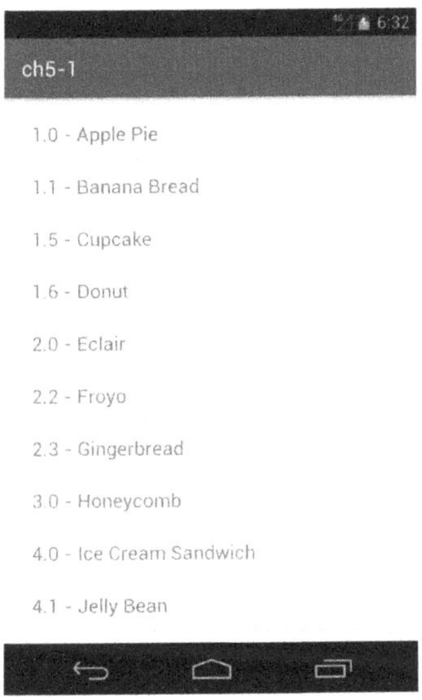

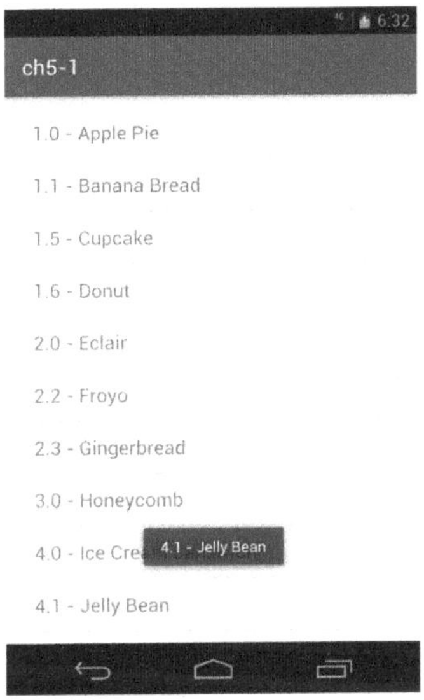

5.1.2 커스텀 어뎁터

어뎁터 뷰에 표시할 데이터는 단순한 텍스트보다는 이미지와 여러 항목의 텍스트를 포함하는 것처럼 복잡한 경우가 많다. 주소록의 예를 들면 이미지와 이름, 전화번호, 주소 등과 같이 복잡한 정보를 포함하므로 ArrayAdapter와 같은 간단한 어뎁터로는 나타낼 수가 없는 경우가 많다. 이런 경우에는 표시하는 데이터의 종류와 어뎁터 뷰의 항목 구성에 맞게 적절하게 나타내주는 커스텀 어뎁터(Custom Adapter)를 만들어 사용한다. 커스텀 어뎁터는 보통 BaseAdapter를 상속 받아서 만드는데, 표시할 아이템의 수를 반환하는 getCount() 메서드와 표시할 아이템의 뷰를 생성해서 반환하는 getView() 메서드를 재정의(override)해서 만든다.

예제5-2) res/layout/activity_main.xml

```
<?xml version=“1.0“ encoding=“utf-8“?>
<RelativeLayout xmlns:android=“http://schemas.android.com/apk/res/android“
    android:layout_width=“match_parent“
    android:layout_height=“wrap_content“
    android:padding=“10dp“>
    <ListView
        android:id=“@+id/listView1“
        android:layout_width=“match_parent“
        android:layout_height=“wrap_content“
        android:layout_alignParentTop=“true“/>
    <GridLayout
        android:layout_width=“match_parent“
        android:layout_height=“wrap_content“
        android:columnCount=“4“
        android:background=“#FFDDDDDD“
        android:padding=“10dp“
        android:layout_alignParentBottom=“true“>
        <TextView
            android:layout_width=“50dp“
            android:layout_height=“wrap_content“
            android:paddingRight=“10dp“
            android:gravity=“right“
            android:text=“Name“/>
        <EditText
            android:id=“@+id/nameEdit“
            android:layout_width=“wrap_content“
            android:layout_height=“wrap_content“
            android:layout_columnSpan=“2“
            android:layout_gravity=“fill_horizontal“/>
        <Button
            android:layout_width=“80dp“
            android:layout_height=“wrap_content“
            android:onClick=“addData“
            android:text=“Add“/>
```

```
        </GridLayout>
</RelativeLayout>
```

예제5-2) res/layout/row.xml

```
<?xml version=“1.0“ encoding=“utf-8“?>
<LinearLayout xmlns:android=“http://schemas.android.com/apk/res/android“
    android:layout_width=“match_parent“
    android:layout_height=“wrap_content“
    android:padding=“5dp“>
    <TextView
        android:id=“@+id/nameView“
        android:layout_width=“wrap_content“
        android:layout_height=“wrap_content“/>
</LinearLayout>
```

예제5-2) java/..../MainActivity.java

```
public class MainActivity extends AppCompatActivity {
    ArrayList<String> nameList;
    EditText nameEdit;
    CustomAdapter adapter;

    @Override
    protected void onCreate(Bundle savedInstanceState) {
        super.onCreate(savedInstanceState);
        setContentView(R.layout.activity_main);
        //
        nameList = new ArrayList<String>();
        //
        nameEdit = (EditText)findViewById(R.id.nameEdit);
        //
        ListView listView = (ListView)findViewById(R.id.listView1);
        adapter = new CustomAdapter(this);
        listView.setAdapter(adapter);
        listView.setOnItemClickListener(itemClickListener);
    }
    //
    AdapterView.OnItemClickListener itemClickListener = new AdapterView.OnItemClickListener() {
        @Override
        public void onItemClick(AdapterView<?> parent, View view, int position, long id) {
```

```
                Toast.makeText(getApplicationContext(), nameList.get(position), Toast.LENGTH_SHORT).show();
            }
        };
        //
        public void addData(View view) {
            nameList.add(nameEdit.getText().toString());
            adapter.notifyDataSetChanged();
            nameEdit.setText("");
        }
        //
        public class CustomAdapter extends BaseAdapter {
            Context my_context;

            CustomAdapter(Context context) {
                my_context = context;
            }
            @Override
            public Object getItem(int position) {
                return null;
            }
            @Override
            public long getItemId(int position) {
                return 0;
            }
            @Override
            public int getCount() {
                return nameList.size();
            }
            @Override
            public View getView(int position, View convertView, ViewGroup parent) {
                ListViewHolder viewHolder;
                //
                if (convertView == null) {
                    LayoutInflater inflater = (LayoutInflater) my_context.getSystemService(Context.LAYOUT_INFLATER_SERVICE);
                    convertView = inflater.inflate(R.layout.row, parent, false);
                    //
                    viewHolder = new ListViewHolder();
                    viewHolder.nameView = (TextView)convertView.findViewById(R.id.nameView);
                    convertView.setTag(viewHolder);
                } else {
```

```
64                      viewHolder = (ListViewHolder)convertView.getTag();
65                  }
66                  //
67                  viewHolder.nameView.setText(nameList.get(position));
68                  //
69                  return convertView;
70              }
71              //
72              private class ListViewHolder {
73                  TextView nameView;
74              };
75          }
76      }
```

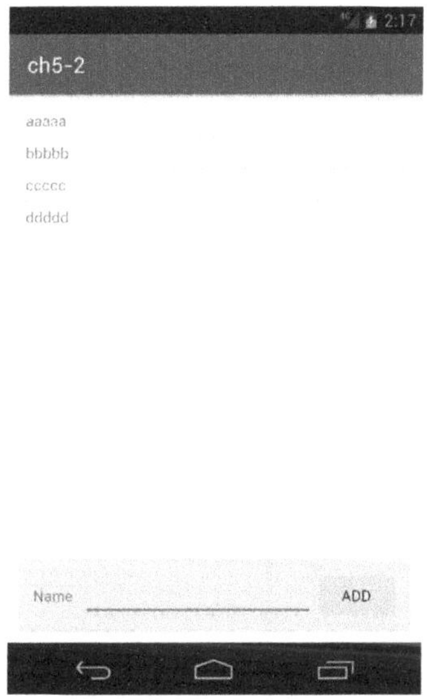

위의 예제5-2)에서는 리스트 뷰 아래에 입력 창이 있다. activity_main.xml은 전체 화면 구성을 나타내고, row.xml은 리스트에 표시되는 하나의 아이템의 구성을 표현하고 있다. 리스트 아이템에는 TextView 하나를 이용해서 단순한 문자열 하나를 표시할 수 있도록 하였다.

예제5-1)에서 설명한 것과 같이 MainActivity의 onCreat()에서는 라인 16에서 어뎁터 객체를 생성해서 라인 17에서 어뎁터 뷰와 연결한다. 어뎁터와 데이디 소스의 연결은 어뎁터 내에서 이루어진다. 즉, 어뎁터의 getCount()는 데이터 소스인 nameList의 크기를 반환하고, getView()는 nameList의 position 위치에서 데이터를 가져와서 TextView에 표시한다. 리스트 뷰의 한 아이템의 구조는 row.xml로 정의되어 있는데, getView()에서는 아이템에 표시할 뷰를 만들기 위해 라인 58에서 XML 파일로 뷰 그룹을 생성하도록 inflate() 메서드를 사용했다. 라인 61에서는 getItemById()를 사용해서 생성된 뷰 그룹에서 TextView의 참조를 얻어서 라인 67에서 데이터를 표시하고 최종적으로 뷰 그룹의 참조를 반환한다.

어뎁터 뷰와 어뎁터는 화면 표시 성능을 높이기 위한 방법을 제공한다. 예를 들어 한 화면에 5 개의 아이템이 표시되는 화면 크기를 가지는 리스트 뷰를 고려해 보자. 6번째 아이템을 표시하기 위해 화면을 한 아이템 위로 스크롤 하면 1번째 아이템은 화면에서 사라지고, 6번째 아이템이 화면 하단에 보이게 된다. 이 경우에 1번째 아이템 객체를 제거하고, 6번째 아이템 객체를 새로 생성해야 한다. 그러나 안드로이드의 어뎁터 뷰는 이렇게 하지 않고 제거할 1번째 아이템 객체의 참조를 6번째 아이템을 생성하기 위해 호출되는 getView()의 인수인 convertView를 통해 넘겨준다. getView()에서 이 객체를 이용하면 새로운 아이템 객체를 생성하지 않고, 그 내용만 변경하여 재사용할 수 있다. 이러한 아이템 객체의 재사용 방법은 화면 스크롤 성능을 크게 향상시킨다.

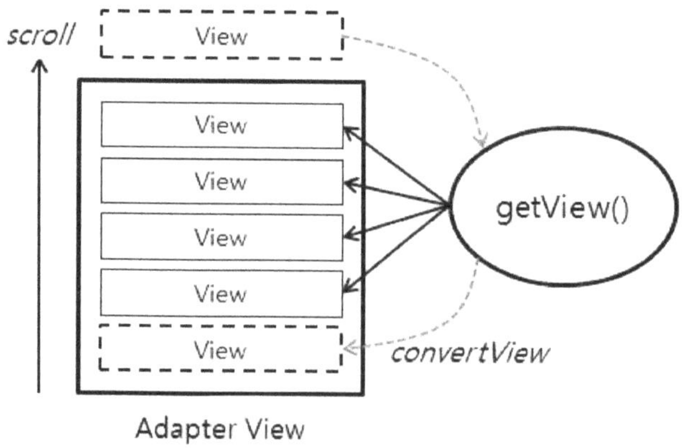

<그림 5-4> convertView의 기능

예제5-2)의 getView()에서로 이러한 방법을 사용해서 성능을 향상시키고 있다. 라인 56에서 convertView가 null인지 검사해서 재사용 가능한 아이템

객체가 있는지를 검사한다. null이 아니면 라인64에서 객체를 재사용하도록 하고, null이면 라인52~62에서 아이템 객체를 새로 생성한다. convertView는 하나의 참조 값을 가질 수 있는데 만약 한 아이템이 여러 개의 뷰로 구성되어 있다면 그 뷰들의 참조를 하나의 convertView로 저장할 수 없으므로 여러 뷰를 클래스로 묶은 ViewHolder를 만들어서 convertView의 Tag가 이를 저장하도록 한다. 위의 예제5-2)는 한 아이템이 하나의 뷰를 가지므로 이렇게 할 필요는 없지만 convertView의 표준적인 사용 방법을 보여주기 위해서 이를 사용했다.

5.2 리스트 뷰

리스트 뷰는 아이템들이 수직으로 배치되는 뷰이고 수직 방향으로 스크롤 된다. 리스트 뷰 내에 있는 아이템들은 단순한 하나의 텍스트에서부터 이미지와 텍스트가 복합적으로 구성된 복잡한 형태까지 어떠한 구성도 가질 수 있다. 즉, 리스트 뷰의 한 아이템은 임의의 레이아웃을 가질 수 있다. 리스트 뷰의 사용법에 대해서는 이미 5.1절에서 설명했다. 위에서 사용하지 않은 리스트 뷰의 중요한 속성들은 [표5-4]와 같다.

[표 5-4] 리스트 뷰의 속성

속성	기능
listSelector	선택된 아이템의 배경색 또는 이미지(drawable)
divider	아이템 사이의 구분선(drawable)
dividerHeight	구분선의 높이
transcriptMode	아이템이 추가될 때에 추가된 위치로 자동 스크롤(true/false)

예제5-3) res/layout/activity_main.xml

```
<?xml version=“1.0“ encoding=“utf-8“?>
<LinearLayout xmlns:android=“http://schemas.android.com/apk/res/android“
    android:layout_width-“match_parent“
```

```
        android:layout_height="match_parent"
        android:padding="10dp">
        <ListView
            android:id="@+id/listView1"
            android:layout_width="match_parent"
            android:layout_height="wrap_content"
            android:divider="#FF00ffff"
            android:dividerHeight="3dp"/>
</LinearLayout>
```

예제5-3) res/layout/row.xml

```
<?xml version="1.0" encoding="utf-8"?>
<RelativeLayout xmlns:android="http://schemas.android.com/apk/res/android"
        android:layout_width="match_parent"
        android:layout_height="wrap_content"
        android:padding="5dp">
        <ImageView
            android:id="@+id/vicon"
            android:layout_width="60dp"
            android:layout_height="60dp"
            android:layout_alignParentTop="true"
            android:layout_alignParentLeft="true"
            android:scaleType="fitCenter"/>
        <TextView
            android:id="@+id/vnum"
            android:layout_width="wrap_content"
            android:layout_height="30dp"
            android:layout_alignParentTop="true"
            android:layout_alignParentRight="true"
            android:layout_toRightOf="@id/vicon"
            android:textSize="20sp"/>
        <TextView
            android:id="@+id/vcode"
            android:layout_width="wrap_content"
            android:layout_height="30dp"
            android:paddingLeft="20dp"
            android:layout_alignParentRight="true"
            android:layout_toRightOf="@id/vicon"
            android:layout_below="@id/vnum"/>
</RelativeLayout>
```

예제5-3) java/..../MainActivity.java

```
public class MainActivity extends AppCompatActivity {
    CustomAdapter adapter;

    String[] vnum = new String[]{
            “Version1.0“, “Version1.1“, “Version1.5“, “Version1.6“,
            “Version2.0“, “Version2.2“, “Version2.3“, “Version3.0“,
            “Version4.0“, “Version4.1“, “Version4.4“, “Version5.0“
    };
    String[] vcode = new String[]{
            “Apple Pie“, “Banana Bread“, “Cupcake“, “Donut“,
            “Eclair“, “Froyo“, “Gingerbread“, “Honeycomb“,
            “Ice Cream Sandwich“, “Jelly Bean“, “KitKat“, “Lollipop“
    };
    int[] vicon = new int[]{
            R.raw.icon10, R.raw.icon11, R.raw.icon15, R.raw.icon16,
            R.raw.icon21, R.raw.icon22, R.raw.icon23, R.raw.icon30,
            R.raw.icon40, R.raw.icon41, R.raw.icon44, R.raw.icon50
    };

    @Override
    protected void onCreate(Bundle savedInstanceState) {
        super.onCreate(savedInstanceState);
        setContentView(R.layout.activity_main);
        //
        ListView listView = (ListView)findViewById(R.id.listView1);
        adapter = new CustomAdapter(this);
        listView.setAdapter(adapter);
    }
    //
    public class CustomAdapter extends BaseAdapter {
        Context my_context;

        CustomAdapter(Context context) { my_context = context; }
        @Override
        public Object getItem(int position) { return null; }
        @Override
        public long getItemId(int position) { return 0; }
        @Override
        public int getCount() { return vicon.length; }
        @Override
        public View getView(int position, View convertView, ViewGroup parent)
{
            ListViewHolder viewHolder;
            //
```

```
44              if (convertView == null) {
45                  LayoutInflater inflater = (LayoutInflater)
    my_context.getSystemService(Context.LAYOUT_INFLATER_SERVICE);
46                  convertView = inflater.inflate(R.layout.row, parent, false);
47                  //
48                  viewHolder = new ListViewHolder();
49                  viewHolder.iconView =
    (ImageView)convertView.findViewById(R.id.vicon);
50                  viewHolder.numView =
    (TextView)convertView.findViewById(R.id.vnum);
51                  viewHolder.codeView =
    (TextView)convertView.findViewById(R.id.vcode);
52                  convertView.setTag(viewHolder);
53              } else {
54                  viewHolder = (ListViewHolder)convertView.getTag();
55              }
56              //
57              viewHolder.iconView.setImageResource(vicon[position]);
58              viewHolder.numView.setText(vnum[position]);
59              viewHolder.codeView.setText(vcode[position]);
60              //
61              return convertView;
62          }
63          //
64          private class ListViewHolder {
65              ImageView iconView;
66              TextView numView;
67              TextView codeView;
68          };
69      }
70  }
```

예제 5-3)에서 리스트의 아이템은 row.xml에서 보는 바와 같이 두 개의 TextView와 하나의 ImageView로 구성된다. 이러한 복잡한 구성을 가지도록 하려면 커스텀 어뎁터를 만들어야 한다. 어뎁터를 사용하는 모든 프로그램에서 그렇듯이 MainActivity의 라인 25 ~ 라인 27에서는 어뎁터 객체를 생성한 다음에 어뎁터 뷰와 연결한다. 커스텀 어뎁터인 라인 30의 CustomAdapter는 BaseAdapter를 상속 받아서 getCount() 메서드와 getView() 메서드를 재정의 했다. getView()에서는 row.xml 파일을 inflate해서 뷰 그룹을 만들고 데이터 소스인 배열 vicon, vnum, vcode에서 데이터를 가져와서 표시한 다음에 뷰 그룹을 반환했다.

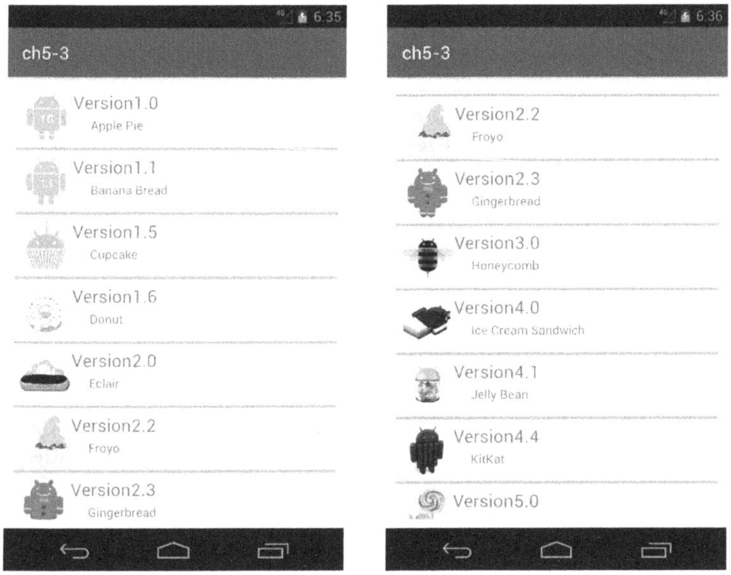

5.3 그리드 뷰

그리드 뷰는 아이템들을 격자 모양으로 보여주며, 수직 방향으로 스크롤된다. 그리드 뷰는 몇 가지 속성 설정 방법을 제외하면 나머지 프로그래밍 방법은 리스트 뷰와 동일하다. 그리드 뷰의 주요 속성은 다음과 같다.

[표 5-5] 그리드 뷰의 속성

속성	기능
numColumns	컬럼 수 (auto_fit, 숫자)
cloumnWidth	컬럼의 크기
stretchMode	남는 공간 분배 방법(columnWidth/spacingWidth)
verticalSpacing	수직 방향 공백 크기
horizontalSpacing	수평 방향 공백 크기

stretchMode를 사용하지 않으면 지정된 columnWidth는 무시되고 그리드뷰 내의 공간이 화면 전체를 채울 수 있도록 아이템의 크기가 자동으로 조정된다.

예제5-4) res/layout/activity_main.xml

```
<?xml version="1.0" encoding="utf-8"?>
<LinearLayout xmlns:android="http://schemas.android.com/apk/res/android"
    android:layout_width="match_parent"
    android:layout_height="match_parent"
    android:padding="10dp">
    <GridView
        android:id="@+id/gridView1"
        android:layout_width="match_parent"
        android:layout_height="match_parent"
        android:numColumns="3"
        android:verticalSpacing="10dp"
        android:horizontalSpacing="10dp"
        android:gravity="center"/>
</LinearLayout>
```

예제5-4) java/..../MainActivity.java

```
public class MainActivity extends AppCompatActivity {
    CustomAdapter adapter;

    int[] vicon = new int[]{
            R.raw.icon10, R.raw.icon11, R.raw.icon15, R.raw.icon16,
            R.raw.icon21, R.raw.icon22, R.raw.icon23, R.raw.icon30,
            R.raw.icon40, R.raw.icon41, R.raw.icon44, R.raw.icon50
    };

    @Override
    protected void onCreate(Bundle savedInstanceState) {
        super.onCreate(savedInstanceState);
        setContentView(R.layout.activity_main);
        //
        GridView gridView = (GridView)findViewById(R.id.gridView1);
        adapter = new CustomAdapter(this);
        gridView.setAdapter(adapter);
    }
    //
```

```
    public class CustomAdapter extends BaseAdapter {
        Context my_context;

        CustomAdapter(Context context) { my_context = context; }
        @Override
        public Object getItem(int position) { return null; }
        @Override
        public long getItemId(int position) { return 0; }
        @Override
        public int getCount() { return vicon.length; }
        @Override
        public View getView(int position, View convertView, ViewGroup parent) {
            ImageView imageView;

            if (convertView == null) {
                imageView = new ImageView(my_context);
                imageView.setScaleType(ImageView.ScaleType.FIT_XY);
                imageView.setPadding(5, 5, 5, 5);
            } else {
                imageView = (ImageView)convertView;
            }
            //
            imageView.setImageResource(vicon[position]);
            //
            return imageView;
        }
    }
}
```

activity_main.xml에서 GridView의 numColumns를 3으로 해서 표시되는 이미지를 컬럼당 3 개로 하고 컬럼이 화면 폭에 가득 차도록 했다. 행과 열의 Spacing을 10으로 해서 컬럼 사이에 약간의 공백이 있도록 했다. 또한 gravity를 center로 해서 아이템들이 그리드 셀의 가운데에 오도록 했다.

MainActivity에서는 다른 어뎁터 뷰와 마찬가지로 onCreate()에서 GridView와 어뎁터를 연결해 두었다. 어뎁터의 getCount()에서는 배열 vicon에 있는 이미지 아이디의 숫자를 반환하도록 했다. getView()는 성능을 향상시키기 위해서 convertView를 사용하도록 했고, 새로운 뷰가 생성될 때에는 이미지가 셀 크기에 가득 차도록 ScaleType을 FIT_XY로 하고, 셀과 이미지 내용 사이에 5dp의 여백을 두도록 했다.

이 예에서는 그리드 뷰의 셀에 이미지 하나만 표시되도록 했지만 GridView의 셀은 어떤 뷰든 표시할 수 있다. 만약 셀에 이미지와 텍스트를 함께 표시되도록 하려면 XML 파일로 셀을 레이아웃으로 묶어 표현해야 하고 셀에 표시될 뷰를 생성할 때에는 LayoutInflater를 이용해서 XML 파일을 inflate해서 뷰 그룹을 생성해야 한다. 이 방법은 예제5-3)의 리스트 뷰에서도 사용했다.

5.4 갤러리와 뷰페이저

Gallery는 수평으로 스크롤되는 어뎁터 뷰인데 주로 이미지를 보여주는데 사용된다. 그러나 Gallery는 안드로이드 4.1 API 레벨16부터 더 이상 지원하지 않아 deprecated 되었다. 이를 대체할 뷰로 HorizontalScrollView와 ViewPager가 제공되고 있다. 뷰 페이저는 안드로이드 지원 라이브러리(support library)에서 제공하는데 현재 지원 라이브러리는 버전4이다. 뷰 페이저는 한 화면 전체를 차지하는 페이지가 가로로 스크롤 된다.

ViewPager를 위한 어뎁터는 PageAdapter를 상속받아서 만드는데, 다음과 같은 메서드들은 반드시 Override해 주어야 한다.

public int getCount()

페이저에 보여줄 아이템의 전체 개수를 반환해야 한다. Adapter의 getCount()와 같은 역할을 한다.

public Object instantiateItem(ViewGroup container, int position)

새로운 페이지에 보여줄 때 자동으로 호출된다. 여기서는 Adapter의

getView와 같은 방법으로 해당 위치(position)의 아이템 뷰를 생성해서 container에 추가해야 한다.

public void destroyItem(ViewGroup container, int position, Object object)

화면에서 페이지가 사라질 때에 호출된다. container에서 페이지를 제거한다.

public boolean isViewFromObject(View v, Object obj)

instantiateItem() 메서드가 생성한 객체가 페이저에 보여줄 뷰가 맞는지 검사할 때에 사용한다.

ViewPager는 페이지가 스크롤되어 변경될 때마다 이벤트를 발생시킨다. 페이지 변경시에 해주어야 할 작업이 있으면 addOnPageChangeListener() 메서드로 이벤트 리스너를 등록해 주어야 하고, 리스너 내에 onPageSelected() 이벤트 핸들러를 작성해 주어야 한다.

예제5-5) res/layout/activity_main.xml

```
<?xml version="1.0" encoding="utf-8"?>
<LinearLayout xmlns:android="http://schemas.android.com/apk/res/android"
    android:layout_width="match_parent"
    android:layout_height="match_parent"
    android:padding="10dp">
    <android.support.v4.view.ViewPager
        android:id="@+id/viewPager"
        android:layout_width="match_parent"
        android:layout_height="match_parent"/>
</LinearLayout>
```

예제5-5) res/layout/page_item.xml

```
<?xml version="1.0" encoding="utf-8"?>
<LinearLayout xmlns:android="http://schemas.android.com/apk/res/android"
    android:layout_width="match_parent"
    android:layout_height="match_parent">
    <ImageView
        android:id="@+id/imageView"
```

```
            android:layout_width=“match_parent“
            android:layout_height=“match_parent“
            android:scaleType=“fitCenter“/>
</LinearLayout>
```

예제5-5) java/..../MainActivity.java

```
public class MainActivity extends AppCompatActivity {
    ViewPager viewPager;
    CustomAdapter adapter;

    int[] vicon = new int[]{
            R.raw.icon10, R.raw.icon11, R.raw.icon15, R.raw.icon16,
            R.raw.icon21, R.raw.icon22, R.raw.icon23, R.raw.icon30,
            R.raw.icon40, R.raw.icon41, R.raw.icon44, R.raw.icon50
    };

    @Override
    protected void onCreate(Bundle savedInstanceState) {
        super.onCreate(savedInstanceState);
        setContentView(R.layout.activity_main);
        //
        viewPager = (ViewPager) findViewById(R.id.viewPager);
        adapter = new CustomAdapter(this);
        viewPager.setAdapter(adapter);
        viewPager.addOnPageChangeListener(pageChangeListener);
    }
    //
    View.OnClickListener clickListener = new View.OnClickListener() {
        @Override
        public void onClick(View v) {
            int position = viewPager.getCurrentItem();
            Toast.makeText(getApplicationContext(), “clicked position = “ + position, Toast.LENGTH_SHORT).show();
        }
    };
    //
    ViewPager.SimpleOnPageChangeListener pageChangeListener = new ViewPager.SimpleOnPageChangeListener() {
        @Override
        public void onPageSelected(int position) {
            Toast.makeText(getApplicationContext(), “ current position = “ + position, Toast.LENGTH_SHORT).show();
        }
```

```
35      };
36      //
37      public class CustomAdapter extends PagerAdapter {
38          Context context;
39
40          public CustomAdapter(Context context) {
41              this.context = context;
42          }
43          @Override
44          public Object instantiateItem(ViewGroup container, int position) {
45              LayoutInflater inflater = ((Activity) context).getLayoutInflater();
46              View viewItem = inflater.inflate(R.layout.page_item, container, false);
47              ImageView imageView = (ImageView)
    viewItem.findViewById(R.id.imageView);
48              imageView.setImageResource(vicon[position]);
49              imageView.setOnClickListener(clickListener);
50              container.addView(viewItem);
51
52              return viewItem;
53          }
54          @Override
55          public int getCount() {
56              return vicon.length;
57          }
58          @Override
59          public boolean isViewFromObject(View view, Object object) {
60              return view == object;
61          }
62          @Override
63          public void destroyItem(ViewGroup container, int position, Object object)
    {
64              container.removeView((View) object);
65          }
66      }
67  }
```

ViewPager도 어뎁터 뷰이므로 onCreate()의 라인17, 라인18과 같이 어뎁터와 연결시켜 주어야 한다. ViewPager를 위한 어뎁터에서도 화면에 표시될 뷰의 수를 반환하는 getCount()를 다른 어뎁터 뷰와 동일한 방법으로 만들어 둔다. ViewPager는 화면에 표시할 뷰를 생성하기 위해서 getView()가 아닌 instantiateItem()를 호출하는데, 여기에 getView()와 동일한 방식으로 뷰를 생성하고 값이나 이미지를 설정해 주면 된다. destroyItcm()은 화면에서 뷰가 제거될 때에 호출되므로 라인 64와 같이 removeView() 메서드를 사용해서 container에서 뷰 객체를 제거하면 된다.

ViewPager의 어댑터는 다른 어댑터와 달리 convertView 기능을 제공하지 않기 때문에 성능을 향상시키려면 destroyItem()에서 제거될 뷰 객체를 직접 보관해 두었다가 instantiateItem()에서 재사용하도록 해 주어야 한다.

5.5 스피너

스피너는 드롭다운 리스트 혹은 콤보박스처럼 화면에 목록을 보여주고 그 중 하나를 선택하게 하는데 사용된다. 주로 변경이 필요하지 않은 정적인 항목들 중에서 선택하게 하는데 사용되므로 선택 목록은 보통 XML 파일로 만들기도 한다.

예제5-6) res/layout/activity_main.xml

```
<?xml version=“1.0“ encoding=“utf-8“?>
<LinearLayout xmlns:android=“http://schemas.android.com/apk/res/android“
    android:layout_width=“match_parent“
    android:layout_height=“match_parent“
```

```
        android:padding="10dp"
        android:orientation="vertical">
        <TextView
            android:id="@+id/textView1"
            android:layout_width="wrap_content"
            android:layout_height="40dp"
            android:layout_marginTop="10dp"
            android:layout_marginBottom="20dp"
            android:textSize="20sp"/>
        <Spinner
            android:id="@+id/spinner1"
            android:layout_width="match_parent"
            android:layout_height="wrap_content"/>
</LinearLayout>
```

예제5-6) java/..../MainActivity

```
public class MainActivity extends AppCompatActivity {
    String[] coffee = {
            "Costa Rica Tarrazu",   "Kenya AA",    "Ethiopia Yirgacheffe",
            "Guatemala Antigua SHB",  "Colombia Supremo",  "BraZil Santos",
            "Tanznia AA Plus",  "Indonesia Mandheling"
    };

    @Override
    protected void onCreate(Bundle savedInstanceState) {
        super.onCreate(savedInstanceState);
        setContentView(R.layout.activity_main);
        //
        Spinner spinner = (Spinner)findViewById(R.id.spinner1);
        spinner.setOnItemSelectedListener(spinnerListener);
        ArrayAdapter<String> adapter = new ArrayAdapter<String>(this,
android.R.layout.simple_spinner_dropdown_item, coffee);
        spinner.setAdapter(adapter);
    }
    //
    AdapterView.OnItemSelectedListener spinnerListener = new
AdapterView.OnItemSelectedListener() {
        @Override
        public void onItemSelected(AdapterView<?> parent, View view, int
position, long id) {
            String item = (String)parent.getItemAtPosition(position);
            TextView textView = (TextView)findViewById(R.id.textView1);
            textView.setText(position + ": " + item);
```

```
            }
            @Override
            public void onNothingSelected(AdapterView<?> parent) {      }
        };
}
```

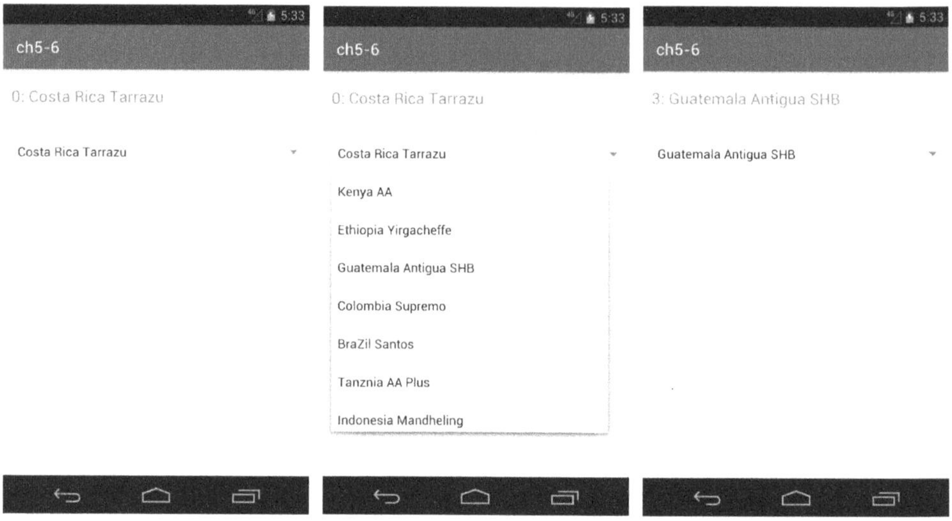

Spinner는 어뎁터 뷰이기는 하지만 표시되는 아이템이 복잡하지 않고 단순한 텍스트이기 때문에 별도의 커스템 어뎁터는 사용하지 않고 기본적인 ArrayAdapter를 사용한다.

[실습 과제 5-1]

리스트 뷰를 이용하여 그림과 같은 간단한 전화번호부를 작성한다.

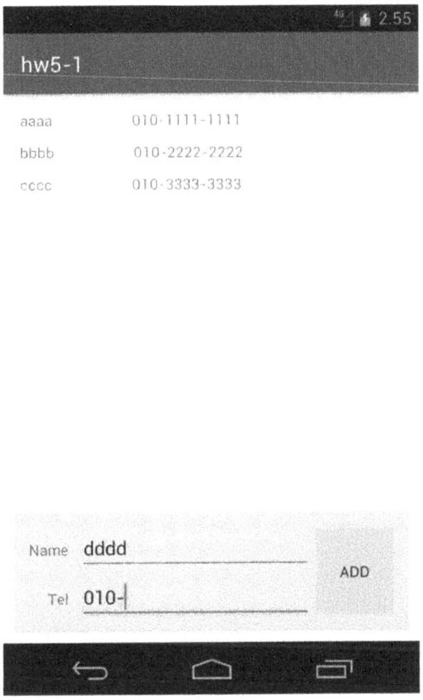

(1) 리스트 뷰는 화면의 상단에 표시되고, 입력 영역은 화면의 하단에 표시된다.
(2) 리스트 뷰에서 이름 영역과 전화번호 영역의 너비의 비율은 1:2로 한다
(3) 이름과 전화번호를 입력하고 ADD 버튼을 터치하면 그 정보가 리스트에 즉시 나타난다.
(4) 입력 영역에서 라벨인 Name과 Tel은 그림과 같이 오른쪽 맞춤으로 한다.
(5) 이름과 전화번호 정보는 별도의 ArrayList에 저장한다.
(6) 리스트의 항목을 터치하면 그 항목의 이름과 전화번호를 Toast로 보여준다.

6 장 액티비티

6. 액티비티

액티비티(Activity)는 화면을 담당하는 컴포넌트이다. 하나의 액티비티마다 하나의 화면이 있다. 액티비티는 자신의 화면에서 발생하는 이벤트들을 처리하고 화면을 갱신한다. 프래그먼트(Fragment)는 화면의 일부인데, 마치 액티비티처럼 독립적으로 동작한다.

6.1 어플리케이션과 액티비티

어플리케이션(application), 정확히 말하면 어플리케이션 프로그램은 말 그대로 하나의 독립적인 응용 프로그램을 말한다. 안드로이드에서 하나의 어플리케이션은 필요에 따라 여러 개의 액티비티로 구성될 수 있고, 액티비티 수만큼의 화면을 가진다.

어플리케이션을 구성하는 액티비티 중에서 하나가 메인 액티비티(Main Activity)로 지정되어 있는데, 어플리케이션을 실행시키면 메인 액티비티가 실행된다. AndroidManifest.xml 파일이 어플리케이션을 구성하는 컴포넌트들에 대한 정보와 메인 액티비티에 대한 정보도 가지고 있다. 메인 액티비티는 그 클래스의 이름과 무관하게 AndroidManifest.xml 파일에서 action이 MAIN으로 지정된 액티비티를 말한다.

액티비티는 다른 액티비티를 실행시킬 수 있다. 액티비티는 자신이 속한 어플리케이션 내에 있는 액티비티뿐만 아니라 다른 어플리케이션 내에 구현되어 있는 액티비티도 실행시킬 수 있다. 사진을 찍는 카메라 앱과 사진을 관리하는 앨범 혹은 갤러리 앱의 예를 들어 보자. 앨범 앱들은 보통 사진을 찍는 기능도 가지는데, 이것은 사실 카메라 앱에 있는 사진 찍는 기능을 가지는 액티비티를 실행시키는 것이다. 따라서 어떤 작업을 하려면 하나의 앱의 메인 액티비티에서 시작해서 다른 앱들의 액티비티들까지 실행시키게 된다.

안드로이드에서 하나의 작업 단위를 태스크(task)라 한다. 태스크는 작업에 필요한 여러 앱에 있는 여러 액티비티들로 구성된다. 태스크에서 현재 실행되고 있는 액티비티들은 실행 순서에 따라 스택 형태로 관리되는데, 이를 태스크의 액티비티 스택(activity stack)이라 한다.

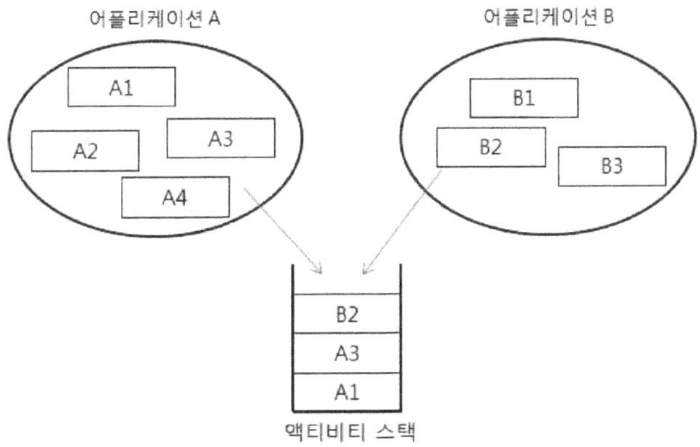

<그림 6-1> 어플리케이션과 액티비티 스택

<그림 6-1>은 어플리케이션과 태스크의 액티비티 스택을 보여준다. 먼저 어플리케이션 A의 메인 액티비티인 액티비티 A1이 실행되고, A1이 같은 어플리게이션에 있는 A3를 실행했다. 그 다음에 A3는 어플리케이션 B에 있는 B2를 실행했다.

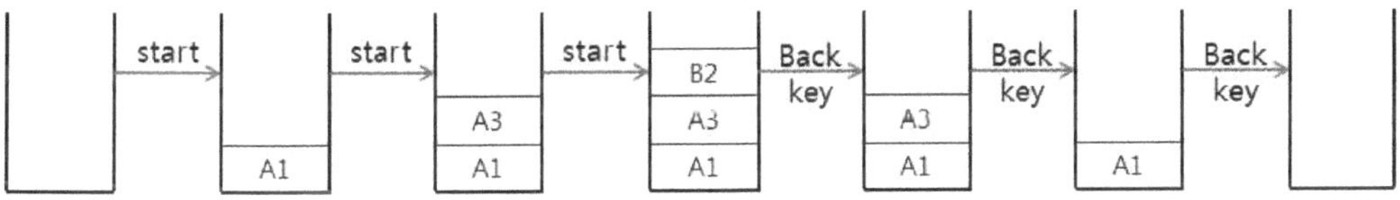

<그림 6-2> 액티비티 생성과 소멸 과정

액티비티 스택은 LIFO(Last-In First-Out) 방식으로 동작한다. 태스크가 시작된 최초의 액티비티를 루트 액티비티(root activity)라 한다. 액티비티 스택의 최상위 액티비티(top activity)가 현재 화면에 보이는 액티비티이다. 액티비티 스택은 루트 액티비티에서 시작해서 차례로 생성되고, 최상위 액티비티부터 차례로 종료된다. 마지막으로 루트 액티비티가 종료되면 액티비티 스택도 제거된다.

6.2 인텐트와 액티비티 실행

액티비티가 다른 액티비티를 실행시키기 위해서는 안드로이드 시스템에게 인텐트(Intent)를 보낸다. 인텐트는 일종의 메시지인데, 실행시키고자 하는 액티비티에 대한 정보와 부가적인 데이터를 담고 있다. 인텐트를 받은 시스템은 그 인텐트에 제시된 정보를 근거로 실행시킬 액티비티를 선택한 다음에 그 액티비티를 실행시키면서, 새로 실행되는 액티비티에게 인텐트를 전달한다. 안드로이드 시스템 내에는 시스템에 설치된 모든 액티비티들의 리스트가 있다. 이 리스트는 어플리케이션이 시스템에 설치될 때에 어플리케이션의 AndroidManifest.xml 파일에 명시된 모든 액티비티들의 정보를 모아서 만들어지고 유지된다.

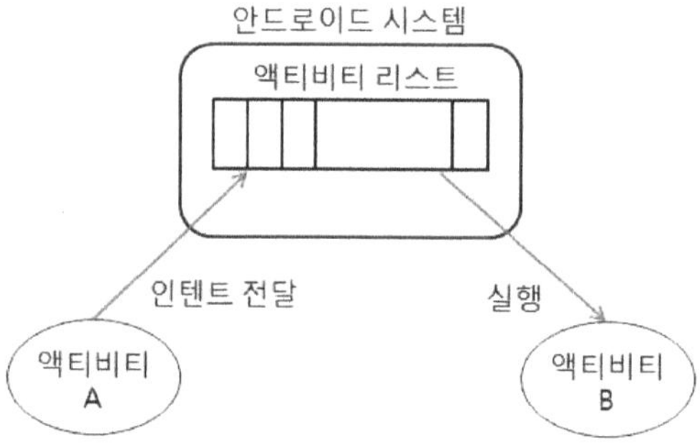

<그림 6-3> 액티비티 실행

액티비티를 실행시킬 때 사용하는 메서드는 두 개가 있다. 실행만 시키고 결과를 반환하지 않는 startActivity()와 실행시킨 후에 새로 실행되는 액티비티가 종료될 때 반환하는 실행 결과를 받는 startActivityForResult()가 있다. 실행될 액티비티를 지정하는 방법은 다음 두 가지가 있다.

(1) 명시적 인텐트(explicit intent) 방법으로 이것은 액티비티의 클래스 이름을 직접 지정해서 인텐트를 보내는 방법이다. 이 방법은 액티비티의 클래스 이름을 알 때 즉, 같은 어플리케이션 내에 있는 액티비티를 실행할 때 사용한다. 다음과 같이 같은 어플리케이션 내에 있는 다른 액티비티를 실행시킨다.

```
Intent intent = new Intent(this, SubActivity.class);
startActivity(intent);
```

(2) 암시적 인텐트(implicit intent) 방법으로 이것은 실행할 액티비티를 지정하지는 않고 하고자 하는 작업(Action)을 지정해서 그 작업을 할 수 있는 액티비티를 시스템이 찾아서 실행시키게 하는 방법이다. 다른 어플리케이션 혹은 시스템에 기본적으로 설치되어 있는 어플리케이션 내에 있는 액티비티를 실행할 때 사용한다. 지정된 작업을 할 수 있는 액티비티가 여러 개 있을 때에는 하나를 선택해서 실행할 수도 있다. 예를 들면 시스템에 있는 전화 앱의 전화 다이얼 패드를 보여주는 액티비티를 실행시키려면 다음과 같이 한다.

```
Intent intent= new Intent(Intent.ACTION_DIAL);
startActivity(intent);
```

6.2.1 명시적 인텐트에 의한 액티비티 실행

한 어플리케이션 내에 있는 액티비티를 실행시킬 때에는 실행할 액티비티의 클래스 이름을 직접 명시하는 명시적 인텐트를 사용한다.

예제6-1) res/layout/activity_main.xml

```
<?xml version="1.0" encoding="utf-8"?>
<RelativeLayout
    xmlns:android="http://schemas.android.com/apk/res/android"
    android:layout_width="match_parent"
    android:layout_height="match_parent"
    android:padding="20dp">
    <TextView
        android:layout_width="match_parent"
        android:layout_height="wrap_content"
        android:gravity="center"
        android:textSize="20dp"
```

```
        android:text="MainActivity“/>
    <Button
        android:layout_width="wrap_content“
        android:layout_height="wrap_content“
        android:layout_centerInParent="true“
        android:onClick="createSub“
        android:textAllCaps="false“
        android:text="Create SubActivity“/>
</RelativeLayout>
```

예제6-1) res/layout/activity_sub.xml

```
<?xml version="1.0“ encoding="utf-8“?>
<RelativeLayout
    xmlns:android="http://schemas.android.com/apk/res/android“
    android:layout_width="match_parent“
    android:layout_height="match_parent“
    android:padding="20dp“>
    <TextView
        android:layout_width="match_parent“
        android:layout_height="wrap_content“
        android:gravity="center“
        android:textSize="20dp“
        android:text="SubActivity“/>
    <Button
        android:layout_width="wrap_content“
        android:layout_height="wrap_content“
        android:layout_centerInParent="true“
        android:onClick="finishSub“
        android:textAllCaps="false“
        android:text="Exit“/>
</RelativeLayout>
```

예제6-1) java/...../MainActivity.java

```
public class MainActivity extends AppCompatActivity {
    @Override
    protected void onCreate(Bundle savedInstanceState) {
        super.onCreate(savedInstanceState);
        setContentView(R.layout.activity_main);
    }
    //
    public void createSub(View view) {
```

```
            Intent intent = new Intent(this, SubActivity.class);
            startActivity(intent);
        }
}
```

예제6-1) java/...../SubActivity.java

```
public class SubActivity  extends AppCompatActivity {
    @Override
    protected void onCreate(Bundle savedInstanceState) {
        super.onCreate(savedInstanceState);
        setContentView(R.layout.activity_sub);
    }
    //
    public void finishSub(View view) {
        finish();
    }
}
```

예제6-1) manifests/AndroidManifest.xml

```
<?xml version="1.0“ encoding="utf-8“?>
<manifest xmlns:android="http://schemas.android.com/apk/res/android“
    package="com.example.ch6_1“>

    <application
        android:allowBackup="true“
        android:icon="@mipmap/ic_launcher“
        android:label="@string/app_name“
        android:roundIcon="@mipmap/ic_launcher_round“
        android:supportsRtl="true“
        android:theme="@style/AppTheme“>
        <activity android:name=".MainActivity“ android:label="MainActivity“>
            <intent-filter>
                <action android:name="android.intent.action.MAIN“ />
                <category android:name="android.intent.category.LAUNCHER“ />
            </intent-filter>
        </activity>

        <activity android:name=".SubActivity“ android:label="SubActivity“/>
    </application>

</manifest>
```

예제6-1)에는 두 개의 액티비티(MainActivity, SubActivity)가 있다. 프로그램을 실행하면 먼저 MainActivity가 실행된다. MainActivity에서 버튼을 클릭하면 명시적 인텐트를 이용해서 SubActivity를 실행시킨다. 이 때 사용하는 명시적 인텐트에는 실행할 액티비티 즉, SubActivity의 클래스 이름이 들어간다. SubActivity가 실행되면 MainActivity의 화면이 전부 가려지면서 그 위에 SubActivity의 화면이 나타난다. 즉, 액티비티 스택의 아래쪽에 MainActivity가 있고, 그 위에 SubActivity가 있게 된다. SubActivity에서 버튼을 클릭하면 finish() 메서드를 호출하여 자신을 종료하는데, 이렇게 되면 SubActivity는 사라지고, 스택의 그 아래에 있던 MainActivity가 다시 나타난다.

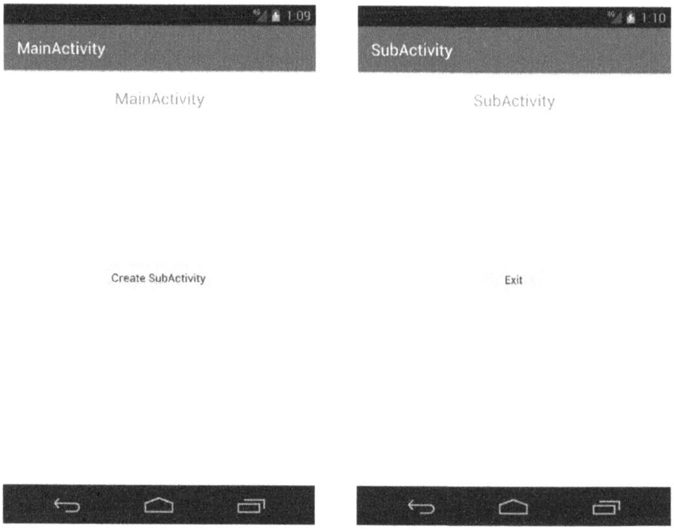

AndroidManifest.xml 파일에는 어플리케이션 내에 있는 모든 컴포넌트의 정보가 등록되어 있어야 하는데, MainActivity는 프로젝트를 생성할 때 자동으로 등록되어 있고(라인 12), 새로 생성한 SubActivity는 별도로 등록(라인 19)해 주어야 한다. 여기서 MainActivity의 인텐트 필터에 있는 action이 MAIN으로 되어 있으므로 프로그램을 실행시키면 MainActivity가 실행된다.

6.2.2 액티비티 사이의 데이터 교환

다른 액티비티를 실행시킬 때 인텐트를 통해 부가적인 데이터를 전달할 수도 있다. 부가 데이터는 엑스트라(Extra)라고 하고 Bundle 타입이다. Bundle 타입은 (이름, 값)의 쌍으로 구성된 데이터를 put/get 할 수 있는 자료 구조인데, put 메서드들은 인수의 타입에 따라 같은 이름의 메서드가 재사용(overload)되고, get 메서드들은 반환 값의 타입에 따라 모두 이름이 다르다. 기본적인 자료형을 반환하는 get 메서드들은 값이 없을 경우를 대비해서 디폴드 값을 인수로 주어야 한다.

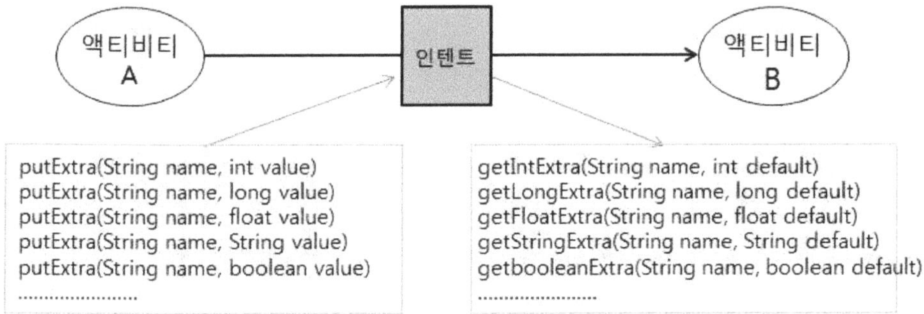

<그림6-4> 인텐트를 통한 데이터 전달

한 액디비티(MainActivity)가 새로운 액티비티(SubActivity)를 실행시킬 때 인텐트를 통해 정수형의 데이터를 전달하고, 새로 실행되는 액티비티에서 이 값을 받는 방법은 다음과 같다. 다른 자료형의 데이터를 전달하는 방법도 이와 동일하다.

MainActivity

```
{
    ...............
    Intent intent = new Intent(MainActivity.this, SubActivity.class);
    intent.putExtra( "data1" , value1);
    startActivity(intent);
    ...............
```

```
}
```

SubActivity

```
{
    ...............
    Intent intent getIntent();
    value1 = getIntExtra( "data1" , 0);
    ...............
}
```

액티비티를 실행시키고 새로 실행된 액티비티로부터 결과를 반환 받을 때에도 인텐트를 사용한다. 결과를 받기 위해서는 startActivityForResult()를 사용해서 액티비티를 실행시킨다. 새로 실행된 SubActivity가 실행을 종료할 때 반환값을 전달하려면 setResult() 메서드로 반환값을 인텐트에 담아 전달한다. startActivityForResult()로 실행시킨 액티비티가 종료하면 MainActivity에서는 콜백 메서드인 onActivityResult() 메서드가 자동으로 실행되는데, 반환값을 담은 인텐트는 이 메서드의 인수로 전달된다. startActivityForResult()의 두 번째 인수인 COMMAND는 onActivityResult()로 반환값을 받을 때 첫 번째 인수인 reqCode에 담겨 온다. 이것은 어느 위치에서 호출한 startActivityForResult()에 의한 실행이었는지를 구분하는데 사용된다.

MainActivity

```
{
    ...............
    Intent intent = new Intent(MainActivity.this, SubActivity.class);
    intent.putExtra( "data1" , value1);
    startActivityForResult(intent, COMMAND);
    ...............
}
//
@Override
protected void onActivityResult(int reqCode, int resCode, Intent data) {
    if (reqCode == COMMAND) {
```

```
        if (resCode == RESULT_OK) {
            String result1 = data.getStringExtra( “result1” );
        }
    }
}
```

SubActivity

```
{
    ...............
    Intent intent = getIntent();
    value1 = getIntExtra( “data1” , 0);
    ...............
}
//
{
    ...............
    Intent intent = new Intent();
    intent.putExtra( “result1” , resultvalue1);
    setResult(RESULT_OK, intent);
    finish();
}
```

예제6-2)는 startActivityForResult()로 SubActivity를 실행시키고 그 반환값을 onActivityResult()로 받는 방법을 설명하는 프로그램이다.

예제6-2) res/layout/activity_main.xml

```
<?xml version="1.0“ encoding="utf-8“?>
<LinearLayout
    xmlns:android="http://schemas.android.com/apk/res/android“
    android:layout_width="match_parent“
    android:layout_height="match_parent“
    android:padding="20dp“
    android:orientation="vertical“>

    <TextView
        android:id="@+id/textView1“
```

```
            android:layout_width=“match_parent“
            android:layout_height=“wrap_content“
            android:layout_marginTop=“10dp“
            android:text=“Hello World!“/>
        <EditText
            android:id=“@+id/editText1“
            android:layout_width=“match_parent“
            android:layout_height=“wrap_content“
            android:layout_marginTop=“20dp“/>
        <Button
            android:layout_width=“match_parent“
            android:layout_height=“wrap_content“
            android:onClick=“createSub“
            android:textAllCaps=“false“
            android:text=“Create SubActivity“/>
</LinearLayout>
```

예제6-2) res/layout/activity_sub.xml

```
<?xml version=“1.0“ encoding=“utf-8“?>
<LinearLayout
        xmlns:android=“http://schemas.android.com/apk/res/android“
        android:layout_width=“match_parent“
        android:layout_height=“match_parent“
        android:padding=“20dp“
        android:orientation=“vertical“>

        <TextView
            android:id=“@+id/textView1“
            android:layout_width=“match_parent“
            android:layout_height=“wrap_content“
            android:layout_marginTop=“10dp“
            android:text=“Hello World!“/>
        <EditText
            android:id=“@+id/editText1“
            android:layout_width=“match_parent“
            android:layout_height=“wrap_content“
            android:layout_marginTop=“20dp“/>
        <Button
            android:layout_width=“match_parent“
            android:layout_height=“wrap_content“
            android:onClick=“finishSub“
            android:textAllCaps=“false“
            android:text=“Finish SubActivity“/>
```

```
</LinearLayout>
```

예제6-2) java/..../MainActivity.java

```
public class MainActivity extends AppCompatActivity {
    private final int COMMAND = 1;
    EditText edit;
    TextView text;

    @Override
    protected void onCreate(Bundle savedInstanceState) {
        super.onCreate(savedInstanceState);
        setContentView(R.layout.activity_main);
        //
        edit = (EditText)findViewById(R.id.editText1);
        text = (TextView)findViewById(R.id.textView1);
    }
    //
    public void createSub(View view) {
        Intent intent = new Intent(this, SubActivity.class);
        intent.putExtra(“data1“, edit.getText().toString());
        startActivityForResult(intent, COMMAND);
    }
    //
    @Override
    protected void onActivityResult(int reqCode, int resCode, Intent data) {
        if (reqCode == COMMAND) {
            if (resCode == RESULT_OK) {
                String result1 = data.getStringExtra(“result1“);
                text.setText(result1);
            }
        }
    }
}
```

예제6-2) java/..../SubActivity.java

```
public class SubActivity extends AppCompatActivity {
    EditText edit;
    TextView text;

    @Override
    protected void onCreate(Bundle savedInstanceState) {
```

```
        super.onCreate(savedInstanceState);
        setContentView(R.layout.activity_sub);
        //
        text = (TextView)findViewById(R.id.textView1);
        edit = (EditText)findViewById(R.id.editText1);
        //
        Intent intent = getIntent();
        text.setText(intent.getStringExtra("data1"));
    }
    //
    public void finishSub(View view) {
        Intent intent = new Intent();
        intent.putExtra("result1", edit.getText().toString());
        setResult(RESULT_OK, intent);
        finish();
    }
}
```

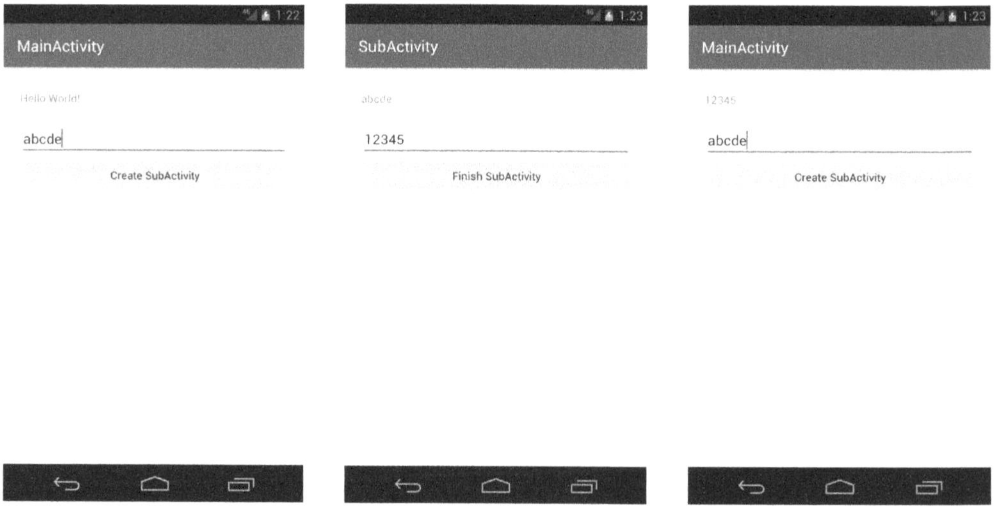

MainActivity에서 입력창에 문자를 입력하고 버튼을 클릭하면 SubActivity가 실행되는데, 이 때 입력된 문자열을 인텐트로 전달하고 이 문자열이 SubActivity의 텍스트 뷰에 나타나도록 하였다. MainActivity는 SubActivity로부터 응답을 받기 위해서 SubActivity를 실행시킬 때 startActivityForResult()를 사용하였다. 또한 SubActivity로부터 온 응답을 처리하는 onActivityResult()도 만들어 두었다.

SubActivity를 종료하면 SubActivity에 입력된 문자열이 setResult()에 의해 인텐트로 MainActivity로 전달된다. MainActivity에서는 이 인텐트를 onActivityResult()로 받아서 자신의 텍스트 뷰에 표시하고 있다. 이런 방법으로 두 액티비티 사이에 데이터 교환이 이루어진다. 이 때 onActivityResult()의 인수 reqCode가 startActivityForResult()의 두 번째 인수와 같은지 반드시 확인해야 한다.

6.2.3 암시적 인텐트에 의한 액티비티 실행

암시적 인텐트는 액티비티의 클래스 이름은 모르지만 원하는 작업을 수행하는 액티비티를 실행할 때 사용한다. 원하는 작업은 Action으로 주어진다. 원하는 작업을 수행하는 액티비티가 여러 개 있을 때에는 선택하는 다이얼로그를 보여주게 할 수도 있다. 대표적인 Action은 다음과 같은 것들이 있고 그 외에도 수 많은 Action들이 정의되어 있다.

[표 6-1] 암시적 인텐트의 대표적인 Action

Action	기능
ACTION_MAIN	앱의 시작 액티비티
ACTION_DIAL	전화 다이얼 화면
ACTION_VIEW	컨텐즈 보기
ACTION_PICK	갤러리 호출
ACTION_SEND	데이터 전송(이메일, SMS, 카카오톡... 등)
MediaStore.ACTION_IMAGE_CAPTURE	카메라로 사진을 찍어 갤러리에 저장

예제6-3) res/layout/activity_main.xml

```
<?xml version="1.0" encoding="utf-8"?>
<LinearLayout
    xmlns:android="http://schemas.android.com/apk/res/android"
    android:layout_width="match_parent"
    android:layout_height="match_parent"
    android:padding="10dp"
    android:orientation="vertical">
```

```
    <Button
        android:id="@+id/dial“
        android:layout_width="match_parent“
        android:layout_height="wrap_content“
        android:layout_margin="10dp“
        android:onClick="dialAction“
        android:textAllCaps="false“
        android:text="DIAL“/>
    <Button
        android:id="@+id/view“
        android:layout_width="match_parent“
        android:layout_height="wrap_content“
        android:layout_margin="10dp“
        android:onClick="viewAction“
        android:textAllCaps="false“
        android:text="VIEW“/>
    <Button
        android:id="@+id/pick“
        android:layout_width="match_parent“
        android:layout_height="wrap_content“
        android:layout_margin="10dp“
        android:onClick="pickAction“
        android:textAllCaps="false“
        android:text="PICK“/>
    <Button
        android:id="@+id/send“
        android:layout_width="match_parent“
        android:layout_height="wrap_content“
        android:layout_margin="10dp“
        android:onClick="sendAction“
        android:textAllCaps="false“
        android:text="SEND“/>
    <Button
        android:id="@+id/camera“
        android:layout_width="match_parent“
        android:layout_height="wrap_content“
        android:layout_margin="10dp“
        android:onClick="cameraAction“
        android:textAllCaps="false“
        android:text="CAMERA“/>
</LinearLayout>
```

예제6-3) manifests/AndroidManifest.xml

```
<?xml version=“1.0“ encoding=“utf-8“?>
<manifest xmlns:android=“http://schemas.android.com/apk/res/android“
    package=“com.example.ch6_3“>

    <application
        android:allowBackup=“true“
        android:icon=“@mipmap/ic_launcher“
        android:label=“@string/app_name“
        android:roundIcon=“@mipmap/ic_launcher_round“
        android:supportsRtl=“true“
        android:theme=“@style/AppTheme“>
        <activity android:name=“.MainActivity“>
            <intent-filter>
                <action android:name=“android.intent.action.MAIN“ />

                <category android:name=“android.intent.category.LAUNCHER“ />
            </intent-filter>
        </activity>
    </application>

    <uses-permission android:name=“android.permission.READ_EXTERNAL_STORAGE“/>
    <uses-permission android:name=“android.permission.CAMERA“/>
    <uses-permission android:name=“android.permission.WRITE_EXTERNAL_STORAGE“/>
    <uses-permission android:name=“android.permission.INTERNET“/>
    <uses-permission android:name=“android.permission.SEND_SMS“/>
</manifest>
```

예제6-3) java/..../MainActivity.java

```
public class MainActivity extends AppCompatActivity {
    @Override
    protected void onCreate(Bundle savedInstanceState) {
        super.onCreate(savedInstanceState);
        setContentView(R.layout.activity_main);
    }
    //
    public void dialAction(View view) {
        Intent intent = new Intent(Intent.ACTION_DIAL);
        startActivity(intent);
    }
    public void viewAction(View view) {
        Intent intent = new Intent(Intent.ACTION_VIEW);
```

```
            intent.setType("*/*");
            startActivity(intent);
        }
        public void pickAction(View view) {
            Intent intent = new Intent(Intent.ACTION_PICK);
            intent.setType("image/*");
            startActivity(intent);
        }
        public void sendAction(View view) {
            Intent intent = new Intent(Intent.ACTION_SEND);
            intent.setType("text/plain");
            startActivity(Intent.createChooser(intent, "Select"));
        }
        public void cameraAction(View view) {
            Intent intent = new Intent(MediaStore.ACTION_IMAGE_CAPTURE);
            startActivity(intent);
        }
}
```

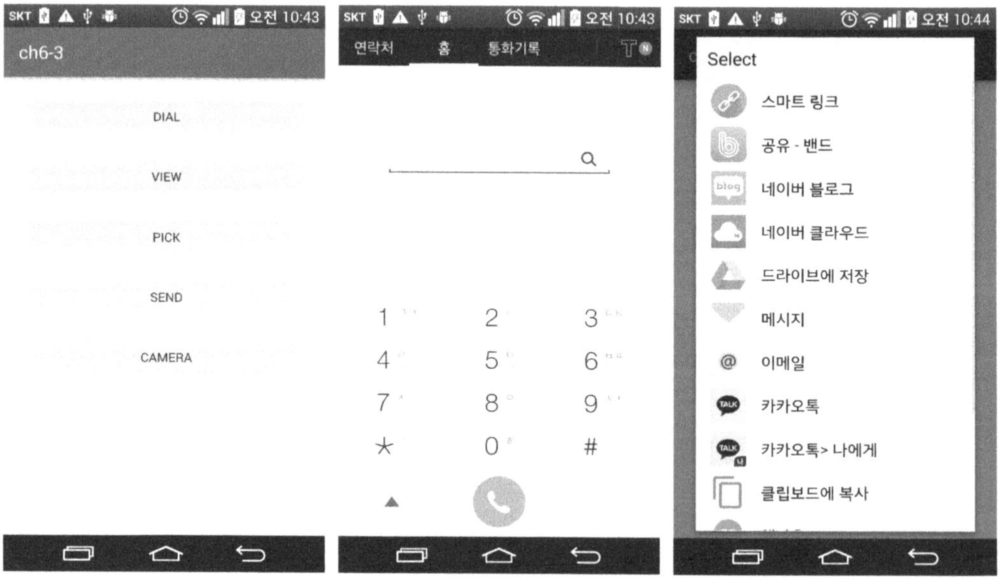

암시적 인텐트는 주로 시스템에서 제공하는 기능들 예들 들면, 사진찍기, 갤러리의 사진 가져오기, 문자나 이메일과 같은 데이터 전송 기능들을 활용하는데 사용한다. 이러한 기능들은 시스템 내의 하드웨어나 보안이 요구되는

정보에 접근하기 때문에 접근 권한이 필요하고 이를 요청해서 승인되어야 프로그램이 실행된다. 필요한 접근 권한은 AndroidManifest.xml 파일에서 요청한다. 접근 권한을 요청하지 않고 사용하면 프로그램이 종료하게 된다. 이 프로그램에서는 INTERNET, SMS, CAMERA, STORAGE 등에 대한 사용 권한을 요청하였다.

예제6-3)에서는 단순하게 기능을 제공하는 액티비티를 실행하는 방법만 설명하고 있는데, 완전한 사용을 위해서는 부가적인 데이터도 제공해야 한다. 위에서 사용한 Intent.setType() 메서드도 그 중의 하나이다. 갤러리에서 가져온 자신 혹은 카메라로 찍은 사진을 파일에 저장하려면 다른 정보 즉, 저장할 파일 이름을 제공해야 하고, 이메일을 전송하려면 수신자의 주소 정보 등도 제공해야 한다. 이러한 정보는 Intent.setData() 메서드로 제공하는데, 각 Action 마다 제공해야할 정보의 종류나 형식이 다르므로 필요할 때마다 안드로이드 개발자 홈 페이지에서 제공하는 자료를 참고해서 사용해야 한다.

6.3 액티비티의 생명주기

액티비티는 생성되어서 종료될 때까지 여러 가지 동작 상태 사이를 이동한다. 이러한 액티비티의 상태 전이 활동을 액티비티의 생명 주기(life cycle)라 한다. 액티비티의 상태가 변할 때마다 이벤트가 발생하고, 이 때 미리 정의된 이벤트 핸들러들이 호출된다. 이러한 이벤트들을 프로그램에서 처리하려면 정의된 이벤트 핸들러들을 재정의해서 사용한다.

(1) 액티비티가 새로 시작하면 onCreate()가 호출된다. 또한 메모리 부족으로 액티비티가 포함된 프로세스가 강제 종료되었다가 새로 시작할 때에도 onCreate()가 호출된다. onCreate()에서는 액티비티 내부를 초기화하는 동작이 구현되어야 한다.

(2) onCreate() 다음으로 onResume()이 호출된다. onResult()은 액티비티가 화면에 완전히 나타날 때 호출되는 메서드인데, 다이얼로그나 다른 액티비티의 생성으로 액티비티 화면이 부분적으로 가려졌다가 다시 완전히 나타날 때에 onResume()이 호출된다. onResume()이 실행되고 나면 액티비티는 액

티비티 스택의 최상위에 있으면서 화면의 전면에 나타나 모든 사용자 이벤트를 받아서 처리할 수 있게 된다.

(3) 액티비티가 정상적으로 종료하거나 액티비티 화면이 다이얼로그나 다른 액티비티의 시작으로 부분적으로 가려지기 시작하면 onPause()가 호출된다. 여기서는 프로세스가 종료할 것을 대비하여 정보를 저장하는 동작이 구현되어야 한다.

(4) 액티비티 화면이 가려지거나 시스템에 의해 비정상적으로 종료되는 경우에는 onPause()에 이어서 onSaveInstanceState()가 호출된다. 여기에는 액티비티가 다시 전면에 나오거나, 사용자에 의해 다시 시작될 때에 복구되어야 할 자료를 저장하는 동작이 구현되어야 한다. 이러한 동작은 onPause()에서 수행해도 된다.

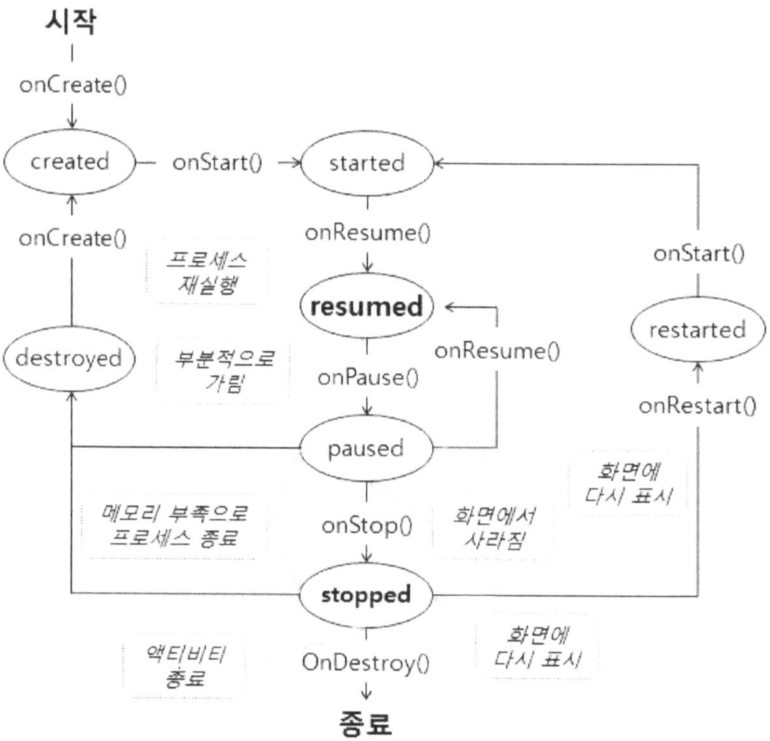

<그림6-5> 액티비티 생명 주기

(5) 액티비티의 종료가 진행되거나 액티비티의 화면이 다른 액티비티에 의해 완전히 가려지면 onStop()이 호출된다. 여기에는 화면이 다시 나타날 때에 복구해야 하는 자료를 저장하거나 액티비티가 종료할 때를 대비하는 동작이 구현되어야 한다.

(6) 화면이 가려졌던 액티비티가 다시 전면에 나타날 때에는 onRestart()가 호출된다. 여기에는 다시 화면에 나타나게 됨에 따라 복구해야하는 내부 자료나 화면 복구 동작이 구현되어야 한다.

(7) 액티비티가 완전히 종료할 때에는 onDestroy()가 호출된다. 여기에는 액티비티 종료에 따른 자료의 저장, 파일이나 데이터베이스 닫기, 네트워크 연결 끊기 등의 동작이 구현되어야 한다.

예제6-4)는 두 개의 액티비티를 사용해서 액티비티의 각 상태 변화에 따라서 자동으로 호출되는 콜백 메서드들의 실행을 Log 기능을 이용해서 로그캣 화면에 보여준다.

예제6-4) res/layout/activity_main.xml

```
<?xml version="1.0" encoding="utf-8"?>
<RelativeLayout
    xmlns:android="http://schemas.android.com/apk/res/android"
    android:layout_width="match_parent"
    android:layout_height="match_parent">
    <Button
        android:layout_width="wrap_content"
        android:layout_height="wrap_content"
        android:layout_centerInParent="true"
        android:onClick="createSub"
        android:textAllCaps="false"
        android:text="Create SubActivity"/>
</RelativeLayout>
```

예제6-4) res/layout/activity_sub.xml

```
<?xml version="1.0" encoding="utf-8"?>
<RelativeLayout
    xmlns:android="http://schemas.android.com/apk/res/android"
    android:layout_width="match_parent"
    android:layout_height="match_parent">
```

```
    <Button
        android:layout_width="wrap_content"
        android:layout_height="wrap_content"
        android:layout_centerInParent="true"
        android:onClick="finishSub"
        android:textAllCaps="false"
        android:text="Finish SubActivity"/>
</RelativeLayout>
```

예제6-4) java/..../MainActivity.java

```
public class MainActivity extends AppCompatActivity {
    @Override
    protected void onCreate(Bundle savedInstanceState) {
        super.onCreate(savedInstanceState);
        setContentView(R.layout.activity_main);
        Log.i("LifeCycle", "Main**** onCreate()");
    }
    @Override
    protected void onStart() {
        super.onStart();
        Log.i("LifeCycle", "Main**** onStart()");
    }
    @Override
    protected void onRestart() {
        super.onRestart();
        Log.i("LifeCycle", "Main**** onRestart()");
    }
    @Override
    protected void onResume() {
        super.onResume();
        Log.i("LifeCycle", "Main****: onResume()");
    }
    @Override
    protected void onPause() {
        super.onPause();
        Log.i("LifeCycle", "Main****: onPause()");
    }
    @Override
    protected void onSaveInstanceState(Bundle state) {
        super.onSaveInstanceState(state);
        Log.i("LifeCycle", "Main****: onSaveInstanceState()");
    }
    @Override
```

```
        protected void onStop() {
            super.onStop();
            Log.i(“LifeCycle“, “Main****: onStop()“);
        }
        @Override
        protected void onDestroy() {
            super.onDestroy();
            Log.i(“LifeCycle“, “Main****: onDestroy()“);
        }
        //
        public void createSub(View view) {
            Log.i(“LifeCycle“, “Main****: create Button clicked“);
            Intent intent = new Intent(MainActivity.this, SubActivity.class);
            startActivity(intent);
        }
}
```

예제6-4) java/..../SubActivity.java

```
public class SubActivity extends AppCompatActivity {
        @Override
        protected void onCreate(Bundle savedInstanceState) {
            super.onCreate(savedInstanceState);
            setContentView(R.layout.activity_sub);
            Log.i(“LifeCycle“, “Sub== onCreate()“);
        }
        @Override
        protected void onResume() {
            super.onResume();
            Log.i(“LifeCycle“, “Sub== onResume()“);
        }
        @Override
        protected void onDestroy() {
            super.onDestroy();
            Log.i(“LifeCycle“, “Sub== onDestroy()“);
        }
        //
        public void finishSub(View view) {
            Log.i(“LifeCycle“, “Sub== finish Button clicked“);
            finish();
        }
}
```

Visual Studio의 하단에 있는 Android Monitor 버튼을 클릭하면 하단에 모니터 창이 나오는데, 여기서 logcat 탭을 선택하면 안드로이드 기기의 동작 정보인 Log 메시지를 볼 수 있다. 아래 내용은 예제6-4)를 실행한 후에 MainActivity와 SubActivity가 내보내는 로그 정보를 캡처한 것인데, 두 액티비트의 상태 변화시에 호출되는 메서드들의 실행을 볼 수 있다.

logcat

```
1  07-06 04:25:36.224 8960-8960/com.example.ch6_4 I/LifeCycle: Main**** onCreate()
2  07-06 04:25:36.224 8960-8960/com.example.ch6_4 I/LifeCycle: Main**** onStart()
3  07-06 04:25:36.224 8960-8960/com.example.ch6_4 I/LifeCycle: Main****:
   onResume()
4  07-06 04:25:38.784 8960-8960/com.example.ch6_4 I/LifeCycle: Main****: create
   Button clicked
5  07-06 04:25:38.914 8960-8960/com.example.ch6_4 I/LifeCycle: Main****: onPause()
6  07-06 04:25:39.144 8960-8960/com.example.ch6_4 I/LifeCycle: Sub== onCreate()
7  07-06 04:25:39.144 8960-8960/com.example.ch6_4 I/LifeCycle: Sub== onResume()
8  07-06 04:25:39.714 8960-8960/com.example.ch6_4 I/LifeCycle: Main****:
   onSaveInstanceState()
9  07-06 04:25:39.714 8960-8960/com.example.ch6_4 I/LifeCycle: Main****: onStop()
10 07-06 04:25:42.174 8960-8960/com.example.ch6_4 I/LifeCycle: Sub== finish Button
   clicked
11 07-06 04:25:42.304 8960-8960/com.example.ch6_4 I/LifeCycle: Main**** onRestart()
```

```
07-06 04:25:42.304 8960-8960/com.example.ch6_4 I/LifeCycle: Main**** onStart()
07-06 04:25:42.304 8960-8960/com.example.ch6_4 I/LifeCycle: Main****: onResume()
07-06 04:25:42.743 8960-8960/com.example.ch6_4 I/LifeCycle: Sub== onDestroy()
07-06 04:25:49.693 8960-8960/com.example.ch6_4 I/LifeCycle: Main****: onPause()
07-06 04:25:50.434 8960-8960/com.example.ch6_4 I/LifeCycle: Main****: onStop()
07-06 04:25:50.434 8960-8960/com.example.ch6_4 I/LifeCycle: Main****: onDestroy()
```

6.4 액티비티 상태 저장 및 복구

액티비티의 화면이 가려지거나 시스템에 의해 강제로 종료될 경우에도 액티비티에 있는 위젯들의 상태 정보는 자동으로 저장되었다가 다시 시작할 때에 자동으로 복구된다. 그러나 액티비티의 내부 변수의 값들은 자동으로 저장되지 않는다. 이러한 정보들은 onPause() 다음에 호출되는 onSaveInstanceState()에서 저장해 두었다가 액티비티가 재시작할 때 복구해야 한다. 이 메서드의 인수는 Bundle 형인데, 여기에 값을 저장해 두면 onCreate() 메서드가 호출될 때 인수(savedInstanceState)로 전달되므로 여기서 복구하면 된다. 예를 들면 기기의 화면을 기울이는 동작은 액티비티를 강제 종료한 후에 다시 시작하는 것이므로 이 경우에는 onSaveInstanceState()에서 값을 저장하고, onCreate()에서 복구해야 한다. 그러나 액티비티가 정상적으로 종료하는 경우에는 복구해야할 자료가 없으므로 onPause() 다음에 onSaveInstanceState()가 호출되지 않는다.

예제6-5) res/layout/activity_main.xml

```
<?xml version="1.0" encoding="utf-8"?>
<RelativeLayout
    xmlns:android="http://schemas.android.com/apk/res/android"
    android:layout_width="match_parent"
    android:layout_height="match_parent"
    android:padding="30dp">

    <TextView
```

```
        android:id=“@+id/textView1“
        android:layout_width=“wrap_content“
        android:layout_height=“wrap_content“
        android:layout_alignParentLeft=“true“
        android:text=“Volumn“/>
    <SeekBar
        android:id=“@+id/seekBar“
        android:layout_width=“wrap_content“
        android:layout_height=“wrap_content“
        android:layout_toRightOf=“@id/textView1“
        android:layout_alignParentRight=“true“
        android:max=“10“ />
    <LinearLayout
        android:layout_width=“wrap_content“
        android:layout_height=“wrap_content“
        android:layout_marginTop=“30dp“
        android:layout_below=“@id/textView1“
        android:layout_centerHorizontal=“true“>
        <Button
            android:layout_width=“wrap_content“
            android:layout_height=“wrap_content“
            android:onClick=“incVolumn“
            android:text=“INC“/>
        <Button
            android:layout_width=“wrap_content“
            android:layout_height=“wrap_content“
            android:onClick=“decVolumn“
            android:text=“DEC“/>
    </LinearLayout>
</RelativeLayout>
```

예제6-5) java/..../MainActivity.java

```
public class MainActivity extends AppCompatActivity {
    private int volValue = 0;
    SeekBar seekBar;

    @Override
    protected void onCreate(Bundle savedInstanceState) {
        super.onCreate(savedInstanceState);
        setContentView(R.layout.activity_main);
        //
        seekBar = (SeekBar)findViewById(R.id.seekBar);
        if (savedInstanceState != null) {
```

```
//                volValue = savedInstanceState.getInt("volumn"); // restore state
            }
        }
        @Override
        protected void onSaveInstanceState(Bundle state) {
            super.onSaveInstanceState(state);
            state.putInt("volumn", volValue);    // save state
        }
        @Override
        protected void onResume() {
            super.onResume();
            seekBar.setProgress(volValue);
        }
        //
        public void incVolumn(View view) {
            volValue++;
            seekBar.setProgress(volValue);
        }
        //
        public void decVolumn(View view) {
            volValue--;
            seekBar.setProgress(volValue);
        }
}
```

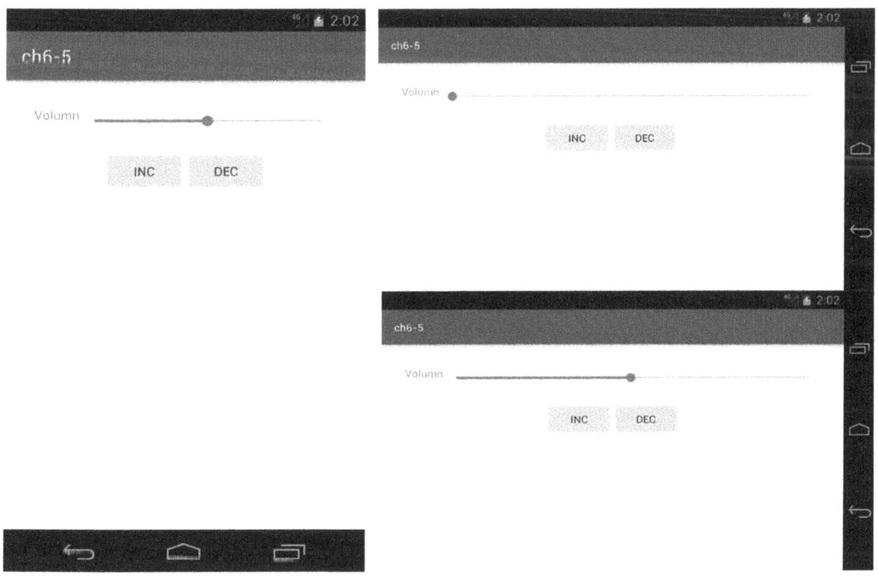

라인 18에서 변수 volValue 값을 저장했다가 다시 실행되는 onCreate()의 라인 12에서 복구했다. 따라서 그림 오른쪽의 아래처럼 기기를 회전했을 때에도 값이 복구되었다. 만약에 12번 라인의 복구가 없었다면 위쪽 그림처럼 다시 0으로 초기화 되었을 것이다.

[실습 과제 6-1]

두 개의 액티비티(Main, Add)를 사용해서 다음과 같은 전화번호부 프로그램을 작성한다.

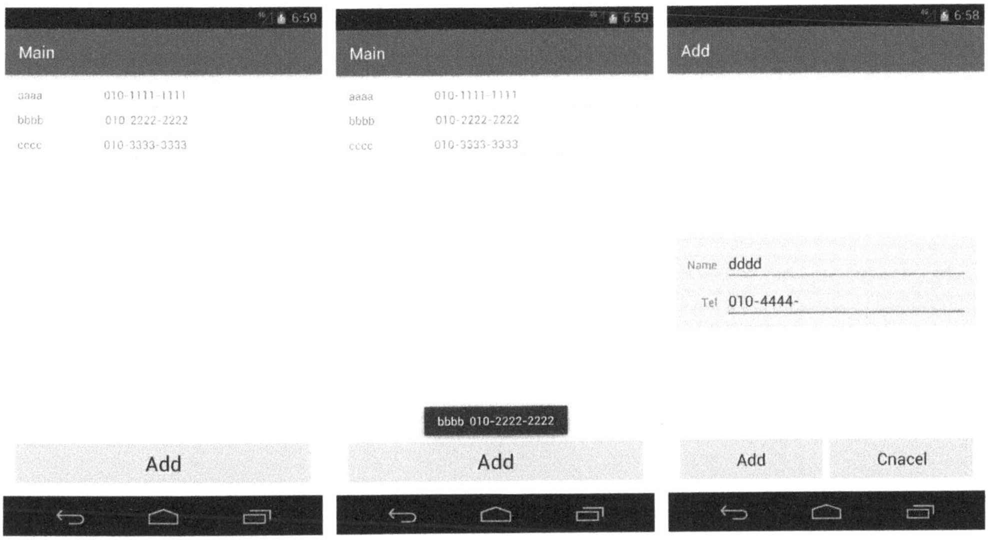

(1) Main 화면에서 리스트 뷰는 화면의 상단에 표시되고, Add 버튼은 화면의 하단에 표시된다.

(2) Main 화면의 리스트 뷰에서 이름 영역과 전화번호 영역의 너비의 비율은 1:2로 한다

(3) Main 화면에서 Add 버튼을 터치하면 이름과 전화번호를 입력할 수 있는 Add 화면이 나타난다.

(4) Add 화면에서 입력 영역은 화면의 가운데에 나타나고, 화면의 하단에는 Add 버튼과 Cancel 버튼이 그림과 같이 나타난다.

(5) Add 화면에서 라벨인 Name과 Tel은 그림과 같이 오른쪽 맞춤으로 한다.

(6) Add 화면에서 정보를 입력하고 Add 버튼을 터치하면 Main 화면으로 돌아가서 입력된 정보가 리스트에 나타난다. Cancel 버튼을 터치하면 Main으로 돌아가지만 입력된 정보는 나타나지 않는다.

(7) 두 액티비티는 공유 변수는 가시지 않고, 정보 교환이 필요하면 Intent를

이용한다.

(8) Main에서 이름과 전화번호 정보는 별도의 ArrayList에 저장한다.

(9) Main에서 리스트의 항목을 터치하면 그 항목의 이름과 전화번호를 Toast로 보여준다.

7 장 메뉴와 대화상자

7. 메뉴와 대화상자

메뉴와 대화상자는 모바일 기기나 데스크탑 기기 모두에 중요한 사용자 인터페이스이다. 모바일 기기에서는 초기에는 메뉴가 많이 사용되었으나 외관상의 변화로 하드웨어적인 메뉴 버튼이 없어지면서 요즘은 메뉴는 거의 사용되지 않고 액션바가 많이 사용된다. 대화상자(Dialog)는 액티비티 화면의 전면에 나타나며 화면의 일부를 차지한다. 대화상자가 화면에 나타나면 버튼을 클릭하거나 어떤 항목을 선택해서 대화상자를 제거하기 전까지는 액티비티 화면을 사용할 수 없다. 메뉴와는 달리 대화상자는 간단한 정보 제공과 항목의 선택 혹은 입력을 위한 중요한 사용자 인터페이스이므로 여전히 많이 사용된다.

7.1 메뉴

메뉴(Menu)는 여러 가지 기능 중에서 하나를 선택할 수 있게 하는 사용자 인터페이스이다. 메뉴에는 옵션 메뉴(Option menu)와 컨텍스트 메뉴(Context menu)가 있다. 옵션 메뉴는 메뉴 버튼이 눌렸을 때 화면의 하단에 나타나는 메뉴로서 어플리케이션 혹은 액티비티 자체와 관련된 기능 혹은 옵션 항목을 선택할 수 있게 한다. 메뉴 버튼이 없는 기기에서 옵션 메뉴는 액션바처럼 동작한다. 반면 컨텍스트 메뉴는 액티비티 화면 내의 어느 뷰를 롱클릭(Long click)했을 때에 화면에 나타나는 메뉴로 특정 뷰와 연결되어 있다.

7.1.1 옵션 메뉴와 액션바

옵션 메뉴는 액티비티의 주 메뉴로서 기기의 하드웨어적인 혹은 소프트웨어적인 메뉴 버튼을 클릭했을 때에 화면의 하단에 나타난다. 반면에 액션바(ActionBar)는 화면의 상단에 항상 나타나 있어서 특정 동작 혹은 기능의 선택을 쉽게 할 수 있도록 한다. 액션바의 구현 방법은 기존의 옵션 메뉴 구현 방법과 동일한데, 여기서는 더 많이 사용되는 액션바를 중심으로 사용법을 설명한다.

<그림 7-1> 액션바

앱 아이콘은 앱 혹은 액티비티를 나타내는 아이콘이고, 타이틀은 앱 혹은 액티비티의 이름이다. 메뉴 버튼은 메뉴를 나타내는 아이콘들인데, 여백에 여유가 있는 한도 내에서 표시되고, 여백이 부족하면 나머지 항목은 오버플로(overflow) 영역에 표시된다.

[표 7-1] <item> 요소의 주요 속성

값	기능
android:id	메뉴 항목을 나타내는 식별자
android:icon	표시될 아이콘
android:title	표시될 텍스트
app:showAsAction	메뉴 항목 표시 방법

[표 7-2] app:showAsAction 속성의 값

값	기능
always	항상 보이게 표시
never	항상 오버플로 영역에 표시
ifRoom	공간이 충분하면 보이게 하고 그렇지 않으면 오버플로 영역에 표시
withText	액션바에 텍스트와 아이콘을 함께 표시

액션바는 옵션 메뉴와 동일한 방법으로 작성할 수 있는데 <그림 7-1>의 메뉴 버튼 위치에는 <item> 요소에 있는 아이콘들이 표시된다. 메뉴 버튼의 표시 방법은 각 메뉴 항목을 나타내는 <item> 요소의 app:showAsAction 속성값에 따라 결정된다. app:showAsAction 속성값은 [표 7-2]와 같은 값들을 가질 수 있다.

액션바의 메뉴 버튼 위치에는 아이콘만 표시되고 오버플로 영역 안에는 타이틀만 표시되므로 <item> 요소의 icon과 title 속성은 모두 지정해 두는 것이 좋다.

예제7-1) res/layout/activity_main.xml

```
<?xml version="1.0" encoding="utf-8"?>
<RelativeLayout
    xmlns:android="http://schemas.android.com/apk/res/android"
    android:layout_width="match_parent"
    android:layout_height="match_parent">

    <TextView
        android:layout_width="wrap_content"
        android:layout_height="wrap_content"
        android:layout_centerInParent="true"
        android:textSize="25sp"
        android:text="ActionBar"/>
</RelativeLayout>
```

예제7-1) res/menu/action_bar.xml

```
<menu
    xmlns:android="http://schemas.android.com/apk/res/android"
    xmlns:app="http://schemas.android.com/apk/res-auto" >
    <item
        android:id="@+id/action_camera"
        android:icon="@drawable/icon_camera"
        android:title="camera"
        app:showAsAction="always"/>
    <item
        android:id="@+id/action_share"
        android:icon="@drawable/icon_share"
        android:title="share"
        app:showAsAction="ifRoom"/>
```

```
    <item
        android:id="@+id/action_discard“
        android:icon="@drawable/icon_discard“
        android:title="discard“
        app:showAsAction="never“/>
</menu>
```

예제7-1) java/..../MainActivity.java

```
public class MainActivity extends AppCompatActivity {
    @Override
    protected void onCreate(Bundle savedInstanceState) {
        super.onCreate(savedInstanceState);
        setContentView(R.layout.activity_main);
        //
        getSupportActionBar().setDisplayShowTitleEnabled(true);
        getSupportActionBar().setDisplayHomeAsUpEnabled(true);
        getSupportActionBar().setHomeAsUpIndicator(R.drawable.ic_launcher);
    }
    @Override
    public boolean onCreateOptionsMenu(Menu menu) {
        getMenuInflater().inflate(R.menu.action_bar, menu);
        return super.onCreateOptionsMenu(menu);
    }
    @Override
    public boolean onOptionsItemSelected(MenuItem item) {
        int id = item.getItemId();
        switch (id) {
            case R.id.action_camera:
                Toast.makeText(this, "Camera“, Toast.LENGTH_SHORT).show();
                return true;

            case R.id.action_share:
                Toast.makeText(this, "Share“, Toast.LENGTH_SHORT).show();
                return true;

            case R.id.action_discard:
                Toast.makeText(this, "Discard“, Toast.LENGTH_SHORT).show();
                return true;

            default:
                return super.onOptionsItemSelected(item);
        }
    }
```

```
36 }
```

하드웨어 혹은 소프트웨어적인 메뉴 버튼이 있는 시스템에서는 메뉴가 사용되고, 메뉴 버튼이 없는 시스템에서는 자동적으로 액션바가 사용된다. 액션바를 사용하지 않고 옵션 메뉴를 사용하는 액티비티에서는 메뉴 키를 클릭했을 때에 onCreateOptionsMenu()가 호출된다. 이 메서드에서는 각 메뉴 항목들을 설정해 주어야 하는데, 예제7-1)에서는 XML 파일에 메뉴 항목을 설정해 주었다. XML 파일을 사용하지 않는다면 이 메서드 안에서 각 메뉴 항목들을 생성해 주면 되는데, XML 파일을 사용하는 것이 더 편하다. 메뉴 구성을 나타내는 XML 파일은 res/menu 폴더 아래에 두어야 한다.

위 실행화면의 왼쪽은 [예제7-1]을 실행시켰을 때의 화면이다. action+bar.xml의 두 번째 아이템인 share는 showAsAction이 ifRoom인데 화면에 여유가 있으므로 액션바에 표시되었고, 세 번째 아이템은 showAsAction이 never이므로 항상 오버플로우 영역에 표시된다. 상단 오른쪽 끝에 있는 오버플로 영역을 클릭하면 오른쪽 화면과 같이 그 안에 있던 메뉴 항목의 타이틀이 표시된다.

7.1.2 컨텍스트 메뉴

컨텍스트 메뉴는 액티비티에 속하는 메뉴가 아니라 액티비티 내에 있는 각 뷰에 속하는 메뉴이다. 따라서 뷰마다 다른 컨텍스트 메뉴를 만들 수 있다. 컨택스트 메뉴가 설정된 뷰를 오래 누르기(long click)하면 컨텍스트 메뉴가 대화상자처럼 화면에 나타난다.

뷰에 컨텍스트 메뉴를 설정하려면 registerForContextMenu(view) 메서드를 사용해서 설정할 수 있다. 컨텍스트 메뉴가 설정된 뷰를 롱 클릭하면 onCreateContextMenu() 메서드가 호출된다. 따라서 이 메서드에서 메뉴 항목들을 설정해 주면 화면에 메뉴가 표시된다. 메뉴 항목을 선택하면 onContextItemSelected() 메서드가 호출된다.

예제7-2) res/layout/activity_main.xml

```
<?xml version="1.0“ encoding="utf-8“?>
<LinearLayout xmlns:android="http://schemas.android.com/apk/res/android“
     android:layout_width="match_parent“
     android:layout_height="match_parent“
     android:padding="20dp“>
     <TextView
          android:id="@+id/textView1“
          android:layout_width="wrap_content“
          android:layout_height="wrap_content“
          android:layout_weight="1“
          android:gravity="center“
          android:textSize="25sp“
          android:text="TextView1“/>
     <TextView
          android:id="@+id/textView2“
          android:layout_width="wrap_content“
          android:layout_height="wrap_content“
          android:layout_weight="1“
          android:gravity="center“
          android:textSize="25sp“
          android:text="TextView2“/>
</LinearLayout>
```

예제7-2) res/menu/menu1.xml

```
<?xml version=“1.0“ encoding=“utf-8“?>
<menu xmlns:android=“http://schemas.android.com/apk/res/android“>
    <item
        android:id=“@+id/red“
        android:title=“RED“ />
    <item
        android:id=“@+id/green“
        android:title=“GREEN“ />
    <item
        android:id=“@+id/blue“
        android:title=“BLUE“ />
</menu>
```

예제7-2) res/menu/menu2.xml

```
<?xml version=“1.0“ encoding=“utf-8“?>
<menu xmlns:android=“http://schemas.android.com/apk/res/android“>
    <item
        android:id=“@+id/save“
        android:title=“Save“ />
    <item
        android:id=“@+id/modity“
        android:title=“Modify“ />
    <item
        android:id=“@+id/discard“
        android:title=“Discard“ />
</menu>
```

예제7-2) java/..../MainActivity.java

```
public class MainActivity extends AppCompatActivity {
    @Override
    protected void onCreate(Bundle savedInstanceState) {
        super.onCreate(savedInstanceState);
        setContentView(R.layout.activity_main);
        //
        registerForContextMenu((TextView)findViewById(R.id.textView1));
        registerForContextMenu((TextView)findViewById(R.id.textView2));
    }
    @Override
    public void onCreateContextMenu(ContextMenu menu, View v, ContextMenu.ContextMenuInfo menuInfo) {
        if(v.getId() == R.id.textView1) {
            menu.setHeaderTitle(“Color“);
```

```
14                  getMenuInflater().inflate(R.menu.menu1, menu);
15              } else if(v.getId() == R.id.textView2){
16                  menu.setHeaderTitle("Operation");
17                  getMenuInflater().inflate(R.menu.menu2, menu);
18              }
19              super.onCreateContextMenu(menu, v, menuInfo);
20          }
21          @Override
22          public boolean onContextItemSelected(MenuItem item) {
23              Context context = getApplicationContext();
24
25              switch (item.getItemId()) {
26                  case R.id.red:
27                      Toast.makeText(context, "TextView1: RED",
      Toast.LENGTH_SHORT).show();
28                      break;
29                  case R.id.green:
30                      Toast.makeText(context, "TextView1: GREEN",
      Toast.LENGTH_SHORT).show();
31                      break;
32                  case R.id.blue:
33                      Toast.makeText(context, "TextView1: BLUE",
      Toast.LENGTH_SHORT).show();
34                      break;
35                  case R.id.save:
36                      Toast.makeText(context, "TextView2: Save",
      Toast.LENGTH_SHORT).show();
37                      break;
38                  case R.id.modity:
39                      Toast.makeText(context, "TextView2: Modify",
      Toast.LENGTH_SHORT).show();
40                      break;
41                  case R.id.discard:
42                      Toast.makeText(context, "TextView2: Discard",
      Toast.LENGTH_SHORT).show();
43                      break;
44              }
45              return super.onContextItemSelected(item);
46          }
47      }
```

뷰를 롱 클릭했을 때 호출되는 라인 11의 onCreateContextMenu()의 두 번째 인수 v는 클릭된 뷰를 가리키는 참조이므로 어느 뷰가 롱 클릭되었는지 파악해서 라인 12 ~ 라인 18과 같이 해당 뷰를 위한 컨텍스트 메뉴를 생성해 주어야 한다.

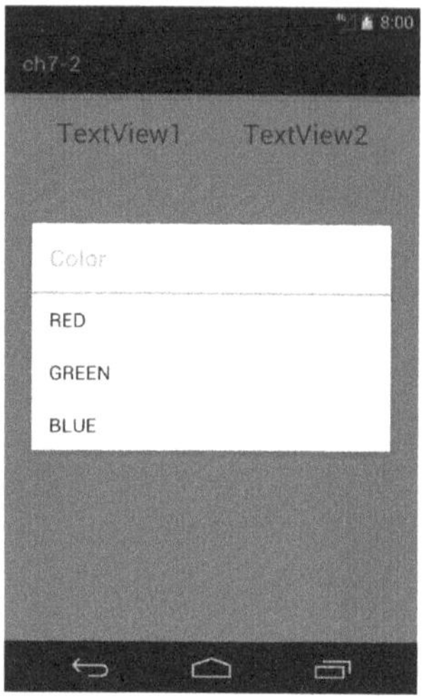

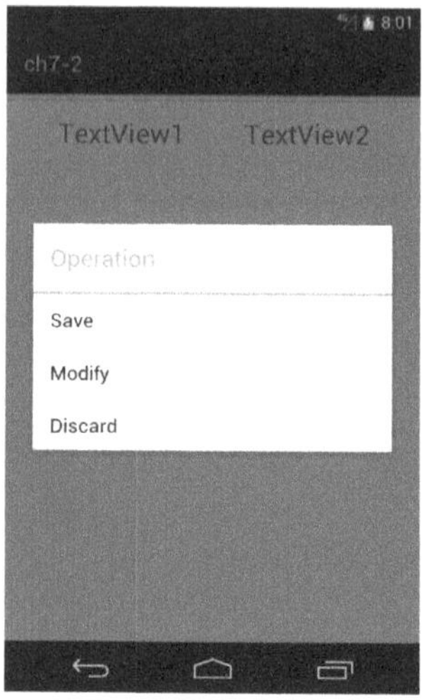

실행 화면의 왼쪽은 TextView1을 롱 클릭했을 때 라인 13 ~ 라인 14에 의해서 나타나는 컨텍스트 메뉴이고, 오른쪽은 TextView2를 롱 클릭했을 때 라인 16 ~ 라인 17에 의해 나타나는 컨텍스트 메뉴이다.

7.2 대화상자

대화상자(dialog)는 사용자에게 간단한 메시지를 보여주거나 사용자로부터 간단한 입력을 받을 때 사용된다. 액티비티 화면의 위에 화면의 일부를 차지하며 표시되는데, 대화상자를 종료하기 전에는 액티비티로 돌아갈 수 없다. 대표적인 대화상자는 간단한 정보를 표시하는 AlertDialog가 있는데, 이를 변형하면 다양한 대화상자를 만들어낼 수 있다.

7.2.1 기본형 대화상자

가장 많이 사용하는 AlertDialog는 세 개의 버튼을 가질 수 있는데, 보통은

두 개의 버튼만 가지도록 한다. 버튼은 PositiveButton, NeutralButton, NegativeButton 버튼이 있는데, 필요하지 않은 것은 생략할 수 있다. 버튼 이름은 단지 버튼의 위치를 나타내는 것이고, 버튼의 기능은 버튼에 대한 이벤트 핸들러 내부 코드에 의해 결정된다. 버튼의 위치는 안드로이드 버전에 따라 조금씩 다르다.

AlertDialog는 AlertDialog.Builder를 이용해서 생성할 수 있고, 여러 가지 설정을 한 다음에 show() 메서드를 호출해서 화면에 보여준다. AlertDialog 설정을 위해 제공되는 메서드들은 다음과 같다.

[표 7-3] AlertDialog 설정 메서드

메서드	기능
setTitle()	제목 설정
setMessage()	내용 설정
setIcon()	제목 앞의 아이콘 설정
setPositiveButton()	PositiveButton 설정
setNeutralButton()	NewtralButton 설정
setNegativeButton()	NegativeButton 설정
setItems()	목록 설정
setSingleChoiceItems()	리디오 버튼 목록 설정
setMultiChoiceItems()	체크박스 목록 설정

예제7-3) res/layout/activity_main.xml

```
<?xml version=“1.0“ encoding=“utf-8“?>
<RelativeLayout
    xmlns:android=“http://schemas.android.com/apk/res/android“
    android:layout_width=“match_parent“
    android:layout_height=“match_parent“
    android:padding=“10dp“>
    <Button
        android:id=“@+id/button1“
        android:layout_width=“match_parent“
        android:layout_height=“wrap_content“
        android:onClick=“clickShowDialog“
```

```
        android:textAllCaps="false"
        android:textSize="20sp"
        android:text="Show Dialog"/>
</RelativeLayout>
```

예제7-3) java/..../MainActivity.java

```
1  public class MainActivity extends AppCompatActivity {
2      @Override
3      protected void onCreate(Bundle savedInstanceState) {
4          super.onCreate(savedInstanceState);
5          setContentView(R.layout.activity_main);
6      }
7      //
8      public void clickShowDialog(View view) {
9          AlertDialog.Builder dialog = new AlertDialog.Builder(MainActivity.this);
10
11         dialog.setTitle("Exit");
12         dialog.setMessage("Want to exit?");
13         dialog.setCancelable(false);
14         dialog.setPositiveButton("Yes", new DialogInterface.OnClickListener() {
15             public void onClick(DialogInterface dialog, int which) {
16                 finish();
17             }
18         });
19         dialog.setNegativeButton("No", null);
20         dialog.setNeutralButton("Wait", new DialogInterface.OnClickListener() {
21             public void onClick(DialogInterface dialog, int which) {
22                 Toast.makeText(getApplicationContext(), "Wait....",
   Toast.LENGTH_SHORT).show();
23             }
24         });
25
26         dialog.show();
27     }
28 }
```

AlertDialog.Builder는 다이얼로그를 생성만 하고 화면에 표시하지는 않고, 라인 26에서 show() 메서드를 호출해야 화면에 표시된다. 라인 14와 19, 라인 20이 버튼을 설정하는 것인데, 그 내부의 onClick() 메서드는 해당 버튼을 클릭했을 때 호출된다. 다이얼로그는 화면에 나타난 버튼을 클릭하면 자동으로 화면에서 사라진다.

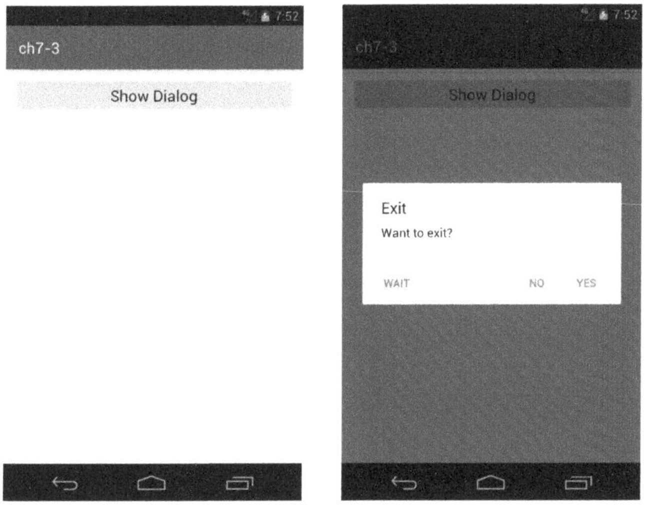

7.2.2 목록을 사용하는 대화상자

AlertDialog를 사용해서 항목들의 목록을 보여주고 어떤 항목을 선택하게 할 수 있다. 항목들은 XML 파일이나 java 소스에서 배열로 만들어 주는데 항목을 대화상자에 설정하는데는 setItems() 메서드를 사용한다. 나열된 목록 중에서 하나의 항목을 선택하면 대화상자가 닫힌다.

예제7-4) java/..../MainActivity.java

```
public class MainActivity extends AppCompatActivity {
    @Override
    protected void onCreate(Bundle savedInstanceState) {
        super.onCreate(savedInstanceState);
        setContentView(R.layout.activity_main);
    }
    //
    public void clickShowDialog(View view) {
        final CharSequence items[] = { "France", "Finland", "Croatia", "Denmark" };

        AlertDialog.Builder dialog = new AlertDialog.Builder(MainActivity.this);
```

```
            dialog.setTitle("Select country");
            dialog.setCancelable(false);
            dialog.setItems(items, new DialogInterface.OnClickListener() {
                public void onClick(DialogInterface dialogInterface, int which) {
                    Toast.makeText(getApplicationContext(), items[which], Toast.LENGTH_SHORT).show();
                }
            });

            dialog.show();
        }
}
```

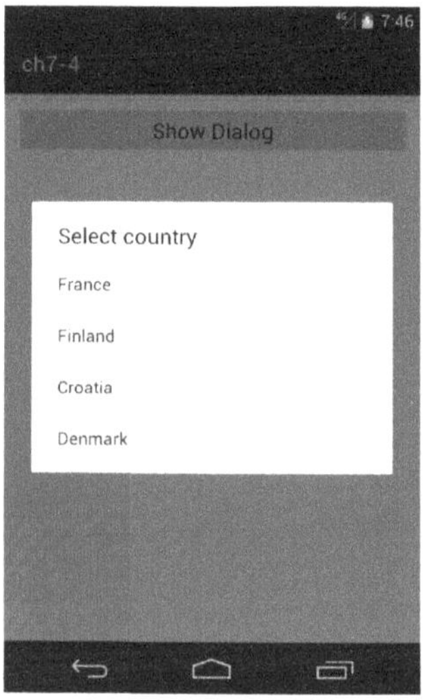

목록을 사용하는 대화상자는 나타난 목록의 아이템들이 버튼 역할을 해서 아이템을 클릭하면 onClick() 메서드가 호출되고 그 인수인 which가 클릭된 아이템의 인덱스를 가진다. onClick() 메서드가 실행된 후에 목록이 화면에서 사라진다.

7.2.3 라디오 버튼 대화상자

AlertDialog는 라디오 버튼도 제공한다. 라디오 버튼들을 대화상자에 설정하기 위해서는 setSingleChoiceItems()메서드를 사용한다. 여러 개의 선택 항목 중에서 하나를 선택할 수 있는데, 라디오 버튼의 항목을 선택해도 대화상자는 사라지지 않는다. 따라서 대화상자를 종료하기 위한 버튼은 만들어 두어야 한다.

예제7-5) java/..../MainActivity.java

```
1   public class MainActivity extends AppCompatActivity {
2       @Override
3       protected void onCreate(Bundle savedInstanceState) {
4           super.onCreate(savedInstanceState);
5           setContentView(R.layout.activity_main);
6       }
7       //
8       public void clickShowDialog(View view) {
9           final CharSequence items[] = { “France“, “Finland“, “Croatia“,
    “Denmark“ };
10
11          AlertDialog.Builder dialog = new AlertDialog.Builder(MainActivity.this);
12          dialog.setTitle(“Select country“);
13          dialog.setCancelable(false);
14          dialog.setSingleChoiceItems(items, -1, new
    DialogInterface.OnClickListener() {
15              public void onClick(DialogInterface dialogInterface, int which) {
16                  Toast.makeText(getApplicationContext(), items[which],
    Toast.LENGTH_SHORT).show();
17              }
18          });
19          dialog.setPositiveButton(“OK“, new DialogInterface.OnClickListener() {
20              public void onClick(DialogInterface dialogInterface, int which) {
21                  dialogInterface.dismiss();
22              }
23          });
24
25          dialog.show();
26      }
27  }
```

목록을 사용하는 대화상자와는 달리 라디오 버튼을 표시하는 대화상자의 각 아이템은 클릭해도 단지 선택만 되고 대화상자가 종료되지는 않는다. 대화상자를 종료하게 하려면 라인 19와 같이 별도의 버튼을 만들어 두고 버튼의 핸들러에서 dismiss()를 호출하여 대화상자를 종료해야 한다.

7.2.4 체크박스 대화상자

AlertDialog 선택 항목으로 체크박스를 사용하면 여러 개를 동시에 선택할 수 있다. 이 때에는 선택될 때와 선택을 해제할 때를 구분해서 처리해야 한다. 체크박스는 setMultiChoiceItems()fh 설정할 수 있다.

예제7-6) java/..../MainActivity.java

```
public class MainActivity extends AppCompatActivity {
    @Override
    protected void onCreate(Bundle savedInstanceState) {
        super.onCreate(savedInstanceState);
        setContentView(R.layout.activity_main);
    }
    //
    public void clickShowDialog(View view) {
        final CharSequence items[] = { "France", "Finland", "Croatia",
 "Denmark" };
        final boolean checks[] =   { false,    false,    false,    false };

        AlertDialog.Builder dialog = new AlertDialog.Builder(MainActivity.this);
```

```
13            dialog.setTitle("Select country");
14            dialog.setCancelable(false);
15            dialog.setMultiChoiceItems(items, checks, new
16    DialogInterface.OnMultiChoiceClickListener() {
17                public void onClick(DialogInterface dialogInterface, int which,
      boolean checked) {
18                    String str;
19                    if (checked) str = items[which] + "  " + "checked";
20                    else str = items[which] + "  " + "unchecked";
21                    Toast.makeText(getApplicationContext(), str,
      Toast.LENGTH_SHORT).show();
22                }
23            });
24            dialog.setPositiveButton("OK", new DialogInterface.OnClickListener() {
25                public void onClick(DialogInterface dialogInterface, int which) {
26                    dialogInterface.dismiss();
27                }
28            });
29            //
30            dialog.show();
31        }
32    }
```

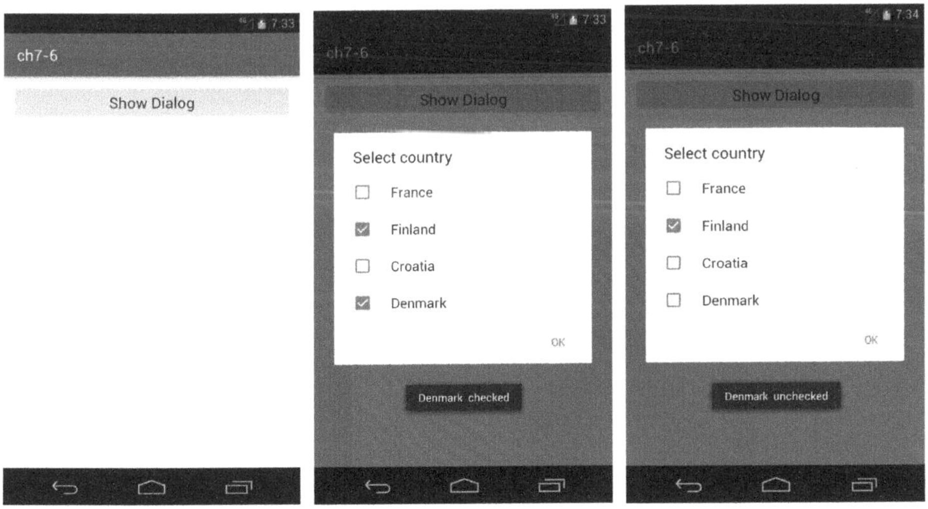

라인 15에서는 setMultiChoiceItems() 메서드를 사용해서 체크박스 리스트를 설정했다. 체크박스의 어느 아이템이 체크되면 onClick()이 호출되는데, 이

때 세 번째 인수인 checked를 검사해서 그 항목(which)이 체크되었는지 해제되었는지 검사해야 한다.

체크박스를 사용하는 대화상자도 라디오 버튼을 사용하는 대화 상자와 같이 아이템을 체크해도 대화상자는 종료되지 않기 때문에 라인 24와 같이 대화상자의 종료를 위해 별도의 버튼을 만들어 두어야 한다.

7.2.5 입력이 있는 대화상자

AlertDialog를 이용해서 입력을 받을 수도 있다. 이 때에는 AlertDialog에 입력을 위한 EditText를 설정해 두어야 하는데, 뷰를 AlertDialog 안에 배치할 때에는 setView() 메서드를 사용하면 된다.

예제7-7) res/layout/activity_main.xml

```
<RelativeLayout xmlns:android="http://schemas.android.com/apk/res/android"
    android:layout_width="match_parent"
    android:layout_height="match_parent"
    android:padding="15dp">
    <Button
        android:layout_width="match_parent"
        android:layout_height="wrap_content"
        android:layout_alignParentBottom="true"
        android:onClick="clickInput"
        android:textAllCaps="true"
        android:text="Input" />
    <TextView
        android:id="@+id/textview"
        android:layout_width="wrap_content"
        android:layout_height="wrap_content"
        android:layout_alignParentTop="true"/>
</RelativeLayout>
```

예제7-7) java/..../MainActivity.java

```
public class MainActivity extends AppCompatActivity {
    @Override
    protected void onCreate(Bundle savedInstanceState) {
        super.onCreate(savedInstanceState);
        setContentView(R.layout.activity_main);
```

```
    }
    //
    public void clickInput(View view) {
        AlertDialog.Builder alert = new AlertDialog.Builder(MainActivity.this);
        alert.setTitle(“Data“);
        alert.setMessage(“input Data!“);
        final EditText input = new EditText(MainActivity.this);
        alert.setView(input);
        alert.setPositiveButton(“OK“, new DialogInterface.OnClickListener() {
            public void onClick(DialogInterface dialog, int whichButton) {
                String value = input.getText().toString();
                ((TextView)findViewById(R.id.textview)).setText(value);
            }
        });
        alert.setNegativeButton(“Cancel“, new DialogInterface.OnClickListener() {
            public void onClick(DialogInterface dialog, int whichButton) {
                // Canceled.
            }
        });
        alert.show();
    }
}
```

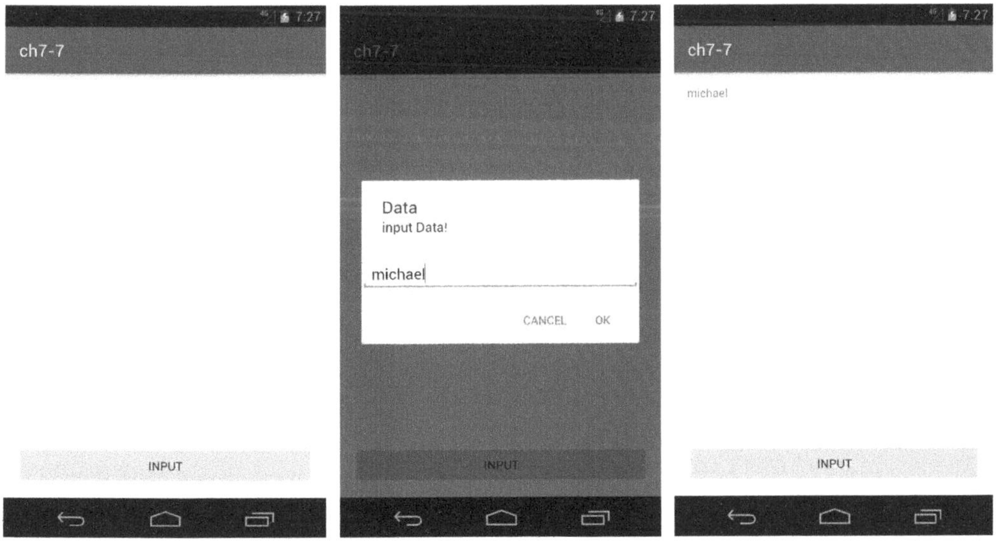

대화상자에는 버튼뿐만 아니라 다른 뷰들도 표시할 수 있는데, 이 예제

7-7)에서는 EditText를 이용해서 입력이 가능하도록 했다. 라인 12 ~ 라인 13은 EditText를 대화상자에 추가하기 위한 것이다. 라인 12에서 객체 input을 final로 선언한 것은 이 객체가 선언된 위치가 아닌 이벤트 핸들러 onClick() 안에 있는 라인 16에서도 사용되기 때문이다.

7.2.6 복잡한 대화상자

AlertDialog를 이용해서 여러 개의 입력을 받을 수 있는 복잡한 형태의 입력 대화상자를 만들려면 XML로 만든 적절한 레이아웃을 사용해야 한다. 레이아웃 내에 뷰들을 배치하고 레이아웃을 인플레이트해서 setView() 메서드를 사용해서 AlertDialog에 배치하면 된다.

예제7-8) res/layout/activity_main.xml

```
<RelativeLayout xmlns:android=“http://schemas.android.com/apk/res/android“
    android:layout_width=“match_parent“
    android:layout_height=“match_parent“
    android:padding=“15dp“>
    <Button
        android:id=“@+id/button“
        android:layout_width=“match_parent“
        android:layout_height=“wrap_content“
        android:layout_alignParentBottom=“true“
        android:onClick=“clickInput“
        android:textAllCaps=“false“
        android:text=“Input“ />
    <TextView
        android:id=“@+id/name_textview“
        android:layout_width=“150dp“
        android:layout_height=“wrap_content“
        android:layout_alignParentTop=“true“/>
    <TextView
        android:id=“@+id/tel_textview“
        android:layout_width=“150dp“
        android:layout_height=“wrap_content“
        android:layout_alignParentTop=“true“
        android:layout_toRightOf=“@id/name_textview“/>
</RelativeLayout>
```

예제7-8) res/layout/dialog.xml

```
<RelativeLayout xmlns:android="http://schemas.android.com/apk/res/android"
    android:layout_width="match_parent"
    android:layout_height="match_parent">
    <TextView
        android:id="@+id/textview1"
        android:layout_width="60dp"
        android:layout_height="50dp"
        android:layout_alignParentTop="true"
        android:layout_alignParentLeft="true"
        android:text="Name" />
    <EditText
        android:id="@+id/dialog_name"
        android:layout_width="fill_parent"
        android:layout_height="50dp"
        android:layout_alignParentTop="true"
        android:layout_toRightOf="@id/textview1"
        android:layout_alignBaseline="@id/textview1"/>
    <TextView
        android:id="@+id/textview2"
        android:layout_width="60dp"
        android:layout_height="50dp"
        android:layout_alignParentLeft="true"
        android:layout_below="@id/textview1"
        android:text="Tel"/>
    <EditText
        android:id="@+id/dialog_tel"
        android:layout_width="fill_parent"
        android:layout_height="50dp"
        android:layout_below="@id/dialog_name"
        android:layout_toRightOf="@id/textview2"
        android:layout_alignBaseline="@id/textview2"/>
</RelativeLayout>
```

예제7-8) java/..../MainActivity.java

```
public class MainActivity extends AppCompatActivity {
    @Override
    protected void onCreate(Bundle savedInstanceState) {
        super.onCreate(savedInstanceState);
        setContentView(R.layout.activity_main);
    }
    //
```

```
    public void clickInput(View view) {
        AlertDialog.Builder alert = new AlertDialog.Builder(MainActivity.this);
        alert.setTitle(“Data“);
        alert.setMessage(“Input data“);
        LayoutInflater inflater=(LayoutInflater)MainActivity.this.getSystemService(
                Context.LAYOUT_INFLATER_SERVICE);
        final View input= inflater.inflate(R.layout.dialog, null, false);
        //
        alert.setView(input);
        alert.setPositiveButton(“OK“, new DialogInterface.OnClickListener() {
            public void onClick(DialogInterface dialog, int whichButton) {
                EditText name = (EditText)input.findViewById(R.id.dialog_name);
                EditText tel = (EditText)input.findViewById(R.id.dialog_tel);
                String value = name.getText().toString();
                ((TextView)findViewById(R.id.name_textview)).setText(value);
                value = tel.getText().toString();
                ((TextView)findViewById(R.id.tel_textview)).setText(value);
            }
        });
        alert.setNegativeButton(“Cancel“, new DialogInterface.OnClickListener() {
            public void onClick(DialogInterface dialog, int whichButton) {
            }
        });
        alert.show();
    }
}
```

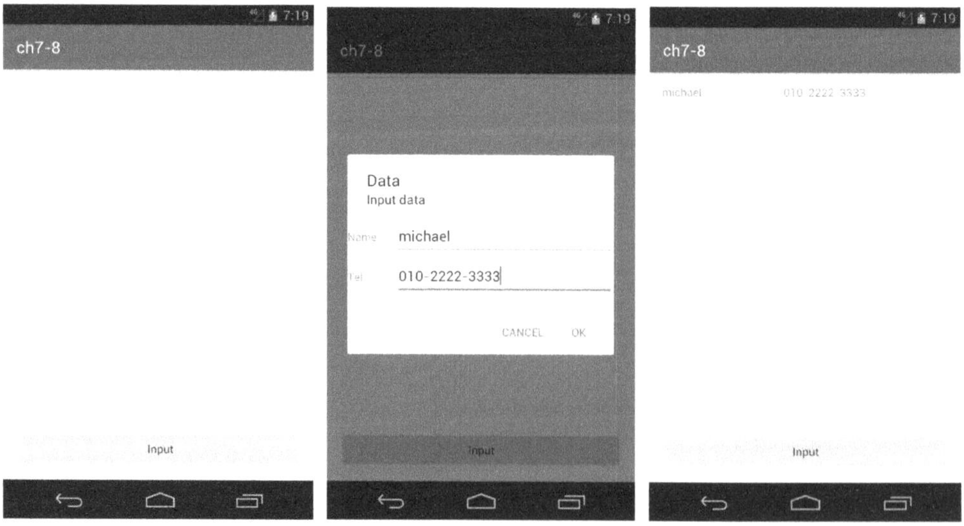

라인 12 ~ 라인 13에서 dialog.xml 파일에 있는 레이아웃을 인플레이트 해서 생성한 뷰를 setView()를 이용해서 대화상자에 설정했다. 라인 16의 OK 버튼 핸들러에서는 레이아웃 내에 있는 두 개의 EditText 값을 읽어서 Toast로 보여준다.

[과제 7-1]

대화상자를 사용해서 다음과 같이 입력과 삭제 기능이 있는 전화번호부 프로그램을 작성한다.

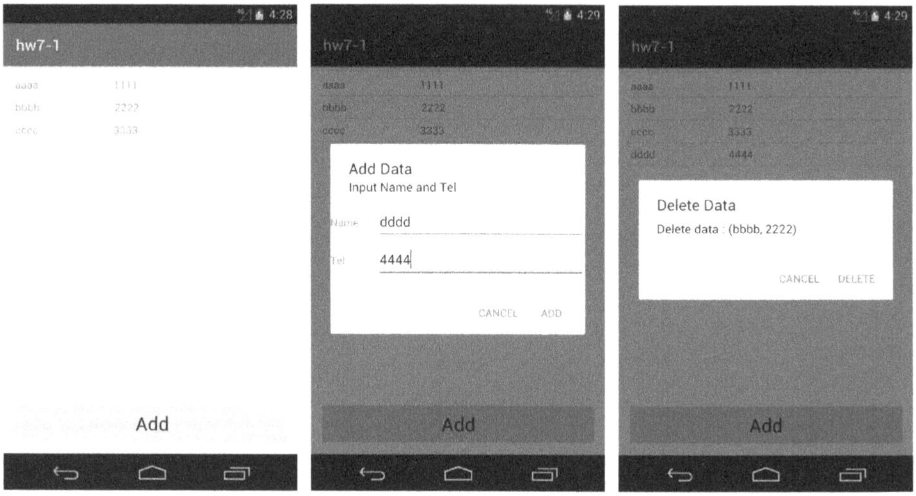

(1) Main 화면에서 리스트 뷰는 화면의 상단에 표시되고, Add 버튼은 화면의 하단에 표시된다.

(2) Main 화면의 리스트 뷰에서 이름 영역과 전화번호 영역의 너비의 비율은 1:2로 한다

(3) Main 화면에서 Add 버튼을 터치하면 이름과 전화번호를 입력할 수 있는 대화상자 화면이 나타난다.

(4) 입력 대화상자에는 그림과 같은 타이틀과 메시지가 나타난다.

(5) 입력 대화상자에서 이름과 전화번호를 입력하고 ADD 버튼을 클릭하면 데이터가 입력되어 액티비티의 리스트 뷰에 즉시 나타난다.

(6) 리스트 뷰의 아이템을 클릭하면 세 번째 그림과 같이 데이터를 삭제할 수 있는 대화상자 화면이 나타난다.

(7) 삭제 대화상자에는 삭제할 (이름, 전화번호)가 메시지 부분에 나타난다.

(8) DELETE 버튼을 클릭하면 데이터가 즉시 삭제된다.

8 장 데이터베이스와 컨텐츠 제공자

8. 데이터베이스와 컨텐츠 제공자

데이터베이스는 대량의 데이터를 체계적으로 관리하는데 사용된다. 안드로이드는 관계형 데이터베이스인 SQLite를 제공해서 PC 환경에서와 같은 방법으로 데이터를 관리할 수 있도록 하고 있다. 컨텐츠 제공자는 안드로이드를 구성하는 하나의 컴포넌트로 사용자에게는 데이터베이스와 유사한 방식으로 데이터를 관리하고 다른 응용 프로그램과 공유할 수 있도록 한다. 컨텐츠 제공자는 주로 여러 어플리케이션이 공동으로 사용하는 중요한 시스템 데이터를 일정한 형식으로 제공하기 위해 사용한다.

8.1 안드로이드의 데이터베이스

안드로이드의 데이터베이스는 파일과 마찬가지로 생성된 어플리케이션에 속한다. 따라서 다른 어플리케이션에 속하는 데이터베이스는 접근할 수 없다. 데이터베이스는 하나 이상의 테이블로 구성되고 데이터는 레코드 형태로 테이블에 저장된다.

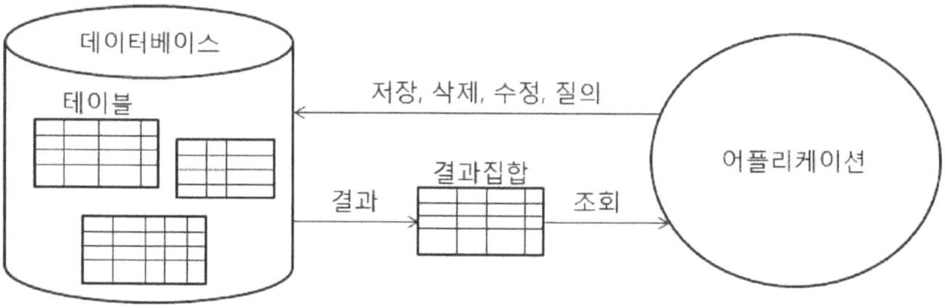

<그림 8-1> 데이터베이스 접근

데이터베이스에 대한 데이터의 저장, 삭제, 수정, 질의 동작은 모두 데이터베이스 테이블에 대해 이루어진다. 테이블에 대한 질의는 테이블에서 질의 조건과 일치하는 데이터 집합을 가져와서 결과 집합(Result Set) 테이블을 생성하고, 이 결과 집합 테이블을 커서(Cursor)가 가리킨다. 질의 결과에 대한

조회는 모두 커서를 통해서 결과 집합에서 이루어진다.

8.1.1 데이터베이스 지원 클래스/인터페이스

안드로이드에서 SQLite 데이터베이스는 프로그램에서 직접 접근해서 사용할 수 있지만 쉽게 사용할 수 있도록 세 개의 클래스 즉, SQLiteOpenHelper 클래스, SQLiteDatabase 클래스, Cursor 인터페이스를 제공한다. SQLiteOpenHelper는 데이터베이스나 그 내부의 테이블을 생성하고 삭제하거나 수정하는 기능을 제공한다. SQLiteDatabase는 데이터베이스 테이블에 대해서 SQL 문을 통해 데이터를 저장/수정/삭제하거나 질의를 해서 결과 집합을 생성하는 기능을 제공한다. Cursor는 결과 집합에 대해 데이터를 조회하거나 커서 이동 기능을 제공한다.

[표 8-1] SQLiteOpenHelper 클래스의 중요한 메서드

메서드	기능
생성자	데이터베이스 생성
onCreate()	테이블 생성
onUpgrade()	테이블 삭제, 변경
getReadableDatabase()	읽기 전용 SQLiteDatabase 반환
getWritableDatabase()	읽기/쓰기용 SQLiteDatabase 반환

SQLiteOpenHelper는 데이터베이스와 테이블을 관리할 때 사용된다. onCreate()는 데이터베이스가 최초로 생성될 때 자동으로 호출되어 데이터베이스를 생성하는 기능을 하기 때문에 이미 데이터베이스가 존재한다면 존재하는 데이터베이스에게는 영향을 주지 않는다. onUpgrade()는 데이터베이스 버전이 변경될 때 즉, 데이터베이스 내에 테이블이 추가되거나 삭제될 때, 그리고 테이블에 컬럼이 추가되거나 삭제될 때와 같이 데이터베이스 구조가 변경될 때 해야 할 작업들을 수행하도록 해야 한다. getReadableDatabase()와 getWritableDatabase()는 데이터베이스를 가리키는 참조를 반환해서 이후 작업에 사용할 수 있도록 한다.

[표 8-2] SQLiteDatabase 클래스의 중요한 메서드

메서드	기능
execSQL()	SQL 문 실행
close()	데이터베이스 닫기
insert()	레코드 추가
update()	레코드 변경
delete()	레코드 제거
query()	SELECT 명령을 실행하고 Cursor 반환
rawQuery()	SELECT 명령을 실행하고 Cursor 반환

SQLiteDatabase 클래스는 데이터베이스 테이블에 레코드를 추가, 삭제, 수정하거나 데이터베이스에서 조건에 맞는 레코드를 검색해서 결과 집합을 만들어 낼 때 사용한다. 테이블에 대한 모든 명령은 execSQL() 메서드 하나로 할 수 있지만, 편리하게 사용할 수 있도록 목적에 맞는 자바 메서드들을 만들어 두었다.

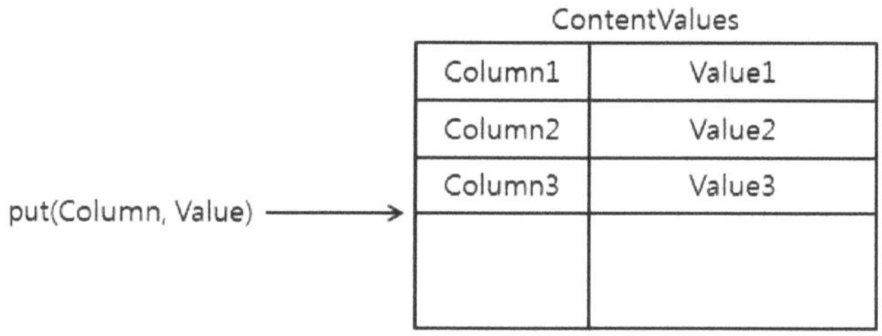

〈그림 8-2〉 ContentValue 구조

레코드를 추가하거나 변경할 때에는 레코드 내의 컬럼에 값을 부여하는 것을 쉽게 할 수 있도록 ContentValues 클래스를 제공한다. 이 클래스는 (키, 값)의 쌍으로 이루어진 맵(map)으로 (컬럼 이름, 컬럼 값)의 맵을 표현할 수 있도록 한다. 맵에 값을 저장할 때에는 put() 메서드를 사용한다.

데이터베이스 질의를 위한 메서드인 query()와 rawQuery() 메서드는 SQL의 SELECT 명령을 실행한다. rawQuery()는 SQL의 SELECT 문을 직접 써주어야 하고, query()는 자바의 함수 형태로 인수를 준다.

```
public Cursor query(String table, String[] columns, String selection,
      String[] selectionArgs, String groupBy, String having,
      String orderBy);
```

table은 테이블의 이름이고, columns는 반환할 컬럼 이름들이다. selection은 SQL문의 WHERE절에 해당하는 검색 조건이다. orderBy는 결과를 반환할 때 결과 레코드들을 정렬하는 방법을 나타낸다.

[표8-3] Cursor 인터페이스의 주요 메서드

메서드	기능
getColumnCount()	결과 집합의 컬럼 수 반환
getColumnIndex()	컬럼 이름에 해당하는 컬럼 인덱스 반환
getColumnName()	컬럼 인덱스에 해당하는 컬럼 이름 반환
getCount()	결과 집합의 레코드 수 반환
getFloat()	결과 집합의 현재 위치 레코드에서 실수 값 반환
getInt()	결과 집합의 현재 위치 레코드에서 정수 값 반환
getString()	결과 집합의 현재 위치 레코드에서 문자열 값 반환
getPosition()	커서의 현재 위치 반환
moveToFirst()	커서를 결과 집합의 첫 번째 레코드로 이동
moveToLast()	커서를 결과 집합의 마지막 레코드로 이동
moveToNext()	커서를 결과 집합의 다음 레코드로 이동
moveToPrevious()	커서를 결과 집합의 이전 레코드로 이동
moveToPosition()	커서를 결과 집합의 특정 위치의 레코드로 이동

SQLiteDatabase에 대한 질의(SQL의 SELECT문)에 해당하는 query()나 rawQuery() 메서드는 결과 집합을 생성하고 결과 집합을 가리키는 커서(Cursor)를 반환한다. 어플리케이션에서는 이 커서를 이용해서 결과 집합에 있는 레코드에 접근할 수 있다. 결과 집합도 테이블 형태이므로 move 메서드

들을 통해서 결과 집합 내의 레코드를 이동할 수 있고, get 메서드들을 사용해서 값을 읽어올 수 있다.

8.1.2 데이터베이스 생성과 변경

SQLiteOpenHelper 클래스는 데이터베이스와 테이블을 생성하고 변경하는 기능을 지원한다. onCreate() 이벤트 핸들러는 데이터베이스가 최초로 생성될 때 한번 호출되어 데이터베이스와 테이블을 생성할 수 있도록 한다.

onUpgrade() 이벤트 핸들러는 데이터베이스 구조가 변경될 때 즉, 데이터베이스의 버전 번호가 바뀌었을 때 호출된다. 따라서 여기서는 버전 변경에 따른 테이블의 추가나 삭제, 테이블의 레코드 구조를 변경하는 동작을 해야 한다. 아래의 예에서는 단순히 테이블을 제거하고 다시 생성하도록 했는데, 이렇게 하면 테이블에 저장되었던 모든 데이터도 삭제된다. 테이블의 데이터를 보존하면서 기존 테이블에 컬럼을 추가하려면 테이블을 제거하지 않고 컬럼만 추가되도록 해야 한다. 또한 데이터베이스 버전별로 테이블 구조가 다르다면 인수로 주어지는 oldversion과 newversion 값을 비교해서 그에 따른 적절한 동작을 해야 한다.

```
static final String DB = “sample“;
static final String TABLE = “data“;
// table column name
public static final String DBTBL_ID      = “_id“;        // long
public static final String DBTBL_NAME   = “name“;   // text
//////////////////////////////////////////////////////////////////////
static final int DB_VERSION = 1;
//////////////////////////////////////////////////////////////////////
static final String CREATE = “create table “ + TABLE +
        “ (_id integer primary key autoincrement, “ +
        DBTBL_NAME + “ text);“;
//////////////////////////////////////////////////////////////////////
static final String DROP = “drop table “;
private SQLiteDatabase db;
private OpenHelper dbHelper;
```

```
    ///////////////////////////////////////////////////////////////////
    public DBAdapter(Context ctx) {
        context = ctx;
    }
    ///////////////////////////////////////////////////////////////////
    private static class OpenHelper extends SQLiteOpenHelper {
        public OpenHelper(Context c) {
            super(c, DB, null, DB_VERSION);
        }

        public void onCreate(SQLiteDatabase db) {
            db.execSQL(CREATE);
        }

        public void onUpgrade(SQLiteDatabase db, int oldversion, int
newversion) {
            db.execSQL(DROP + TABLE);
            db.execSQL(CREATE);
        }
    }
    //
    public DBAdapter open() throws SQLException {
        dbHelper = new OpenHelper(context);
        db = dbHelper.getWritableDatabase();
        return this;
    }
    //
    public void close() {
        dbHelper.close();
    }
```

데이터베이스가 생성되면 이를 사용하기 위해 데이터베이스를 오픈해야 한다. 이후의 작업의 성격에 따라 읽기 혹은 읽기/쓰기 겸용으로 오픈해야 한다. getReadableDatabase() 메서드는 읽기 전용 목적으로 데이터베이스를 오픈하고, getWritableDatabase() 메서드는 읽기/쓰기 겸용으로 오픈한다. 이 후의 모든 동작은 이 메서드들의 반환값을 이용한다.

```
public DBAdapter open() throws SQLException {
    dbHelper = new OpenHelper(context);
    db = dbHelper.getWritableDatabase();
    return this;
}
//
public void close() {
    dbHelper.close();
}
```

8.1.3 레코드 추가/삭제/변경/조회

테이블에 레코드를 추가할 때에는 insert() 메서드를 사용한다. 추가할 레코드의 모든 컬럼 값을 ContentValues 형의 객체에 put() 메서드를 사용해서 저장한 다음에 insert() 메서드를 이용해서 추가한다. insert() 메서드는 추가된 레코드의 프라이머리 키인 _id 값을 반환한다.

레코드를 삭제할 때에는 delete() 메서드, 변경할 때에는 update() 메서드를 사용하는데, 이들은 모두 프라이머리 키인 _id 컬럼을 이용해서 대상 레코드를 지정한다.

레코드의 조회는 query() 메서드를 이용하는데 조회할 레코드를 선택하기 위해 컬럼 이름과 컬럼 값으로 조건을 지정할 수 있다. 조건을 주지 않으면 테이블의 모든 레코드를 가져온다. query()는 조건에 맞는 레코드들로 결과 집합을 만들고, 이 결과 집합을 가리키는 Cursor 형의 객체의 참조를 반환한다. 레코드의 컬럼 값들은 이 커서를 이용해서 가져올 수 있다.

```
public Cursor fetchAllData() {
    return db.query(TABLE, null, null, null, null, null, null);
}
//
public long addData(String name) {
    ContentValues values = new ContentValues();
    values.put(DBTBL_NAME, name);
```

```
        long id = db.insert(TABLE, null, values);
        return id;
    }
    //
    public void delData(String id) {
        db.delete(TABLE, "_id = ?", new String[] {id});
    }
    //
    public Cursor searchDataByName(String name) {
        return db.query(TABLE, null, DBTBL_NAME + " = '" + name + "'",
                                null, null, null, null);
    }
    //
    public void modifyData(long id, String name, String tel) {
        ContentValues values = new ContentValues();
        values.put(DBTBL_NAME, name);
        db.update(TABLE, values, "_id='" + id + "'", null);
    }
```

다음 예제8-1)은 입력된 문자열을 데이터베이스에 저장하고 리스트 뷰를 사용해서 데이터베이스의 내용들을 보여주는 프로그램이다. 프로그램은 두 개의 액티비티로 구성되는데, MainActivity는 데이터베이스의 내용을 리스트 뷰에 보여주는 액티비티이고, AddActivity는 EditText에서 입력받는 문자열을 데이터베이스에 저장하는 액티비티이다.

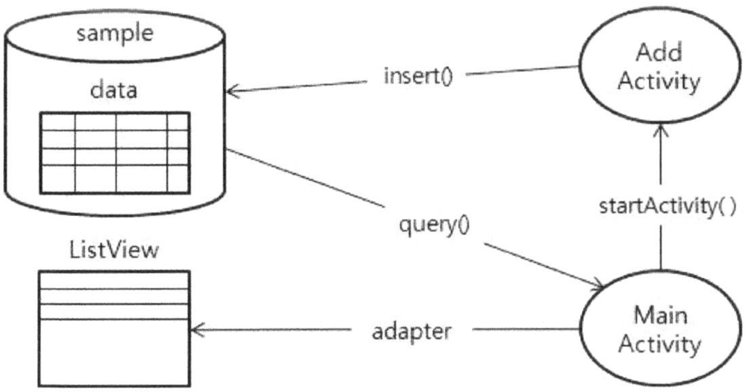

<그림 8-3> 프로그램 동작

예제8-1) res/layout/activity_main.xml

```
<?xml version=“1.0“ encoding=“utf-8“?>
<RelativeLayout
    xmlns:android=“http://schemas.android.com/apk/res/android“
    android:layout_width=“match_parent“
    android:layout_height=“match_parent“
    android:padding=“10dp“>
    <Button
        android:id=“@+id/add“
        android:layout_width=“match_parent“
        android:layout_height=“wrap_content“
        android:layout_alignParentBottom=“true“
        android:onClick=“clickAdd“
        android:textAllCaps=“false“
        android:text=“ADD“/>
    <ListView
        android:id=“@+id/listView“
        android:layout_width=“match_parent“
        android:layout_height=“wrap_content“
        android:layout_alignParentTop=“true“
        android:layout_above=“@id/add“/>
</RelativeLayout>
```

예제8-1) res/layout/activity_add

```
<?xml version=“1.0“ encoding=“utf-8“?>
<RelativeLayout
    xmlns:android=“http://schemas.android.com/apk/res/android“
    android:layout_width=“match_parent“
    android:layout_height=“match_parent“
    android:padding=“10dp“>
    <EditText
        android:id=“@+id/name“
        android:layout_width=“match_parent“
        android:layout_height=“wrap_content“
        android:layout_alignParentTop=“true“ />
    <LinearLayout
        android:layout_width=“match_parent“
        android:layout_height=“wrap_content“
        android:layout_alignParentBottom=“true“
        android:padding=“10dp“>
        <Button
```

```
                android:id="@+id/ok“
                android:layout_width=“wrap_content“
                android:layout_height=“wrap_content“
                android:layout_weight=“1“
                android:onClick=“clickOK“
                android:textAllCaps=“false“
                android:text=“OK“/>
            <Button
                android:id=“@+id/Cancel“
                android:layout_width=“wrap_content“
                android:layout_height=“wrap_content“
                android:onClick=“clickCancel“
                android:layout_weight=“1“
                android:textAllCaps=“false“
                android:text=“Cancel“/>
        </LinearLayout>
</RelativeLayout>
```

예제8-1) res/layout/list_row.xml

```
<?xml version=“1.0“ encoding=“utf-8“?>
<LinearLayout
    xmlns:android=“http://schemas.android.com/apk/res/android“
    android:layout_width=“match_parent“
    android:layout_height=“match_parent“
    android:padding=“10dp“>
    <TextView
        android:id=“@+id/name“
        android:layout_width=“match_parent“
        android:layout_height=“wrap_content“
        android:textSize=“20sp“/>
</LinearLayout>
```

예제8-1) java/..../MainActivity.java

```
public class MainActivity extends AppCompatActivity {
    ListAdapter listAdapter;
    DBAdapter db;
    boolean dbOpen;
    Cursor currentCursor;
    int COL_NAME;

    @Override
```

```
    protected void onCreate(Bundle savedInstanceState) {
        super.onCreate(savedInstanceState);
        setContentView(R.layout.activity_main);
        //
        // make and open database
        db = new DBAdapter(this);
        db.open();
        dbOpen = true;
        // get column index
        currentCursor = db.fetchAllData();
        COL_NAME = currentCursor.getColumnIndex(DBAdapter.DBTBL_NAME);
        // setup listview
        ListView listView = (ListView)findViewById(R.id.listView);
        listAdapter = new ListAdapter(this);
        listView.setAdapter(listAdapter);
    }
    //
    protected void onResume() {
        super.onResume();
        //
        if (!dbOpen) {
            db.open();
            dbOpen = true;
        }
        currentCursor = db.fetchAllData();
        listAdapter.notifyDataSetChanged();
    }
    //
    @Override
    protected void onPause() {
        super.onPause();
        //
        if (dbOpen) {
            db.close();
            dbOpen = false;
        }
    }
    // Button Click Listner
    public void clickAdd(View view) {
        Intent intent = new Intent(MainActivity.this, AddActivity.class);
        startActivity(intent);
    }
    // ListAdapter
    public class ListAdapter extends BaseAdapter {
```

```
        Context my_context;

        ListAdapter(Context context) { my_context = context;   }
        @Override
        public Object getItem(int position) { return null;       }
        @Override
        public long getItemId(int position) { return 0;          }
        @Override
        public int getCount() { return currentCursor.getCount();  }
        @Override
        public View getView(int position, View convertView, ViewGroup parent) {
            ListViewHolder viewHolder;
            //
            if (convertView == null) {
                LayoutInflater inflater=(LayoutInflater)my_context.getSystemService(
                        Context.LAYOUT_INFLATER_SERVICE);
                convertView = inflater.inflate(R.layout.list_row, parent, false);
                //
                viewHolder = new ListViewHolder();
                viewHolder.nameView = (TextView)convertView.findViewById(R.id.name);
                convertView.setTag(viewHolder);
            } else {
                viewHolder = (ListViewHolder)convertView.getTag();
            }
            //
            currentCursor.moveToPosition(position);
            viewHolder.nameView.setText(currentCursor.getString(COL_NAME));
            //
            return convertView;
        }
        //
        private class ListViewHolder {
            TextView nameView;
        };
    }
}
```

예제8-1) java/..../AddActivity.java

```
public class AddActivity extends AppCompatActivity {
    @Override
```

```
    protected void onCreate(Bundle savedInstanceState) {
        super.onCreate(savedInstanceState);
        setContentView(R.layout.activity_add);
    }
    //
    public void clickOK(View view) {
        String name;
        EditText edit = (EditText)findViewById(R.id.name);
        name = edit.getText().toString();
        if (name.length() > 0) {
            DBAdapter db = new DBAdapter(this);
            db.open();
            db.addData(name);
            db.close();
            finish();
        } else {
            Toast.makeText(getApplicationContext(), “input name“,
Toast.LENGTH_SHORT).show();
        }
    }
    //
    public void clickCancel(View view) {
        finish();
    }
}
```

예제8-1) java/..../DBAdapter.java

```
public class DBAdapter {
    private final Context context;
    static final String DB = “sample“;
    static final String TABLE = “data“;
    // table column name
    public static final String DBTBL_ID     = “_id“;        // long
    public static final String DBTBL_NAME  = “name“;   // text
    ////////////////////////////////////////////////////////////
    static final int DB_VERSION = 1;
    ////////////////////////////////////////////////////////////
    static final String CREATE = “create table “ + TABLE +
            “ (_id integer primary key autoincrement, “ +
            DBTBL_NAME + “ text);“;
    ////////////////////////////////////////////////////////////
    static final String DROP = “drop table “;
    private SQLiteDatabase db;
```

```
    private OpenHelper dbHelper;
    ///////////////////////////////////////////////////////////////////////////////////
    public DBAdapter(Context ctx) {
        context = ctx;
    }
    ///////////////////////////////////////////////////////////////////////////////////
    private static class OpenHelper extends SQLiteOpenHelper {
        public OpenHelper(Context c) {
            super(c, DB, null, DB_VERSION);
        }

        public void onCreate(SQLiteDatabase db) {
            db.execSQL(CREATE);
        }

        public void onUpgrade(SQLiteDatabase db, int oldversion, int newversion) {
            db.execSQL(DROP + TABLE);
            db.execSQL(CREATE);
        }
    }
    //
    public DBAdapter open() throws SQLException {
        dbHelper = new OpenHelper(context);
        db = dbHelper.getWritableDatabase();
        return this;
    }
    //
    public void close() {
        dbHelper.close();
    }
    ///////////////////////////////////////////////////////////////////////////////////
    public Cursor fetchAllData() {
        return db.query(TABLE, null, null, null, null, null, null);
    }
    //
    public long addData(String name) {
        ContentValues values = new ContentValues();
        values.put(DBTBL_NAME, name);

        long id = db.insert(TABLE, null, values);
        return id;
    }
    //
```

```
        public void delData(String id) {
            db.delete(TABLE, "_id = ?", new String[] {id});
        }
        //
        public Cursor searchDataByName(String name) {
            return db.query(TABLE, null, DBTBL_NAME + " = '" + name + "'", null,
    null, null, null);
        }
        //
        public void modifyData(long id, String name, String tel) {
            ContentValues values = new ContentValues();
            values.put(DBTBL_NAME, name);
            db.update(TABLE, values, "_id='" + id + "'", null);
        }
}
```

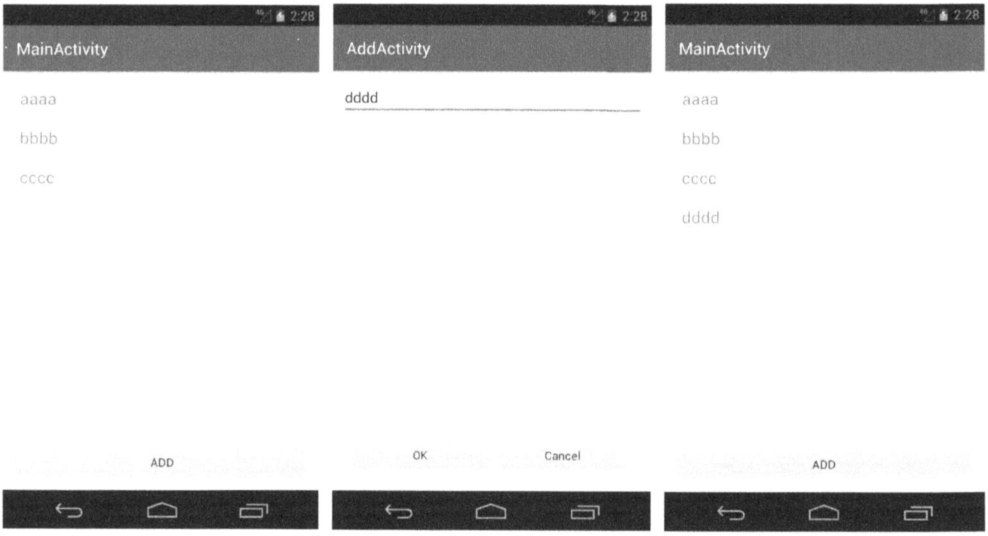

이 프로그램은 간단한 이름 정보를 데이터베이스에 저장하고 리스트 뷰로 보여준다. 데이터베이스 정보를 보여주는 액티비티와 레코드를 추가하는 액티비티가 별도로 존재한다. 이러한 경우에 MainActivity는 데이터베이스와 리스트 뷰를 다룰 때에 주의해야 한다.

먼저, 두 액티비티가 모두 데이터베이스를 사용하므로 MainActivity가 동작을 정지하고 AddAdtivity가 시작되기 전에 MainActivity는 데이터베이스를 닫아 주어야 한다. 그렇지 않으면 데이터베이스 사용에 충돌이 생길 수 있다. 이 동작은 MainActivity의 onPause() 안에 있는 라인 42에서 해 주었다.

AddActivity가 종료하고 MainActivity로 돌아 왔을 때에는 데이터베이스의 내용이 변경되었을 수 있으므로 onResume()에서 데이터베이스를 다시 조회해서 결과 집합을 다시 만들어야 한다. 이를 위해 onResume() 안에 있는 라인 33에서 데이터베이스의 데이터를 조회해서 결과 집합을 다시 생성하고, 라인 34에서 어댑터의 notifyDataSetChanged()를 호출해서 변경된 결과 집합의 내용이 리스트 뷰에 반영되도록 했다.

어댑터가 notifyDataSetChanged()를 호출하면 리스트뷰는 모든 리스트 아이템을 다시 표시한다. 어댑터의 getView()에서는 표시할 아이템의 뷰를 생성해서 데이터를 설정하기 위해서 라인 78에서 moveToPosition()을 이용해서 커서를 결과 집합의 데이터가 있는 위치로 이동시킨 다음에 레코드의 컬럼 값을 가져와서 아이템의 뷰에 표시한다.

AddActivity는 저장 버튼의 핸들러인 clickOK() 안에 있는 라인 11에서 EditText의 문자열을 읽어서 라인 15에서 데이터베이스에 저장한다. 데이터베이스를 접근하기 위해서 라인 14에서 데이터베이스를 다시 열고, 저장이 완료되면 라인 16에서 데이터베이스를 닫는다.

DBAdapter는 데이터베이스를 생성하고 접근하는 기능을 간단하게 하기 위해 만들어 둔 클래스이다. MainActivity와 AddActivity는 이 클래스가 제공하는 메서드들을 사용해서 데이터베이스를 접근한다. OpenHelper는 라인 29에서 SQL문을 직접 실행하여 라인 11에 정의된 구조의 데이터베이스를 생성한다.

8.2 컨텐츠 제공자

컨텐츠 제공자(Contents Provider)는 안드로이드의 네 개의 컴포넌트 중의 하나로서 다른 어플리케이션에 데이터를 제공한다. 컨텐츠 제공자가 제공하는 데이터는 여러 어플리케이션이 공유할 수도 있다. 안드로이드는 많이 사용하는 컨텐츠에 대해서는 이미 내장 컨텐츠 제공자를 제공하고 있고, 필요하다면 만들어 사용할 수도 있다.

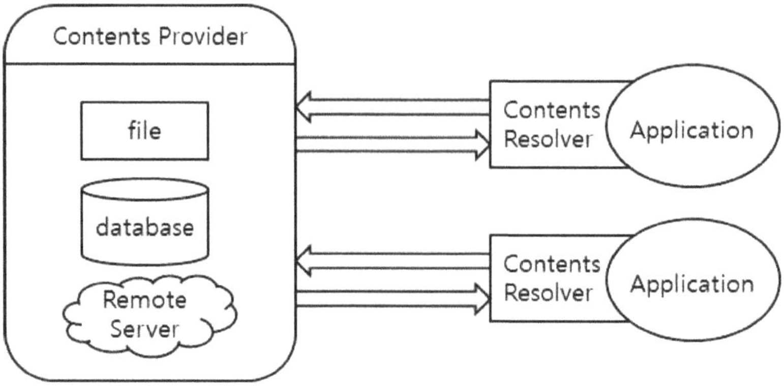

<그림 8-3> 컨텐츠 제공자

8.2.1 컨텐츠 제공자 식별

컨텐츠 제공자와 컨텐츠 제공자가 제공하는 데이터를 식별하기 위해서는 URI(Uniform Resource Identifier)를 사용한다. URI는 다음과 같은 형식으로 구성된다.

content://<authority>/<path>/<id>

authority는 컨텐츠 제공자를 식별하기 위해 사용하는 것으로 보통 컨텐츠 제공자의 패키지 이름을 사용한다. <path>는 컨텐츠의 종류를 구분하는 경로명이고, <id>는 데이터 하나를 구체적으로 지칭한다. URI의 예는 다음과 같은 것들이 있다.

content://browser/bookmarks
content://contacts/people
content://contacts/people/5

안드로이드에서 기본적으로 제공하는 URI는 다음과 같은 것들이 있으며, 각 컨텐츠를 사용하기 위해서는 적절한 접근권한(permission)이 있어야 한다.

[표 8-4] 중요한 접근 권한

컨텐츠 제공자	URI
브라우저 검색기록	Browser.SEARCH_URI
통화기록	CallLog.Calls.CONTENT_URI
전화번호	Phone.CONTENT_URI
주소록	Contacts.People.CONTENT_URI
외장 이미지	MediaStore.Image.Media.EXTERNAL_CONTENT_URI
외장 오디오	MediaStore.Audio.Media.EXTERNAL_CONTENT_URI
외장 동영상	MediaStore.Video.Media.EXTERNAL_CONTENT_URI

8.2.2 컨텐츠 제공자 접근

컨텐츠 제공자가 제공하는 데이터는 ContentResolver 형의 객체를 통해 접근할 수 있다. 시스템에서 제공하는 ContentResolver 형의 객체는 getContentResolver() 메서드를 통해 얻을 수 있다.

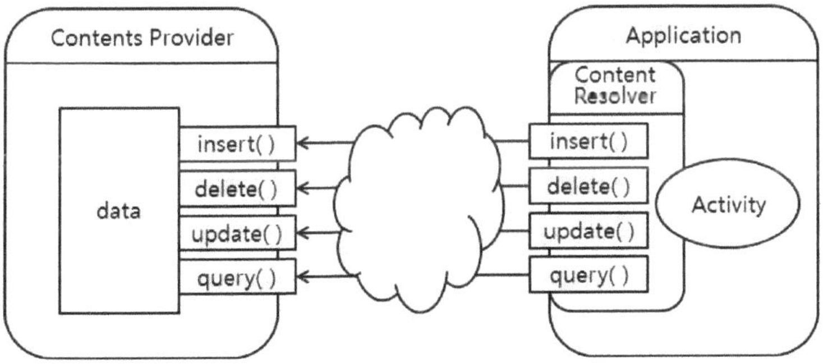

<그림 8-4> 컨텐츠 제공자 접근

컨텐츠 제공자와 컴텐츠 리졸버는 다른 어플리케이션에 속하기 때문에 프로세스간 통신(IPC : InterProcess Communication)을 통해서 이루어진다. 컨텐츠 리졸버가 제공하는 메서드는 데이터베이스가 제공하는 것과 같은 insert(), delete(), update(), query() 메서드이다. 어플리케이션은 이 메서드들을 통해서

데이터베이스에서와 동일한 방법으로 컨텐츠 제공자에게 데이터를 추가, 삭제, 수정, 조회를 요청할 수 있다. 컨텐츠 리졸버의 메서드 중에서 많이 사용하는 메서드는 다음과 같은 것들이 있다.

```
final Uri  insert(Uri url, ContentValues values);
final int delete(Uri url, String where, String[] selectionArgs);
final int update(Uri uri, ContentValues values, String where,
                    String[] selectionArgs);
final Cursor query(Uri uri, String[] projection, String selection,
                    String[] selectionArgs, String sortOrder);
```

query() 메서드에서 projection은 조회할 컬럼의 이름을 담은 배열이다. 컬럼 이름은 컨텐츠 제공자마다 다르게 정의되어 있으므로 컨텐츠 제공자마다 적절한 이름을 사용해야 한다. 나머지 인수들의 의미는 데이터베이스가 제공하는 메서드에서와 동일하다.

8.2.3 컨텐츠 제공자에서 이미지 조회

컨텐츠 제공자마다 제공하는 데이터가 다르기 때문에 적절한 데이터 컬럼 이름을 알아야 한다. 예를 들면, 외장 메모리인 SDCARD에 있는 이미지를 제공하는 컨텐츠 제공자는 BaseColumns, MediaStore.MediaColumns, MediaStore.Images.ImageColumns에서 정의되어 있는 모든 컬럼을 이용할 수 있고 이들을 모두 MediaStore.Images.Media를 통해 접근할 수 있다. 그 중에서 중요한 컬럼은 다음과 같다.

[표 8-5] 이미지의 주요 속성

컬럼이름	내용
_ID	컬럼의 고유한 아이디
DATA	이미지 파일의 절대 경로명
DISPLAY_NAME	표시 이름(파일 이름)
DATE_TAKEN	사진을 찍은 날짜

SIZE	크기
ORIENTATION	이미지의 방향(landscape/portrait)

DATA는 이미지 파일의 절대 경로명이고, DISPLAY_NAME은 그 중에서 파일 이름에 해당하는 부분이므로 사용할 때에는 DATA에 있는 경로명을 사용해야 한다. 또한 외장 메모리인 SDCARD에서 데이터를 가져오려면 AndroidManifest.xml 파일에 다음 권한을 설정해야 한다.

```
<uses-permission
  android:name="android.permission.READ_EXTERNAL_STORAGE"/>
```

이미지를 관리하는 컨텐츠 제공자인 MediaStore에서 이미지를 가져오는 프로그램의 중요한 부분은 다음과 같다.

```
    String[] proj = {
            MediaStore.Images.Media._ID,
            MediaStore.Images.Media.DATA,
            MediaStore.Images.Media.DISPLAY_NAME,
            MediaStore.Images.Media.SIZE
    };
    currentCursor = this.getContentResolver().query(
            MediaStore.Images.Media.EXTERNAL_CONTENT_URI, proj, null,
  null, null);
    currentCursor.moveToFirst();
```

에뮬레이터에 미디어(이미지/오디오)를 저장하는 방법
(1) Android Studio Tools → Android → Android Device Monitor 메뉴 선택한다. (2) 왼쪽 Device 탭에서 미디어를 저장할 에뮬레이터를 선택한다.

(3) 오른쪽에서 File 탭을 선택한다.
(4) /mnt/sdcard/Picrures(오디오는 /mnt/sdcard/Music)를 선택한다
(5) 오른쪽 상단의 push a file on to the device 아이콘을 클릭한다.
(6) 저장할 파일을 선택한다.
(7) 에뮬레이터에서 Dev Tools → Media Provider에서 Scan SD card를 실행한다.
(8) 이미지는 Gallery 로 확인할 수 있다.

예제8-2) res/layout/activity_main.xml

```
<?xml version=“1.0“ encoding=“utf-8“?>
<RelativeLayout
    xmlns:android=“http://schemas.android.com/apk/res/android“
    android:layout_width=“match_parent“
    android:layout_height=“match_parent“
    android:padding=“10dp“>
    <LinearLayout
        android:id=“@+id/cmdBox“
        android:layout_width=“match_parent“
        android:layout_height=“wrap_content“
        android:layout_alignParentBottom=“true“
        android:padding=“10dp“>
        <Button
            android:id=“@+id/next“
            android:layout_width=“wrap_content“
            android:layout_height=“wrap_content“
            android:layout_weight=“1“
            android:onClick=“clickNextImage“
            android:text=“Next“/>
        <Button
            android:id=“@+id/prev“
            android:layout_width=“wrap_content“
            android:layout_height=“wrap_content“
            android:layout_weight=“1“
            android:onClick=“clickPrevImage“
            android:text=“prev“/>
    </LinearLayout>
    <ImageView
        android:id=“@+id/imageview1“
        android:layout_width=“match_parent“
```

```
            android:layout_height="wrap_content"
            android:layout_alignParentTop="true"
            android:layout_above="@id/cmdBox"
            android:padding="10dp"
            android:scaleType="fitCenter"/>
</RelativeLayout>
```

예제8-2) java/..../MainActivity.java

```
public class MainActivity extends AppCompatActivity {
    ImageView imageView;
    Cursor currentCursor;
    //
    int COL_ID;
    int COL_NAME;
    int COL_DATA;
    int COL_SIZE;
    //
    @Override
    protected void onCreate(Bundle savedInstanceState) {
        super.onCreate(savedInstanceState);
        setContentView(R.layout.activity_main);
        //
        getImageList();
        //
        imageView = (ImageView)findViewById(R.id.imageview1);
        if (currentCursor.moveToFirst()) {
            showImage(currentCursor.getString(COL_DATA), imageView);
        }
    }
    //
    public void clickNextImage(View view) {
        if (currentCursor.moveToNext()) {
            showImage(currentCursor.getString(COL_DATA), imageView);
        }
    }
    //
    public void clickPrevImage(View view) {
        if (currentCursor.moveToPrevious()) {
            showImage(currentCursor.getString(COL_DATA), imageView);
        }
    }
    //
```

```
    private void getImageList()
    {
        String[] proj = {
                MediaStore.Images.Media._ID,
                MediaStore.Images.Media.DATA,
                MediaStore.Images.Media.DISPLAY_NAME,
                MediaStore.Images.Media.SIZE
        };
        currentCursor = this.getContentResolver().query(
            MediaStore.Images.Media.EXTERNAL_CONTENT_URI, proj, null, null, null);
        currentCursor.moveToFirst();
        //
        COL_ID = currentCursor.getColumnIndex(proj[0]);
        COL_DATA = currentCursor.getColumnIndex(proj[1]);
        COL_NAME = currentCursor.getColumnIndex(proj[2]);
        COL_SIZE = currentCursor.getColumnIndex(proj[3]);
    }
    //
    private void showImage(String pathname, ImageView view)
    {
        Bitmap bmp = BitmapFactory.decodeFile(pathname);
        imageView.setImageBitmap(bmp);
    }
}
```

컨텐츠 제공자에서 이미지를 가져오는 메서드인 getImageList()는 가져올 이미지의 정보에 해당하는 컬럼 이름들을 먼저 라인 37에서 배열 proj로 만든다. 라인 43에서는 이미지를 관리하는 컨텐츠 제공자에게 query() 메서드를 사용해서 데이터를 조회해서 결과 집합을 생성한 다음에 라인 47 ~ 라인 50에서 컬럼 이름에 해당하는 컬럼의 인덱스를 얻는다. 이 컬럼 인덱스는 이후에 컬럼의 값을 가져올 때 사용한다.

ImageView에 이미지를 표시하는 방법은 여러 가지가 있는데 여기서는 라인 55에서 이미지의 경로명으로 비트맵을 생성해서 라인 56에서 ImageView에 표시하도록 했다.

8.2.4 컨텐츠 제공자에서 오디오 조회

외장 메모리인 SDCARD에 있는 오디오를 제공하는 컨텐츠 제공자는 BaseColumns, MediaStore.MediaColumns, MediaStore.Audio.AudioColumns에서 정의되어 있는 모든 컬럼을 이용할 수 있고 이들을 모두 MediaStore.Audio.Media를 통해 접근할 수 있다. 그 중에서 중요한 컬럼은 [표 8-6]과 같다.

[표 8-6] Audio의 중요한 컬럼

컬럼이름	내용
_ID	컬럼의 고유한 아이디
ARTIST	제작자
TITLE	제목
DATA	오디오 파일의 절대 경로명
DISPLAY_NAME	표시 이름(파일 이름)
DURATION	밀리초 단위의 재생시간

DATA는 오디오 파일의 절대 경로명이고, DISPLAY_NAME은 그 중에서 파일 이름에 해당하는 부분이므로 사용할 때에는 DATA에 있는 경로명을 사용해야 한다. 또한 외장 메모리인 SDCARD에서 오디오 데이터를 가져오려면 AndroidManifest.xml 파일에 다음 권한을 설정해야 한다.

```
<uses-permission
   android:name="android.permission.READ_EXTERNAL_STORAGE"/>
```

오디오를 관리하는 컨텐츠 제공자인 MediaStore에서 오디오 데이터를 가져오는 프로그램의 중요한 부분은 다음과 같다.

```
   String[] proj = {
               MediaStore.Audio.Media._ID,
               MediaStore.Audio.Media.ARTIST,
               MediaStore.Audio.Media.TITLE,
               MediaStore.Audio.Media.DATA,
               MediaStore.Audio.Media.DISPLAY_NAME,
               MediaStore.Audio.Media.DURATION
       };
   currentCursor = this.getContentResolver().query(
       MediaStore.Audio.Media.EXTERNAL_CONTENT_URI, proj, null, null,
 null);
   currentCursor.moveToFirst();
```

예제8-3)은 미디어 스토어에 있는 오디오 리스트를 가져와서 먼저 리스트뷰에 제목과 파일 경로명을 나열한 다음에 리스트뷰의 아이템을 클릭하면 클릭한 오디오를 재생하는 프로그램이다. 프로그램은 두 개의 액티비티로 구성되는데 MainActivity는 미디어 스토어에서 오디오 리스트를 가져와서 리스트뷰에 나열하는 액티비티이고, PlayerActivity는 리스트뷰에서 클릭된 오디오를 재생하는 액티비티이다.

예제8-3) res/layout/activity_main.xml

```
<?xml version="1.0" encoding="utf-8"?>
<RelativeLayout
     xmlns:android="http://schemas.android.com/apk/res/android"
     android:layout_width="match_parent"
```

```
    android:layout_height="match_parent“
    android:padding="10dp“>
    <ListView
        android:id="@+id/listview“
        android:layout_width="match_parent“
        android:layout_height="wrap_content“
        android:divider="#FF444444“
        android:dividerHeight="1dp“
        android:layout_alignParentTop="true“ />
</RelativeLayout>
```

예제8-3) res/layout/list_row.xml

```
<?xml version="1.0“ encoding="utf-8“?>
<LinearLayout
    xmlns:android="http://schemas.android.com/apk/res/android“
    android:layout_width="match_parent“
    android:layout_height="match_parent“
    android:orientation="vertical“>
    <TextView
        android:id="@+id/row_title“
        android:layout_width="match_parent“
        android:layout_height="30dp“
        android:gravity="center_vertical“
        android:textSize="20sp“/>
    <TextView
        android:id="@+id/row_name“
        android:layout_width="match_parent“
        android:layout_height="30dp“
        android:gravity="center_vertical“/>
</LinearLayout>
```

예제8-3) res/layout/activity_player.xml

```
<?xml version="1.0“ encoding="utf-8“?>
<RelativeLayout  xmlns:android="http://schemas.android.com/apk/res/android“
    android:layout_width="match_parent“
    android:layout_height="match_parent“
    android:padding="10dp“>
    <TextView
        android:id="@+id/player_title“
        android:layout_width="match_parent“
        android:layout_height="wrap_content“
```

```
            android:layout_alignParentTop=“true“
            android:layout_marginTop=“20dp“
            android:textSize=“20sp“/>
        <TextView
            android:id=“@+id/player_name“
            android:layout_width=“match_parent“
            android:layout_height=“wrap_content“
            android:layout_below=“@id/player_title“
            android:layout_marginTop=“10dp“/>
        <LinearLayout
            android:layout_width=“match_parent“
            android:layout_height=“wrap_content“
            android:layout_alignParentBottom=“true“
            android:padding=“10dp“>
            <Button
                android:id=“@+id/player_play“
                android:layout_width=“wrap_content“
                android:layout_height=“50dp“
                android:layout_weight=“1“
                android:onClick=“clickPlay“
                android:text=“Play“/>
            <Button
                android:id=“@+id/player_stop“
                android:layout_width=“wrap_content“
                android:layout_height=“50dp“
                android:layout_weight=“1“
                android:onClick=“clickStop“
                android:text=“stop“/>
        </LinearLayout>
    </RelativeLayout>
```

예제8-3) java/....MainActivity.java

```
public class MainActivity extends AppCompatActivity {
    Cursor currentCursor;
    //
    int COL_ID;
    int COL_ARTIST;
    int COL_TITLE;
    int COL_NAME;
    int COL_DATA;
    int COL_SIZE;
    //
    private ListAdapter adapter;
```

```
    private ListView listView;
    //
    @Override
    protected void onCreate(Bundle savedInstanceState) {
        super.onCreate(savedInstanceState);
        setContentView(R.layout.activity_main);
        //
        getAudioList();
        // get reference of list & adapter
        listView = (ListView) findViewById(R.id.listview);
        listView.setOnItemClickListener(itemClickListener);
        adapter = new ListAdapter(this);
        listView.setAdapter(adapter);
    }
    @Override
    protected void onResume() {
        super.onResume();
        adapter.notifyDataSetChanged();
    }
    @Override
    protected void onPause() {
        super.onPause();
    }
    // ///////////////////////////////////////////////////////////////////////////
    AdapterView.OnItemClickListener itemClickListener = new AdapterView.OnItemClickListener() {
        public void onItemClick(AdapterView<?> parent, View view, int position, long id) {
            currentCursor.moveToPosition(position);
            Intent i = new Intent(MainActivity.this, PlayerActivity.class);
            currentCursor.moveToPosition(position);
            String audioPath = currentCursor.getString(COL_DATA);
            i.putExtra(“filename“, audioPath);
            String audioName = currentCursor.getString(COL_NAME);
            i.putExtra(“name“, audioName);
            String audioTitle = currentCursor.getString(COL_TITLE);
            i.putExtra(“title“, audioTitle);
            startActivity(i);

        }
    };
    // ///////////////////////////////////////////////////////////////////////////
    private void getAudioList()  {
        String[] proj = {
```

```
                    MediaStore.Audio.Media._ID,
                    MediaStore.Audio.Media.ARTIST,
                    MediaStore.Audio.Media.TITLE,
                    MediaStore.Audio.Media.DATA,
                    MediaStore.Audio.Media.DISPLAY_NAME,
                    MediaStore.Audio.Media.DURATION
            };
            currentCursor = this.getContentResolver().query(
                    MediaStore.Audio.Media.EXTERNAL_CONTENT_URI, proj, null, null, null);

            currentCursor.moveToFirst();
            //
            COL_ID = currentCursor.getColumnIndex(proj[0]);
            COL_ARTIST = currentCursor.getColumnIndex(proj[1]);
            COL_TITLE = currentCursor.getColumnIndex(proj[2]);
            COL_DATA = currentCursor.getColumnIndex(proj[3]);
            COL_NAME = currentCursor.getColumnIndex(proj[4]);
            COL_SIZE = currentCursor.getColumnIndex(proj[5]);
        }
        // ////////////////////////////////////////////////////////////////////////////
        public class ListAdapter extends BaseAdapter {
            Context my_context;

            ListAdapter(Context context) {
                my_context = context;
            }

            @Override
            public Object getItem(int position) { return null;      }
            @Override
            public long getItemId(int position) { return 0;         }
            @Override
            public int getCount() { return currentCursor.getCount();  }
            //
            public View getView(int position, View convertView, ViewGroup parent) {
                ListViewHolder viewHolder;
                //
                if (convertView == null) {
                    LayoutInflater inflater = (LayoutInflater) my_context.getSystemService(Context.LAYOUT_INFLATER_SERVICE);
                    convertView = inflater.inflate(R.layout.list_row, parent, false);
                    //
```

```
                    viewHolder = new ListViewHolder();
                    viewHolder.nameView =
(TextView)convertView.findViewById(R.id.row_name);
                    viewHolder.titleView = (TextView)
convertView.findViewById(R.id.row_title);
                    convertView.setTag(viewHolder);
                } else {
                    viewHolder = (ListViewHolder) convertView.getTag();
                }
                //
                currentCursor.moveToPosition(position);
                //
                viewHolder.nameView.setText(currentCursor.getString(COL_NAME));
                viewHolder.titleView.setText(currentCursor.getString(COL_TITLE));
                //
                return convertView;
            }

            private class ListViewHolder {
                TextView titleView;
                TextView nameView;
            };
        }
}
```

예제8-3) java/..../PlayerActivity.java

```
public class PlayerActivity extends AppCompatActivity {
    MediaPlayer mPlayer;

    @Override
    protected void onCreate(Bundle savedInstanceState) {
        super.onCreate(savedInstanceState);
        setContentView(R.layout.activity_player);
        //
        Bundle extras = getIntent().getExtras();
        String audioPath = extras.getString(“filename“);
        ((TextView)findViewById(R.id.player_name)).setText(“name : “ +
extras.getString(“name“));
        ((TextView)findViewById(R.id.player_title)).setText(“title : “ +
extras.getString(“title“));
        //
        try {
            mPlayer = new MediaPlayer();
```

```
                mPlayer.setDataSource(audioPath);
            } catch (Exception e) { }
        }
        //
        @Override
        protected void onDestroy() {
            super.onDestroy();
            mPlayer.stop();
        }
        //
        public void clickPlay(View view) {
            try {
                mPlayer.prepare();
                mPlayer.start();
            } catch(Exception e) { }
        }
        //
        public void clickStop(View view) {
            mPlayer.stop();
        }
}
```

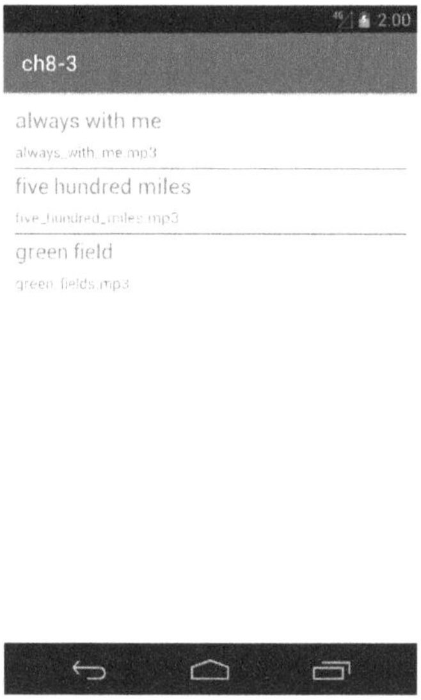

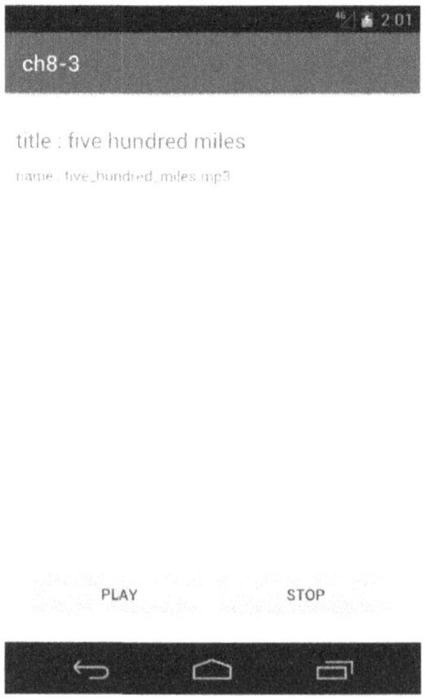

MainActivity에서는 오디오 정보 중에서 오디오의 타이틀과 오디오 파일의 경로명을 리스트뷰에 보여준다. 따라서 리스트뷰의 아이템인 list_row.xml은

두 개의 TextView로 구성된다. 리스트의 아이템을 클릭하면 오디오 정보 중에서 오디오 파일의 경로명과 타이틀을 라인 47에서 인텐트의 엑스트라를 통해서 PlayerActivity에게 넘겨준다.

PlayerActivity는 MainActivity에서 넘겨준 정보들을 받아서 MediaPlayer를 이용해서 오디오를 재생한다. 오디오를 재생하기 위해 먼저 라인 15에서 MediaPlayer 객체를 생성한 다음에 라인 16에서 재생할 오디오 파일의 경로명을 설정한다. 실재 오디오의 재생은 라인 28, 라인 29에서 start() 메서드를 호출하면 시작된다.

[실습 과제 8-1]

두 개의 액티비티와 데이터베이스를 사용해서 아래 그림과 같이 동작하는 프로그램을 작성하시오.

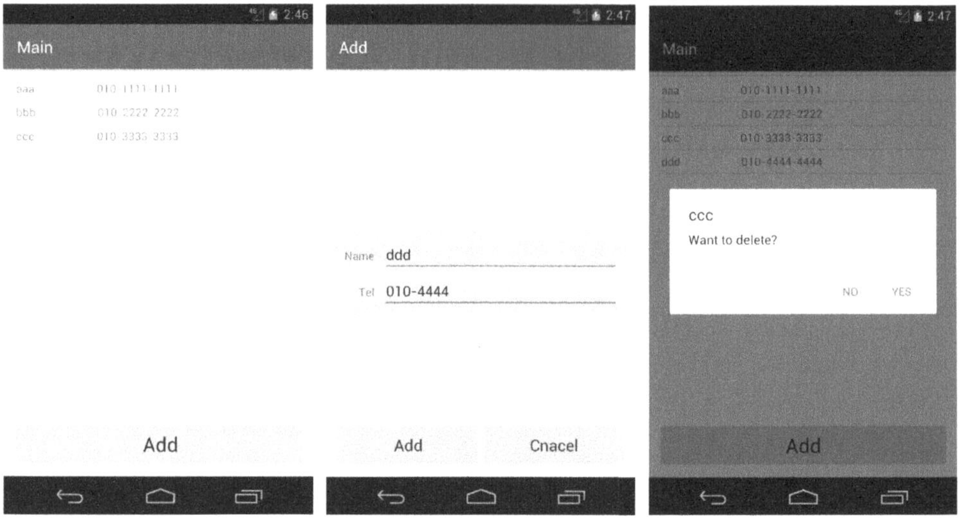

(1) 데이터베이스 레코드는 (이름, 전화번호)로 구성된다.
(2) MainActivity는 데이터베이스의 내용을 리스트뷰로 보여준다.
(3) MainActivity의 Add 버튼을 터치하면 AddActivity가 실행된다.
(4) AddActivity는 이름과 전화번호를 입력할 수 있다. 이름과 전화번호를 입력하고 Add 버튼을 터치하면 입력된 내용이 즉시 데이터베이스에 저장되고 종료된다. Cancel 버튼을 터치하면 내용이 입력되지 않고 종료된다.
(5) MainActivity로 돌아오면 입력된 내용이 보인다.
(6) MainActivity에서 item을 터치하면 item을 삭제할 수 있는 대화상자가 보인다. 대화상자에서 YES를 터치하면 그 item이 삭제된다. NO를 터치하면 삭제되지 않는다.

9 장 서비스와 방송 수신자

9. 서비스와 방송 수신자

안드로이드의 네 가지 컴포넌트 중의 하나인 서비스(Service)는 화면없이 백그라운드로 동작하는 컴포넌트이다. 주로 화면이 종료되어도 동작하는 오디오 재생과 같은 백그라운드로 동작하는 작업을 수행한다. 방송 수신자(Broadcast Receiver)도 네 가지 컴포넌트 중의 하나인데, 다른 어플리케이션 혹은 시스템에서 보내주는 방송 메시지를 받아서 동작한다. SMS 메세지의 수신이나 SDCARD나 배터리와 같은 시스템 요소들의 상태 변경 메시지를 받아서 처리한다.

9.1 서비스

서비스는 백그라운드로 동작하며 사용자 인터페이스를 가지지 않는다. 따라서 다른 컴포넌트가 동작을 시작시켜 주어야 동작할 수 있다. 서비스는 동작 방식에 따라 연결 타입 서비스(bound service)와 시작 타입 서비스(started service)가 있다.

연결 타입 서비스는 액티비티의 시작 요청에 따라 동작을 시작해서 실행 결과를 반환하고 액티비티가 연결을 종료하거나 액티비티가 종료하면 같이 종료한다. 반면 시작 타입 서비스는 액티비티나 다른 컴포넌트의 시작 요청에 따라 시작하는 것으로 액티비티가 종료해도 백그라운드에서 계속 동작할 수 있다. 그러나 실행 결과를 호출자에게 반환하지는 못한다. 여기서는 더 많이 사용하는 시작 타입 서비스만 설명한다.

9.1.1 시작 타입 서비스

시작 타입 서비스는 액티비티나 다른 컴포넌트가 startService() 메서드를 사용해서 시작시킨다. 서비스는 자신의 작업을 완료하면 스스로 종료하거나, 다른 컴포넌트가 stopService()로 종료시킬 수 있다.

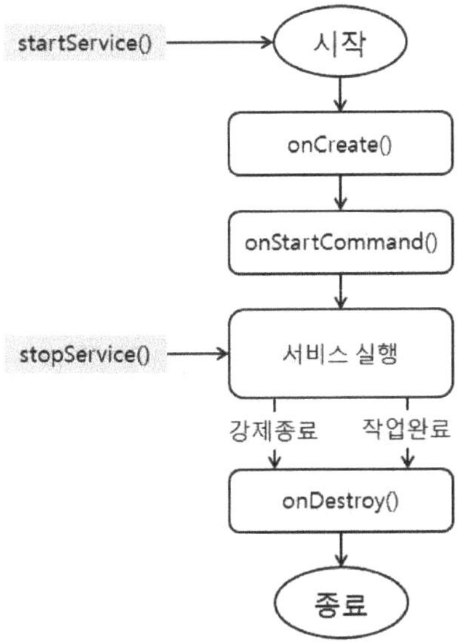

<그림 9-1> 서비스의 동작

다른 컴포넌트의 startService()로 서비스가 최초로 시작되면 onCreate() 메서드가 호출된다. 만약 서비스가 이미 동작하고 있을 때 startService()로 다시 시작하면 onCreate()는 실행되지 않는다. 어떤 경우든 startService()가 호출되면 이어서 서비스의 onStartCommand()가 호출된다. 따라서 이 이벤트 핸들러 메서드에서는 인수로 주어진 인텐트에 의해 제시된 수행해야 할 동작을 수행하도록 한다. 서비스는 자신의 작업을 종료하면 자동으로 onDestroy()를 실행하고 종료한다. 다른 컴포넌트의 stopService()에 의해 강제로 종료될 수도 있고, 자신이 호출한 stopSelf()에 의해 스스로 종료할 수도 있다.

9.1.2 서비스를 이용한 음악 재생

액티비티와 별도로 실행되어야 하는 음악 재생 기능은 서비스로 구현하는 것이 적합하다. 예제 9-1)은 미디어 스토어에서 외장 메모리에 있는 오디오 리스트를 가져와서 서비스에서 재생하는 프로그램을 작성한다. 이 프로그램은 오디오 리스트를 보여주는 액티비티가 종료해도 서비스는 종료하지 않고 음악은 계속 재생된다.

예제9-1)은 예제8-3)과 같은 기능을 하는데, 액티비티가 아닌 서비스를 이용해서 음악을 재생하는 프로그램이다. MainActivity에서는 미디어 스토어에 있는 오디오 리스트를 가져와서 리스트뷰로 보여주고, 리스트의 아이템을 클릭하면 클릭된 아이템의 오디오를 서비스가 재생하도록 한다.

예제9-1) AndroidManifest.xml

```
<?xml version=“1.0“ encoding=“utf-8“?>
<manifest xmlns:android=“http://schemas.android.com/apk/res/android“
    package=“com.example.ch9_1“>

    <application
        android:allowBackup=“true“
        android:icon=“@mipmap/ic_launcher“
        android:label=“@string/app_name“
        android:roundIcon=“@mipmap/ic_launcher_round“
        android:supportsRtl=“true“
        android:theme=“@style/AppTheme“>
        <activity android:name=“.MainActivity“>
            <intent-filter>
                <action android:name=“android.intent.action.MAIN“ />

                <category android:name=“android.intent.category.LAUNCHER“ />
            </intent-filter>
        </activity>
        <service android:name=“.PlayerService“ />
    </application>

</manifest>
```

예제9-1) res/layout/activity_main.xml

```
<?xml version=“1.0“ encoding=“utf-8“?>
<RelativeLayout
    xmlns:android=“http://schemas.android.com/apk/res/android“
    android:layout_width=“match_parent“
    android:layout_height=“match_parent“
    android:padding=“10dp“>
    <Button
        android:id=“@+id/stopPlayer“
        android:layout_width=“match_parent“
        android:layout_height=“wrap_content“
        android:layout_alignParentBottom=“true“
        android:enabled=“false“
```

```
            android:onClick=“clickStop“
            android:text=“Stop“/>
        <ListView
            android:id=“@+id/listview“
            android:layout_width=“match_parent“
            android:layout_height=“wrap_content“
            android:divider=“#FF444444“
            android:dividerHeight=“1dp“
            android:layout_alignParentTop=“true“
            android:layout_above=“@id/stopPlayer“/>
</RelativeLayout>
```

예제9-1) res/layout/list_row.xml

```
<?xml version=“1.0“ encoding=“utf-8“?>
<RelativeLayout
        xmlns:android=“http://schemas.android.com/apk/res/android“
        android:layout_width=“match_parent“
        android:layout_height=“match_parent“
        android:padding=“10dp“>
        <Button
            android:id=“@+id/stopPlayer“
            android:layout_width=“match_parent“
            android:layout_height=“wrap_content“
            android:layout_alignParentBottom=“true“
            android:enabled=“false“
            android:onClick=“clickStop“
            android:text=“Stop“/>
        <ListView
            android:id=“@+id/listview“
            android:layout_width=“match_parent“
            android:layout_height=“wrap_content“
            android:divider=“#FF444444“
            android:dividerHeight=“1dp“
            android:layout_alignParentTop=“true“
            android:layout_above=“@id/stopPlayer“/>
</RelativeLayout>
```

예제9-1) java/..../MainActivity.java

```
public class MainActivity extends AppCompatActivity {
        Cursor currentCursor;
        //
```

```
    int COL_ID;
    int COL_ARTIST;
    int COL_TITLE;
    int COL_NAME;
    int COL_DATA;
    int COL_SIZE;
    //
    private ListAdapter adapter;
    private ListView listView;
    //
    @Override
    protected void onCreate(Bundle savedInstanceState) {
        super.onCreate(savedInstanceState);
        setContentView(R.layout.activity_main);
        //
        getAudioList();
        // get reference of list & adapter
        listView = (ListView) findViewById(R.id.listview);
        listView.setOnItemClickListener(itemClickListener);
        adapter = new ListAdapter(this);
        listView.setAdapter(adapter);
        //
        if (PlayerService.isRunning()) {
            ((Button)findViewById(R.id.stopPlayer)).setEnabled(true);
        } else {
            ((Button)findViewById(R.id.stopPlayer)).setEnabled(false);
        }
    }
    @Override
    protected void onResume() {
        super.onResume();
        adapter.notifyDataSetChanged();
    }
    //
    public void clickStop(View view) {
        Intent intent = new Intent(MainActivity.this, PlayerService.class);
        stopService(intent);
        ((Button)findViewById(R.id.stopPlayer)).setEnabled(false);
    }
    // ////////////////////////////////////////////////////////////////////////
    AdapterView.OnItemClickListener itemClickListener = new AdapterView.OnItemClickListener() {
        public void onItemClick(AdapterView<?> parent, View view, int position, long id) {
```

```
                currentCursor.moveToPosition(position);
                Intent intent = new Intent(MainActivity.this, PlayerService.class);
                currentCursor.moveToPosition(position);
                String audioPath = currentCursor.getString(COL_DATA);
                intent.putExtra(“filename“, audioPath);
                String audioName = currentCursor.getString(COL_NAME);
                intent.putExtra(“name“, audioName);
                String audioTitle = currentCursor.getString(COL_TITLE);
                intent.putExtra(“title“, audioTitle);
                startService(intent);
                ((Button)findViewById(R.id.stopPlayer)).setEnabled(true);
            }
        };
        // ////////////////////////////////////////////////////////////////////////////
        private void getAudioList()  {
            String[] proj = {
                    MediaStore.Audio.Media._ID,
                    MediaStore.Audio.Media.ARTIST,
                    MediaStore.Audio.Media.TITLE,
                    MediaStore.Audio.Media.DATA,
                    MediaStore.Audio.Media.DISPLAY_NAME,
                    MediaStore.Audio.Media.DURATION
            };
            currentCursor = this.getContentResolver().query(
                    MediaStore.Audio.Media.EXTERNAL_CONTENT_URI, proj, null, null, null);

            currentCursor.moveToFirst();
            //
            COL_ID = currentCursor.getColumnIndex(proj[0]);
            COL_ARTIST = currentCursor.getColumnIndex(proj[1]);
            COL_TITLE = currentCursor.getColumnIndex(proj[2]);
            COL_DATA = currentCursor.getColumnIndex(proj[3]);
            COL_NAME = currentCursor.getColumnIndex(proj[4]);
            COL_SIZE = currentCursor.getColumnIndex(proj[5]);
        }
        // ////////////////////////////////////////////////////////////////////////////
        public class ListAdapter extends BaseAdapter {
            Context my_context;

            ListAdapter(Context context) {
                my_context = context;
            }

```

```
        @Override
        public Object getItem(int position) { return null;     }
        @Override
        public long getItemId(int position) { return 0;        }
        @Override
        public int getCount() { return currentCursor.getCount();  }
        //
        public View getView(int position, View convertView, ViewGroup parent)
{
            ListViewHolder viewHolder;
            //
            if (convertView == null) {
                LayoutInflater inflater = (LayoutInflater)
my_context.getSystemService(Context.LAYOUT_INFLATER_SERVICE);
                convertView = inflater.inflate(R.layout.list_row, parent, false);
                //
                viewHolder = new ListViewHolder();
                viewHolder.nameView = (TextView)
convertView.findViewById(R.id.row_name);
                viewHolder.titleView = (TextView)
convertView.findViewById(R.id.row_title);
                convertView.setTag(viewHolder);
            } else {
                viewHolder = (ListViewHolder) convertView.getTag();
            }
            //
            currentCursor.moveToPosition(position);
            //
            viewHolder.nameView.setText(currentCursor.getString(COL_NAME));
            viewHolder.titleView.setText(currentCursor.getString(COL_TITLE));
            //
            return convertView;
        }
        //
        private class ListViewHolder {
            TextView titleView;
            TextView nameView;
        };
    }
}
```

예제9-1) java/..../PlayerService.java

```
public class PlayerService extends Service {
```

```
    static boolean running;
    MediaPlayer mPlayer;
    String title;

    @Override
    public IBinder onBind(Intent intent) { return null;     }
    @Override
    public void onCreate() {
        mPlayer = new MediaPlayer();
        running = true;
    }
    @Override
    public void onDestroy() {
        mPlayer.stop();
        running = false;
    }
    @Override
    public int onStartCommand(Intent intent, int flags, int startId) {
        Bundle extras = intent.getExtras();
        String audioPath = extras.getString(“filename“);
        title = extras.getString(“title“);
        try {
            mPlayer.setDataSource(audioPath);
            mPlayer.setLooping(false);
            mPlayer.prepare();
            mPlayer.start();
            mPlayer.setOnCompletionListener(completionListener);
        } catch (Exception e) {
            running = false;
            stopSelf();
        }

        return super.onStartCommand(intent, flags, startId);
    }

    MediaPlayer.OnCompletionListener completionListener =
                            new MediaPlayer.OnCompletionListener()  {
        @Override
        public void onCompletion(MediaPlayer mp) {
            running = false;
            stopSelf();
        }
    };

```

```
46        static public boolean isRunning() {
47            return running;
48        }
49    }
```

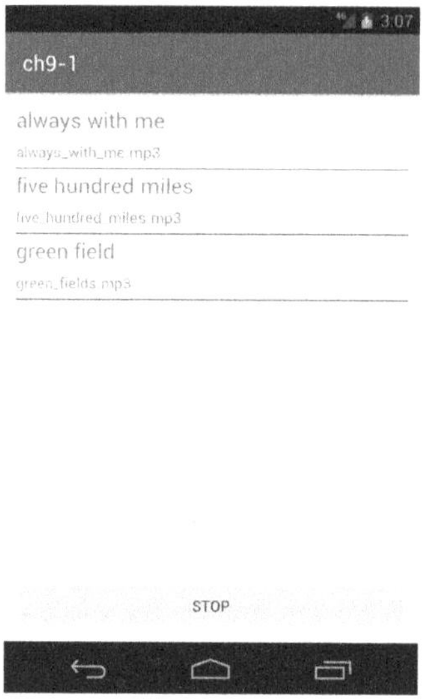

MainActivitysms 먼저 라인 19에서 호출한 라인 60에 있는 getAudioList() 메서드에서 미디어 스토어에 있는 오디오 리스트를 자져와서 리스트 뷰에 보여 준다. 리스트뷰에 오디오 리스트를 보여주기 위해 라인 21 ~ 라인 24에서 리스트뷰와 커스텀 어뎁터인 라인 82의 ListAdapter를 연결한다.

MainActivity에서 리스트 아이템이 클릭되면 그 아이템의 오디오 타이틀과 파일의 경로명을 라인 55에서 인텐트를 통해서 서비스에게 넘겨준다. 이 때 서비스 PalyerService가 실행되고 있지 않으면 실행이 시작되고 라인 19의 onStartCommand()가 호출되어 오디오의 파일명이 설정된 다음에 라인 27에서 오디오가 재생된다. 서비스는 라인 28에서 OnCompletionListener를 설정해서 오디오의 재생이 완료되면 라인 40의 onCompletion()이 실행되어 라인 31의 selfStop()에 의해 서비스가 종료되게 한다.

서비스는 오디오가 재생되는 동안에는 MainActivity가 종료되더라도 백그라운드로 계속 실행되고 있는데, MainActivity의 라인 40에서 stopService()를 호출하면 PlayerService의 라인 14에 있는 onDestroy()가 실행되어 오디오 재생이 정지된 다음에 서비스도 종료한다.

9.2 방송 수신자

방송 수신자는 다른 컴포넌트나 시스템의 방송 메시지를 받아 실행을 시작한다. 시스템의 부팅 완료, 문자 메시지 수신, 배터리 상태 보고 등과 같은 많은 방송 메시지들이 시스템에서 발생하므로 어플리케이션은 이들을 방송 수신자를 통해 받을 수 있다. 지정된 시간에 프로그램이 실행되게 하는 알람이나 홈 화면에 작은 화면을 차지하여 배치되는 어플리케이션 위젯도 방송 수신자의 일종이다.

방송 수신자는 AndroidManifest.xml 파일에 receiver 컴포넌트로 등록된다. 어플리케이션이 방송 메시지를 받으려면 AndroidManifest.xml 파일에 프로그램이 수신하고자 하는 방송 메시지를 인텐트 필터로 등록해 두어야 한다. 또한 방송 메시지마다 특정 접근 권한이 필요할 수 있으므로 이들도 표시해 주어야 한다. 예를 들면, 시스템의 부팅이 완료되었음을 감지해서 동작하는 Receiver는 AndroidManifest.xml 파일에 다음과 같이 등록해야 한다.

```
<manifest>
    <application>
        ........
        <receiver android:name="“.ScreenOffReceiver“>
            <intent-filter>
                <action
android:name="“android.intent.action.BOOT_COMPLETED“/>
            </intent-filter>
        </receiver>
    </application>
    <uses-permission

android:name="“android.permission.RECEIVE_BOOT_COMPLETED“/>
</manifest>
```

방송 수신자는 BroadcastReceiver 클래스를 상속받아서 만드는네, 그 내부에 있는 추상 메서드 onReceive()를 구현해야 한다.

```
public class TestReceiver extends BroadcastReceiver {
    @Override
    public void onReceive(Context context, Intent intent) {
        // 필요한 작업 수행
    }
}
```

onReceive() 메서드는 간단한 작업만 수행하게 하기 위해 시스템은 onReceive()가 10초 이상 실행되면 강제로 종료시킨다. 따라서 방송 수신자가 오랜 시간이 필요한 작업을 하려면 내부에서 쓰레드를 생성해서 작업을 시키거나, 다른 서비스나 액티비티를 실행시켜서 작업을 처리하게 해야 한다.

9.2.1 방송 수신자를 이용한 SMS 메시지 수신

SMS 메시지를 수신하는 방송 수신자는 매니페스트 파일에서 SMS_RECEIVED 인텐트를 받도록 해야 하고, RECEIVE_SMS, READ_SMS 권한을 요청해야 한다. SMS 수신과 같은 정적인 방송 수신자는 한 번에 하나의 수신자만 받을 수 있는데, 받는 순서는 우선순위가 높은 순서로 받으므로 인텐트 필터에서 우선순위를 높은 값(큰 숫자)으로 지정해야 한다.

예제9-2) manifests/AndroidManifest.xml

```
<?xml version="1.0“ encoding="utf-8“?>
<manifest xmlns:android="http://schemas.android.com/apk/res/android“
    package="com.example.ch9_2“>

    <application
        android:allowBackup="true“
        android:icon="@mipmap/ic_launcher“
        android:label="@string/app_name“
        android:roundIcon="@mipmap/ic_launcher_round“
        android:supportsRtl="true“
        android:theme="@style/AppTheme“>
```

```
        <activity android:name=“.MainActivity“>
            <intent-filter>
                <action android:name=“android.intent.action.MAIN“ />

                <category android:name=“android.intent.category.LAUNCHER“ />
            </intent-filter>
        </activity>

        <receiver android:name=“.SMSReceiver“ android:exported=“true“ >
            <intent-filter android:priority=“2147483647“ >
                <action
android:name=“android.provider.Telephony.SMS_RECEIVED“ />
            </intent-filter>
        </receiver>
    </application>
    <uses-permission android:name=“android.permission.RECEIVE_SMS“/>
</manifest>
```

예제9-2) res/layout/activity_main.xml

```
<?xml version=“1.0“ encoding=“utf-8“?>
<LinearLayout xmlns:android=“http://schemas.android.com/apk/res/android“
    android:layout_width=“match_parent“
    android:layout_height=“match_parent“>
    <TextView
        android:layout_width=“wrap_content“
        android:layout_height=“wrap_content“
        android:text=“Hello World!“/>
</LinearLayout>
```

예제9-2) java/..../MainActivity.java

```
public class MainActivity extends AppCompatActivity {

    @Override
    protected void onCreate(Bundle savedInstanceState) {
        super.onCreate(savedInstanceState);
        setContentView(R.layout.activity_main);
        //
        finish();
    }
}
```

예제9-2) java/..../SMSReceiver.java

```
public class SMSReceiver extends BroadcastReceiver {
    private Bundle bundle;
    private SmsMessage currentSMS;
    private String message;

    @Override
    public void onReceive(Context context, Intent intent) {
        bundle = intent.getExtras();
        if (bundle != null) {
            Object[] pdu_Objects = (Object[]) bundle.get(“pdus“);
            if (pdu_Objects != null) {
                for (Object aObject : pdu_Objects) {
                    currentSMS = getIncomingMessage(aObject, bundle);
                    String senderNo = currentSMS.getDisplayOriginatingAddress();
                    message = currentSMS.getDisplayMessageBody();
                    Toast.makeText(context, “From “ + senderNo + “: “ + message ,
                              Toast.LENGTH_LONG).show();
                }
                this.abortBroadcast();
            }
        }
    }

    private SmsMessage getIncomingMessage(Object aObject, Bundle bundle) {
        SmsMessage currentSMS;
        if (Build.VERSION.SDK_INT >= Build.VERSION_CODES.M) {
            String format = bundle.getString(“format“);
            currentSMS = SmsMessage.createFromPdu((byte[]) aObject, format);
        } else {
            currentSMS = SmsMessage.createFromPdu((byte[]) aObject);
        }
        return currentSMS;
    }
}
```

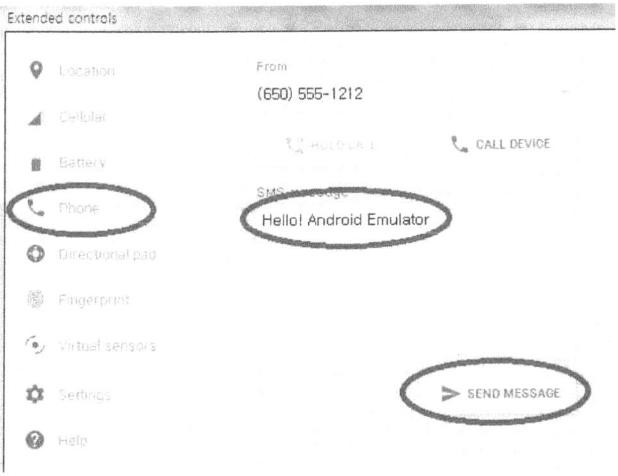

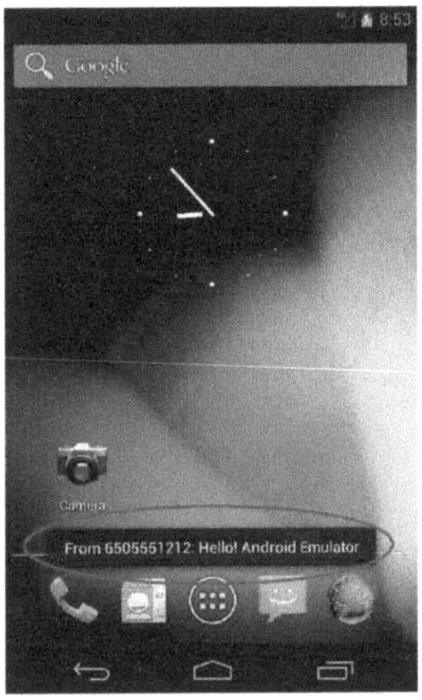

에뮬레이터에게 SMS 메시지를 전송하는 것은 DDMS나 에뮬레이터의 Extended Controls 창에서 할 수 있다. Extended Controls 창은 에뮬레이터의 오른쪽 하단에 있는 "..." 버튼을 클릭하면 나타난다. Extended Controls 창에 메시지의 내용을 입력하고 SEND MESSAGE 버튼을 클릭하면 자신에게 SMS 메시지가 전달된다.

AndroidManifest.xml 파일의 intent-filter에 SMS_RECEIVED를 설정해 두었으므로 SMS 메시지가 도착하면 방송 수신자인 SMSReceiver의 onReceive() 핸들러가 실행되고, SMS 메시지를 담은 인텐트가 전달되는데 라인 8부터 이 메시지를 처리한다.

9.2.2 알람(Alarm)

알람은 지정된 시간에 특정한 작업(액티비티, 서비스, 브로드캐스트 리시버 실행)을 수행하도록 하는 시스템의 기능으로 AlarmManager에 의해 제공된다. 알람은 한번만 발생하도록 하거나, 주기적으로 반복 발생하도록 할 수도 있다. 알람 기능을 제공하는 어플리케이션에서 주의할 점이 몇 가지 있다. 알람이 설정된 상태에서 단말기가 대기 모드로 동작할 때에는 단말기를 깨울 수 있어야 하고, 전원이 꺼졌다가 새로 부팅되면 자동으로 다시 설정되도록 해야 한다.

AlarmManager는 알람 요청을 저장하고 있다가 지정된 시간에 지정된 동작을 하는 시스템 서비스이다. 어플리케이션은 AlarmManager에게 동작 시간과 PendingIntent를 설정해 주면 AlarmManager는 지정된 시간에 인텐트를 전달한다.

```
AlarmManager alarm = this.getSystemService(Context.ALARM_SERVICE);
alarm.set(알람타입, 알람시간, pIntent);
혹은
alarm.setRepeating(알람타입, 알람시간, 알람주기, pIntent);
```

단발성 알람은 set() 메서드로 설정하고, 주기적 알람은 setRepeating()으로 설정한다. 여기서 pIntent는 PendingIntent이고, 알람 시간은 인텐트를 전달할 밀리 초 단위의 시간, 알람 주기는 다음 알람이 발생할 밀리 초 단위의 시간 간격이다. 알람 타입은 알람의 종류를 나타내는 것으로 다음과 같은 것들이 있다.

[표 9-1] 알람의 종류

알람 타입	기능
RTC	UTC 표준시간 기준
RTC_WAKEUP	UTC 표준 시간 기준. 장치를 깨움
ELAPSED_REALTIME	부팅 후 시간을 기준
ELAPSED_REALTIME_WAKEUP	부팅 후 시간을 기준. 장치를 깨움

알람을 이용해서 지정된 시간에 액티비티, 서비스, 방송 수신자를 동작시킬 때는 알람 관리자에게 다음과 같이 PendingIntent를 설정해 주어야 한다.

```
Intent intent = new Intent(this, TestActivity.class);
PendingIntent pIntent = PendingIntent.getActivity(this, 0, intent, 0);
혹은
Intent intent = new Intent(this, TestService.class);
PendingIntent pIntent = PendingIntent.getService(this, 0, intent, 0);
혹은
```

```
Intent intent = new Intent(this, TestReceiver.class);
PendingIntent pIntent = PendingIntent.getReceiver(this, 0, intent, 0);
```

예제9-3)은 알람을 설정하고 설정된 시간에 알람이 발생하도록 하는 프로그램이다. 프로그램은 사용자로부터 원하는 알람 시간을 받아서 설정하는 MainActivity, 알람이 발생했을 때 처리하는 Alarm, 시스템의 전원이 꺼졌다가 다시 부팅되었을 때 알람을 다시 설정하도록 하는 AutoStart로 구성된다.

예제9-3) manifests/AndroidManifest.xml

```
<?xml version=“1.0“ encoding=“utf-8“?>
<manifest xmlns:android=“http://schemas.android.com/apk/res/android“
    package=“com.example.ch9_3“>

    <application
        android:allowBackup=“true“
        android:icon=“@mipmap/ic_launcher“
        android:label=“@string/app_name“
        android:roundIcon=“@mipmap/ic_launcher_round“
        android:supportsRtl=“true“
        android:theme=“@style/AppTheme“>
        <activity android:name=“.MainActivity“>
            <intent-filter>
                <action android:name=“android.intent.action.MAIN“ />

                <category android:name=“android.intent.category.LAUNCHER“ />
            </intent-filter>
        </activity>

        <receiver android:name=“.AutoStart“>
            <intent-filter>
                <action
android:name=“android.intent.action.BOOT_COMPLETED“></action>
            </intent-filter>
        </receiver>

        <receiver android:name=“.Alarm“></receiver>
    </application>

    <uses-permission android:name=“android.permission.WAKE_LOCK“ />
    <uses-permission
```

```
    android:name="android.permission.RECEIVE_BOOT_COMPLETED" />
</manifest>
```

예제9-3) res/layout/activity_main.xml

```
<RelativeLayout xmlns:android="http://schemas.android.com/apk/res/android"
    android:layout_width="match_parent"
    android:layout_height="match_parent"
    android:padding="10dp">
    <GridLayout
        android:layout_width="match_parent"
        android:layout_height="wrap_content"
        android:columnCount="3"
        android:padding="30dp"
        android:layout_centerHorizontal="true"
        android:layout_marginTop="120dp">
        <TextView
            android:layout_width="wrap_content"
            android:layout_height="wrap_content"
            android:gravity="right"
            android:textSize="16sp"
            android:text="date: "/>
        <TextView
            android:id="@+id/vdate"
            android:layout_width="wrap_content"
            android:layout_height="wrap_content"
            android:layout_columnSpan="2"
            android:layout_gravity="fill_horizontal"
            android:clickable="true"
            android:onClick="setDate"
            android:textSize="20sp"
            android:text="2017.8.12"/>
        <TextView
            android:layout_width="wrap_content"
            android:layout_height="wrap_content"
            android:gravity="right"
            android:textSize="16sp"
            android:text="time: "/>
        <TextView
            android:id="@+id/vtime"
            android:layout_width="wrap_content"
            android:layout_height="wrap_content"
            android:layout_columnSpan="2"
            android:layout_gravity="fill_horizontal"
```

```
                android:clickable=“true“
                android:onClick=“setTime“
                android:textSize=“20sp“
                android:text=“15:20“/>
        </GridLayout>
        <LinearLayout
            android:layout_width=“match_parent“
            android:layout_height=“wrap_content“
            android:layout_alignParentBottom=“true“
            android:layout_marginBottom=“100dp“
            android:padding=“10dp“>
            <Button
                android:layout_width=“wrap_content“
                android:layout_height=“wrap_content“
                android:onClick=“setAlarm“
                android:layout_weight=“1“
                android:textAllCaps=“false“
                android:textSize=“20sp“
                android:text=“Set Alarm“/>
            <Button
                android:layout_width=“wrap_content“
                android:layout_height=“wrap_content“
                android:onClick=“cancelAlarm“
                android:layout_weight=“1“
                android:textAllCaps=“false“
                android:textSize=“20sp“
                android:text=“Cancel“/>
        </LinearLayout>
</RelativeLayout>
```

예제9-3) java/..../MainActivity.java

```
public class MainActivity extends AppCompatActivity {
    int year, month, day, hour, minute, second;
    TextView dateView, timeView;

    @Override
    protected void onCreate(Bundle savedInstanceState) {
        super.onCreate(savedInstanceState);
        setContentView(R.layout.activity_main);
        //
        Calendar cal = Calendar.getInstance();
        year = cal.get(Calendar.YEAR);
        month = cal.get(Calendar.MONTH);
```

```
        day = cal.get(Calendar.DAY_OF_MONTH);
        hour = cal.get(Calendar.HOUR_OF_DAY);
        minute = cal.get(Calendar.MINUTE);
        second = cal.get(Calendar.SECOND);
        //
        dateView = (TextView)findViewById(R.id.vdate);
        timeView = (TextView)findViewById(R.id.vtime);
        //
        String msg = String.format("%04d:%02d:%02d", year,month+1, day);
        dateView.setText(msg);
        msg = String.format("%02d:%02d", hour, minute);
        timeView.setText(msg);
    }
    public void setDate(View v) {
        TextView textView = (TextView)v;
        Toast.makeText(getApplicationContext(), textView.getText(), Toast.LENGTH_SHORT).show();
        new DatePickerDialog(MainActivity.this, dateSetListener, year, month, day).show();
    }
    //
    public void setTime(View v) {
        TextView textView = (TextView)v;
        Toast.makeText(getApplicationContext(), textView.getText(), Toast.LENGTH_SHORT).show();
        new TimePickerDialog(MainActivity.this, timeSetListener, hour, minute, true).show();
    }
    //
    public void setAlarm(View v) {
        Alarm alarm = new Alarm();

        alarm.setAlarmTime(this, year, month, day, hour, minute);
        alarm.SetAlarm(this);
    }
    //
    public void cancelAlarm(View v) {
        Alarm alarm = new Alarm();

        alarm.cancelAlarmTime(this);
        alarm.CancelAlarm(this);
    }
    //
    private DatePickerDialog.OnDateSetListener dateSetListener =
```

```
            new DatePickerDialog.OnDateSetListener() {
        @Override
        public void onDateSet(DatePicker view, int y, int m, int d) {
            year = y;
            month = m;
            day = d;
            String msg = String.format("%04d:%02d:%02d", year,month+1, day);
            dateView.setText(msg);
        }
    };
    //
    private TimePickerDialog.OnTimeSetListener timeSetListener =
            new TimePickerDialog.OnTimeSetListener() {
        @Override
        public void onTimeSet(TimePicker view, int h, int m) {
            hour = h;
            minute = m;
            String msg = String.format("%02d:%02d", hour, minute);
            timeView.setText(msg);
        }
    };
}
```

예제9-3) java/..../Alarm.java

```
public class Alarm extends BroadcastReceiver {
    @Override
    public void onReceive(Context context, Intcnt intent) {
        PowerManager pm = (PowerManager) context.getSystemService(Context.POWER_SERVICE);
        PowerManager.WakeLock wl = pm.newWakeLock(PowerManager.PARTIAL_WAKE_LOCK, "");
        wl.acquire();

        // Put here YOUR code.
        Toast.makeText(context, "Alarm !!!!!!!!!", Toast.LENGTH_LONG).show(); // For example

        wl.release();
        //
        cancelAlarmTime(context);
    }
    //
    public void SetAlarm(Context context) {
```

```
        int year, month, day, hour, minute;

        SharedPreferences pref = context.getSharedPreferences(“Alarm“,
                Activity.MODE_PRIVATE);
        year = pref.getInt(“year“, 0);
        month = pref.getInt(“month“, 0);
        day = pref.getInt(“day“, 0);
        hour = pref.getInt(“hour“, 0);
        minute = pref.getInt(“minute“, 0);
        if (year == 0)
            return;
        //
        Calendar cal = Calendar.getInstance();
        cal.set(year, month, day, hour, minute);
        cal.set(Calendar.SECOND, 0);
        cal.set(Calendar.MILLISECOND, 0);
        //
        AlarmManager am =
(AlarmManager)context.getSystemService(Context.ALARM_SERVICE);
        Intent i = new Intent(context, Alarm.class);
        PendingIntent pi = PendingIntent.getBroadcast(context, 0, i, 0);
        am.set(AlarmManager.RTC_WAKEUP, cal.getTimeInMillis(), pi);
    }
    //
    public void CancelAlarm(Context context) {
        Intent intent = new Intent(context, Alarm.class);
        PendingIntent sender = PendingIntent.getBroadcast(context, 0, intent, 0);
        AlarmManager alarmManager =
             (AlarmManager)context.getSystemService(Context.ALARM_SERVICE);
        alarmManager.cancel(sender);
    }
    //
    public void setAlarmTime(Context context, int year, int month, int day, int
hour, int minute) {
        SharedPreferences prefs = context.getSharedPreferences(“Alarm“,
                Activity.MODE_PRIVATE);
        SharedPreferences.Editor editor = prefs.edit();
        editor.putInt(“year“,  year);
        editor.putInt(“month“,  month);
        editor.putInt(“day“,  day);
        editor.putInt(“hour“,  hour);
        editor.putInt(“minute“,  minute);
        editor.commit();
    }
```

```
    //
    public void cancelAlarmTime(Context context) {
        SharedPreferences prefs = context.getSharedPreferences(“Alarm“,
                Activity.MODE_PRIVATE);
        SharedPreferences.Editor editor = prefs.edit();
        editor.putInt(“year“, 0);
        editor.putInt(“month“, 0);
        editor.putInt(“day“, 0);
        editor.putInt(“hour“, 0);
        editor.putInt(“minute“, 0);
        editor.commit();
    }
}
```

예제9-3) java/..../AutoStart.java

```
public class AutoStart extends BroadcastReceiver {
    Alarm alarm = new Alarm();

    @Override
    public void onReceive(Context context, Intent intent) {
        if (intent.getAction().equals(Intent.ACTION_BOOT_COMPLETED)) {
            alarm.SetAlarm(context);
        }
    }
}
```

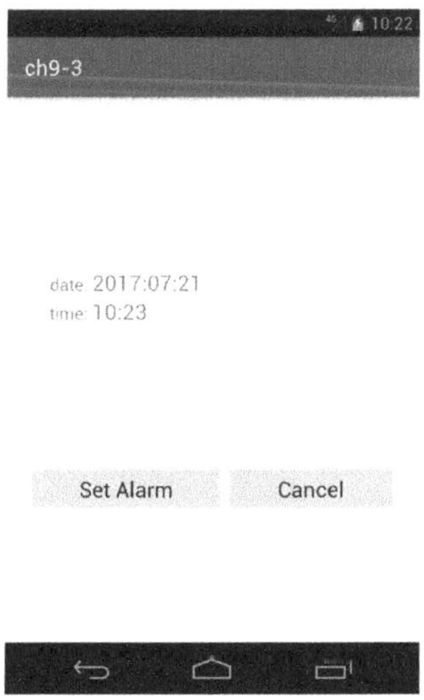

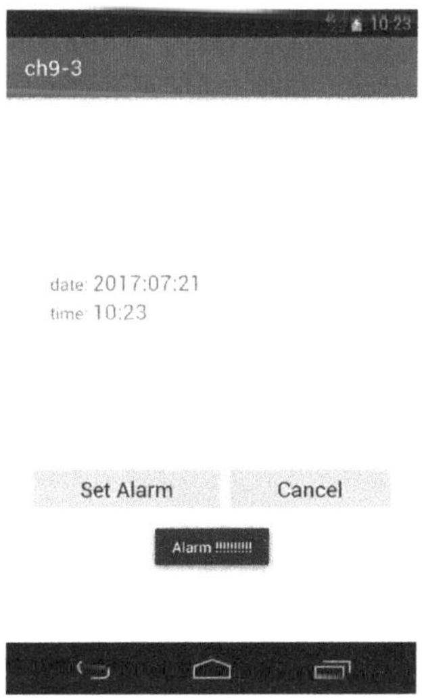

Alarm.java에 있는 라인 47의 setAlarmTime()은 공유 프레퍼런스를 이용해서 알람 시간을 저장하고, 라인 58의 cancelAlarmTime()은 공유 프레퍼런스에 0을 저장해서 알람 시간을 제거하는 기능을 한다.

MainActivity는 DatePickerDialog와 TimePickerDialog를 이용해서 알람 날짜와 시간을 선택하게 한다. 선택된 시간은 바로 알람으로 설정되는 것이 아니라 공유 변수에 저장된다. Set Alarm 버튼을 클릭하면 공유 변수의 알람 시간을 Alarm.java에 있는 setAlarmTime()을 이용해서 공유 프레퍼런스에 저장한 다음에 알람을 설정한다. 이렇게 시간을 공유 프레퍼런스에 저장해 두는 이유는 알람 시간이 경과하기 전에 전원이 오프었다가 다시 부팅된 경우에 다시 시스템에 알람을 설정하기 위해서이다.

실재 알람은 Alarm.java에 있는 SetAlarm() 메서드의 라인 36에서 설정된다. 알람이 설정되면 시스템 내에서 타이머가 진행되고 알람 시간이 되면 방송 메시지가 전달되어 라인 3의 onReceive()가 실행된다. onReceive()는 라인 6에서 전원이 꺼진 장치의 화면을 다시 켜고, 라인 9에서 알람이 발생했을을 알리는 토스트 메시지를 보여준다. 그리고 라인 13에서 cancelAlarmTime()을 호출하여 공유 프레퍼런스에 저장된 알람 시간을 제거한다. 알람 시간의 제거는 공유 프레퍼런스의 모든 시간을 0으로 저장하는 것이다.

시스템이 다시 부팅되면 BOOT_COMPLETED 방송 메시지가 발생되는데 AndroidManifest.xml에서 AutoStart의 인텐트 필터에 이 메시지를 받도록 설정해 두었기 때문에 시스템이 다시 부팅되었을 때 AutoStart.java의 라인 5에 있는 방송 메시지 수신 메서드인 onReceive()가 실행되어 부팅에 의해 시스템에서 제거된 알람을 다시 설정하도록 한다.

9.2.3 어플리케이션 위젯(Application Widget)

어플리케이션 위젯(AppWidget)은 홈 화면에 일정 크기의 공간을 차지하며 제한된 기능을 수행할 수 있는 어플리케이션이다. AppWidget의 크기는 셀(cell) 단위로 제한되어 일정 크기만 가질 수 있고 사용할 수 있는 뷰도 제한되어 비교적 간단한 기능만 수행할 수 있다. AppWidget도 일종의 방송 수신자이므로 매니패스트 파일에 <receiver>로 등록해야 한다. 어플리케이션 위젯은 다음과 같은 방법으로 작성한다.

(1) 위젯 레이아웃 작성

홈 화면에 표시되는 위젯의 뷰 즉, 위젯 레이아웃의 작성 방법은 일반 액티비티의 레이아웃 작성 방법과 동일하다. 그러나 사용 가능한 뷰가 제한되어 있어서 다음 몇 가지 레이아웃이나 뷰만 사용해서 작성해야 한다.

레이아웃 : FrameLayout, LinearLayout, RelativeLayout

뷰 : Button, TextView, ImageView, ImageButton, ProgressBar, AnalogClock, Chronometer

(2) 위젯 프로바이더 작성

위젯 프로바이더(Widget Provider)는 위젯의 속성을 담고 있는 xml 파일인데 res/xml 폴더 아래에 xml 파일로 작성해 둔다. 위젯의 속성들 중에서 중요한 속성은 다음과 같다.

[표 9-2] 위젯의 주요 속성

속성	기능
minWidth	위젯의 최소 폭
minHeight	위젯의 최소 높이
initialLayout	레이아웃 파일의 아이디
updatePeriodMillis	밀리초 단위의 자동 업데이트 주기(0 은 업데이트가 없음)

위젯은 홈 화면을 셀 단위로 나누어서 사용한다. 셀 하나의 크기는 74dp인데, 위젯 사이의 경계를 위해 2dp의 여유를 주어야 한다. 따라서 위젯의 크기는 다음과 같이 계산한다.

((셀수 * 74) - 2) dp

이 식에 따르면 일반적으로 많이 사용하는 위젯의 최소 크기는 다음과 같다.

[표 9-3] 위젯의 크기

위젯 크기	폭	높이
4 X 1	294 dp	72 dp
4 X 2	294 dp	146 dp
3 X 3	220 dp	220 dp
4 X 4	294 dp	d94 dp

(3) 위젯 클래스 작성

AppWidget은 방송 수신자인 BroadcastReceiver의 하위 클래스인 AppWidgetProvider를 상속 받아서 작성한다. 위젯 클래스에서는 시스템 혹은 위젯에서 발생하는 이벤트를 받아서 처리하는 이벤트 핸들러 메서드를 작성해야 한다. 반드시 작성해야 하는 메서드는 onUpdate()와 onReceive()이다. onReceive()는 위젯에서 발생한 이벤트나 시스템에서 발생시킨 이벤트를 받아서 처리해야 하는데, 주로 위젯 화면을 터치해서 발생하는 이벤트를 처리한다. onUpdate()는 화면이 변경되어야 할 필요가 있을 때 위젯 화면에 있는 뷰들을 변경하는 일을 한다. 어떤 이벤트가 발생하더라도 onReceive()가 항상 먼저 실행되고, onReceive()가 필요하다고 판단할 경우에 onUpdate()가 실행될 수 있도록 위젯 관리자에게 통보한다.

위젯은 홈 화면에 나타나고 시스템이 관리하기 때문에 위젯 화면의 각 뷰들은 위젯 클래스에서 직접 접근할 수 없다. 따라서 위젯 화면에 텍스트를 표시하거나 이미지를 표시하는 것과 같은 동작은 RemoteView를 통해서 시스템에게 요청해서 간접적으로 접근한다.

(4) 매니패스트 파일에 등록

AppWidget은 매니패스트 파일에 <receiver>로 등록된다. 인텐트 필터에는 받고자 하는 모든 액션들을 등록해야 하고, 반드시 meta-data로 위젯 프로바이더를 등록해야 한다.

```
<receiver android:name=".SampleAppWidgetProvider"
```

```
        <intent-filter>
            <action
    android:name="android.appwidget.action.APPWIDGET_UPDATE" />
        </intent-filter>
        <meta-data android:name="android.appwidget.provider "
                    android:resource="@xml/samplewidget "/>
    </receiver>
```

예제9-4)는 어플리케이션 위젯을 이용해서 음악을 재생하는 프로그램이다. 위젯 프로바이더인 mpwidget.xml에서 위젯의 크기를 4 X 1로 하기 위해서 minWidth를 294dp로 하고, minHeight를 72dp로 했다. 위젯은 3 개의 버튼 PLAY/STOP, NEXT, PREV을 가지는데 PLAY 버튼과 STOP 버튼은 같은 이미지 뷰를 사용해서 토글되어 표시되게 했다. PLAY/STOP 버튼은 현재 구현되어 있는데, 재생될 음악이 하나뿐이므로 NEXT 버튼과 PREV 버튼은 구현되지 않았다. MainActivity도 구현되지 않았는데, 미디어 스토어와 연동되어 여러 개의 음악을 재생하게 할 경우에 이 부분도 구현해야 한다.

예제9-4) manifests/AndroidManifest.xml

```
<?xml version="1.0" encoding="utf-8"?>
<manifest xmlns:android="http://schemas.android.com/apk/res/android"
    package="com.example.ch9_4">

    <application
        android:allowBackup="true"
        android:icon="@mipmap/ic_launcher"
        android:label="@string/app_name"
        android:roundIcon="@mipmap/ic_launcher_round"
        android:supportsRtl="true"
        android:theme="@style/AppTheme">
        <activity android:name=".MainActivity">
            <intent-filter>
                <action android:name="android.intent.action.MAIN" />

                <category android:name="android.intent.category.LAUNCHER" />
            </intent-filter>
        </activity>

```

```
        <receiver android:name="“.MPWidgetProvider“>
            <intent-filter>
                <action
android:name=“android.appwidget.action.APPWIDGET_UPDATE“ />
            </intent-filter>
            <meta-data android:name=“android.appwidget.provider“
                android:resource=“@xml/mpwidget“/>
        </receiver>
    </application>
</manifest>
```

예제9-4) res/layout/activity_main.xml

```
<?xml version=“1.0“ encoding=“utf-8“?>
<RelativeLayout xmlns:android=“http://schemas.android.com/apk/res/android“
    android:layout_width=“match_parent“
    android:layout_height=“match_parent“>
    <TextView
        android:layout_width=“wrap_content“
        android:layout_height=“wrap_content“
        android:text=“Hello World!“
        android:layout_centerInParent=“true“/>
</RelativeLayout>
```

예제9-4) res/layout/mpwidgetlayout.xml

```
<?xml version=“1.0“ encoding=“utf-8“?>
<RelativeLayout xmlns:android=“http://schemas.android.com/apk/res/android“
    android:layout_width=“wrap_content“
    android:layout_height=“wrap_content“
    android:background=“#FFeeeeee“>
    <ImageView
        android:id=“@+id/btn_app“
        android:layout_width=“72dp“
        android:layout_height=“72dp“
        android:layout_alignParentLeft=“true“
        android:background=“#FF888800“/>
    <LinearLayout
        android:id=“@+id/title“
        android:layout_width=“wrap_content“
        android:layout_height=“30dp“
        android:layout_alignParentRight=“true“
        android:layout_toRightOf=“@id/btn_app“
```

```
            android:orientation="horizontal">

    </LinearLayout>
    <LinearLayout
        android:layout_width="wrap_content"
        android:layout_height="42dp"
        android:layout_alignParentRight="true"
        android:layout_toRightOf="@id/btn_app"
        android:layout_below="@id/title"
        android:padding="5dp">
        <ImageView
            android:id="@+id/btn_prev"
            android:layout_width="wrap_content"
            android:layout_height="match_parent"
            android:layout_weight="1"
            android:src="@drawable/prev"
            android:scaleType="centerInside"/>
        <ImageView
            android:id="@+id/btn_play"
            android:layout_width="wrap_content"
            android:layout_height="match_parent"
            android:layout_weight="1"
            android:src="@drawable/play"
            android:scaleType="centerInside"/>
        <ImageView
            android:id="@+id/btn_next"
            android:layout_width="wrap_content"
            android:layout_height="match_parent"
            android:layout_weight="1"
            android:src="@drawable/next"
            android:scaleType="centerInside"/>
    </LinearLayout>
</RelativeLayout>
```

예제9-4) res/xml/mpwidget.xml

```
<?xml version="1.0" encoding="utf-8"?>
<appwidget-provider
    xmlns:android="http://schemas.android.com/apk/res/android"
    android:minWidth="294dp"
    android:minHeight="72dp"
    android:initialLayout="@layout/mpwidgetlayout">
</appwidget-provider>
```

예제9-4) java/..../MainActivity.java

```
public class MainActivity extends AppCompatActivity {

    @Override
    protected void onCreate(Bundle savedInstanceState) {
        super.onCreate(savedInstanceState);
        setContentView(R.layout.activity_main);
    }
}
```

예제9-4) java/..../MPWidgetProvider.java

```
public class MPWidgetProvider extends AppWidgetProvider {
    static boolean playing = false;
    static MediaPlayer mPlayer;
    Context mContext;

    @Override
    public void onReceive(Context context, Intent intent) {
        super.onReceive(context, intent);
        //
        mContext = context;
        String action = intent.getAction();
        RemoteViews views =
                new RemoteViews(context.getPackageName(),
R.layout.mpwidgetlayout);
        if (action.equals(“PLAY“)) {
            if (playing) {
                views.setImageViewResource(R.id.btn_play, R.drawable.play);
                playing = false;
                stopMusic();
            } else {
                views.setImageViewResource(R.id.btn_play, R.drawable.pause);
                playing = true;
                playMusic(context);
            }
        } else if (action.equals(“NEXT“)) {
        } else if (action.equals(“PREV“)) {
        }
        //Update Widgets.
        ComponentName widget = new ComponentName(context,
MPWidgetProvider.class);
        AppWidgetManager.getInstance(context).updateAppWidget(widget, views);
```

```
    }
    @Override
    public void onUpdate(Context context, AppWidgetManager appWidgetManager, int[] appWidgetIds) {
        final int N = appWidgetIds.length;

        RemoteViews views = new RemoteViews(context.getPackageName(), R.layout.mpwidgetlayout);
        for(int i = 0; i < N; i++){
            int appWidgetId = appWidgetIds[i];
            //
            Intent intent = new Intent(context, MainActivity.class);
            PendingIntent pendingintent = PendingIntent.getActivity(context, appWidgetId, intent, PendingIntent.FLAG_UPDATE_CURRENT);
            views.setOnClickPendingIntent(R.id.btn_app, pendingintent);
            //
            intent = new Intent(context, MPWidgetProvider.class);
            intent.setAction("NEXT");
            views.setOnClickPendingIntent(R.id.btn_next, PendingIntent.getBroadcast(context, 0, intent, PendingIntent.FLAG_UPDATE_CURRENT));
            //
            intent.setAction("PREV");
            views.setOnClickPendingIntent(R.id.btn_prev, PendingIntent.getBroadcast(context, 0, intent, PendingIntent.FLAG_UPDATE_CURRENT));
            //
            intent.setAction("PLAY");
            views.setOnClickPendingIntent(R.id.btn_play, PendingIntent.getBroadcast(context, 0, intent, PendingIntent.FLAG_UPDATE_CURRENT));
            //
            appWidgetManager.updateAppWidget(appWidgetId, views);
        }
    }
    //
    private void playMusic(Context context) {
        mPlayer = MediaPlayer.create(context, R.raw.always_with_me);
        mPlayer.setOnCompletionListener(completionListener);
        mPlayer.start();
    }
    //
    private void stopMusic() {
        mPlayer.stop();
```

```
65        }
66        //
67        MediaPlayer.OnCompletionListener completionListener =
68                new MediaPlayer.OnCompletionListener()  {
69            @Override
70            public void onCompletion(MediaPlayer mp) {
71                RemoteViews views = new
    RemoteViews(mContext.getPackageName(), R.layout.mpwidgetlayout);
72                views.setImageViewResource(R.id.btn_play, R.drawable.play);
73                playing = false;
74                //Update Widgets.
75                ComponentName widget = new ComponentName(mContext,
    MPWidgetProvider.class);
76                AppWidgetManager.getInstance(mContext).updateAppWidget(widget,
    views);
77            }
78        };
79    }
```

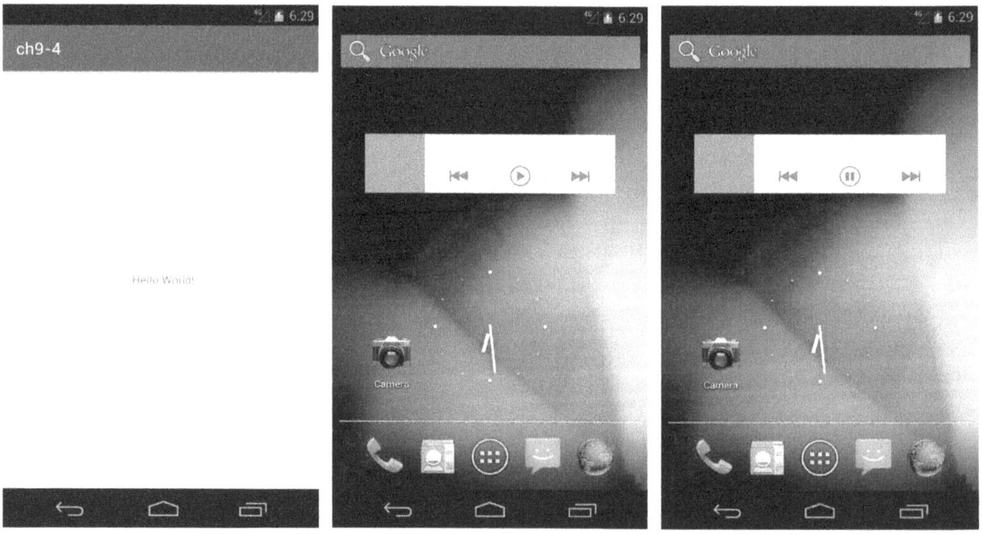

위젯의 동작은 MPWidgetProvider.java에 구현되었는데, 매니페스트 파일의 라인 20에 receiver로 등록되었고, 화면 갱신을 위한 메시지를 받기 위해 라인 22에 APPWIDGET_UPDATE를 인텐트 필터에 등록했다.

위젯이 화면에 설치되면 초기 화면 설정을 위해 MPWidgetProvider의 라인

32의 onUpdate() 핸들러가 실행된다. 라인 39 ~ 라인 51은 위젯 화면의 각 뷰를 클릭했을 때 발생하는 이벤트 핸들러를 설정하는 부분이다. 위젯의 이벤트 핸들러 설정은 액티비티의 이벤트 핸들러 설정과는 다르다. 위젯은 시스템이 관리하므로 위젯의 클릭 이벤트는 시스템에 전달되고, 시스템은 이벤트가 발생했음을 인텐트를 통해서 위젯 클래스(MPWidgetProvider)에게 알려준다. 따라서 위젯 클래스에서는 위젯의 각 뷰에 대해서 이벤트가 발생했을 때 위젯 클래스에게 전달할 인텐트를 PendingIntent를 이용해서 리모트 뷰에 등록해 둔다. onUpdate()에서는 이렇게 실재 이벤트가 발행했을 때 전달될 인텐트를 PendingIntent를 이용해서 등록(라인 41, 라인 45, 라인 48)하고, 실재 이벤트가 발생했을 때에 전달되는 인텐트는 onReceive()가 받아서 처리한다.

onReceive()는 실재 이벤트가 발생했을 때 onUpdate()에서 설정한 인텐트를 수신해서 처리하는 메서드이다. 여기서도 위젯의 뷰를 접근하려면 라인 16이나 라인 20과 같이 RemoteView를 통해서 접근해야 한다. 이 부분에서는 PLAY 버튼과 STOP 버튼을 토글하도록 했다.

9.3 알림(Notification)

알림(Notification)은 사용자의 주의를 요하는 이벤트가 발생했을 때 소리, 진동, LED 등을 이용하여 이를 사용자에게 알리는 기능이다. 알림 내용은 상태 바의 왼쪽에 있는 알림 영역에 아이콘으로 표시되는데, 상태 바를 아래로 드래그 했을 때 그 하단에 나타나는 알림 창(Notification Window)에 상세 내용이 표시된다. 알림 창의 항목을 터치하면 액티비티나 서비스를 동작시킬 수 있다. 알림은 주로 서비스나 방송 수신자가 사용자의 주의를 요하는 이벤트 발생 시에 생성하고, 이에 대한 처리는 알림 창의 항목을 터치했을 때 실행되는 액티비티에서 수행하게 한다. 알림을 처리하는 데에는 다음과 같은 네 가지 요소들이 관련된다.

알림 객체(Notification Object)

알림에 관한 상세한 정보를 정의하는 Notification 클래스의 객체이다. 이 객체에 필요한 정보들(알림 시간, 알림 표시방법, 아이콘, 제목, 내용, 동작, ...)을 등록해서 알림을 설정한다.

알림 관리자(Notification Manager)

사용자가 요구한 알림들을 관리하는 시스템 서비스인데, 여러 개의 알림을 관리할 수 있으며 각 알림은 아이디로 식별된다. 설정된 알림 시간이 되면 설정된 알림 표시 방법에 따라 알림을 표시한다.

알림 영역(Notification Bar)

알림을 표시해 주는 알림 영역으로 화면 상단에 있는 상태 바의 왼쪽을 차지한다. 등록된 알림의 아이콘이 표시된다.

알림 창(Notification Window)

알림 영역을 드래그 했을 때 알림 창에 현재 진행 중인 알림들의 리스트가 나타나고, 리스트 항목을 터치하면 그 알림에 정의되어 있는 동작이 일어난다.

알림 기능을 사용하기 위해서는 먼저 Notification 클래스의 알림 객체에 알림을 나타내는 아이콘, 알림 내용, 알림 표시 방법, 알림 영역을 터치했을 때 실행할 동작 등을 설정한 다음에 이 객체를 알림 관리자를 통해 시스템에 등록한다. 알림 객체에 지정된 시간이 되면 알림 관리자는 지정된 표시 방법에 따라 알림을 발생시켜서 알림 아이콘을 알림 영역에 표시한다. 알림 객체를 생성해서 시스템에 등록하는 일반적인 방법은 다음과 같다.

```
Notification noti = new NotificationCompat.Builder(this)
        .setSmallIcon(R.drawable.ic_launcher)
        .setContentTitle("알림 제목")
        .setContentText("알림 내용")
        //
        // 다른 정보 설정
        //
        .build();
```

```
NotificationManager nManager =
  (NotificationManager)getSystemService(Context.NOTIFICATION_SERVICE);
nManager.notify(notiID, noti);
```

알림 객체는 Notification.Builder를 사용해서 생성할 수 있는데, 이 기능은 안드로이드 버전 11부터 추가되어 있기 때문에 이전 버전을 위해서는 NotificationCompat.Builder를 사용해서 생성한다. 알림 객체의 정보 중에서 SmallIcon, ContentTitle, ContentText는 반드시 설정해 주어야 하고 다른 정보는 필요한 경우에만 설정하면 된다. 알림 관리자는 시스템 서비스이므로 getSystemService()를 이용해서 그 참조를 가져올 수 있다. 생성된 알림 객체는 알림 관리자의 notify() 메서드를 이용해서 시스템에 설정하는데, 각 알림을 식별하기 위한 아이디를 인수로 제공해 주어야 한다.

NotificationCompat.Builder가 제공하는 정보 설정 메서드 중에서 중요한 것으로는 다음과 같은 것들이 있다.

.setSmallIcon() - 알림 영역에 표시할 아이콘
.setContentTitle() - 알림 창에 표시할 알림 항목의 제목
.setContentText() - 알림 창에 표시할 알림 항목의 내용
.setTicker() - 알림 영역에 일시적으로 표시할 간단한 메시지
.setContentIntent() - 알림 창의 항목을 터치했을 때 전달할 인텐트를 설정
.setWhen() - 알림이 전달될 밀리 초 단위의 시간
.setDefaults() - 알림 표시 방법(LED, SOUND, VIBRATE)
.setAutoCancel() - 알림 창의 항목을 터치하면 알림이 자동으로 제거되도록 설정
.setSound() - 표시 방법이 SOUND일 때에 사용할 사운드 파일
.setVibrate() - 표시 방법이 VIBRATE일 때에 사용할 진동 패턴

알림은 .setAutoCancel()이 True로 설정되어 있지 않으면 알림 창의 항목을 터치해도 자동으로 제거되지 않고 알림 영역에 계속 남아 있다. 따라서 알림 창이 터치되어 실행되는 액티비티나 서비스가 알림을 제거해 주어야 한

다. 알림을 제거할 때에도 알림 관리자를 사용하는데 cancel() 메서드에 제공되는 아이디에 해당하는 알림이 제거 된다.

```
NotificationManager nManager =
  (NotificationManager)getSystemService(Context.NOTIFICATION_SERVICE);
nManager.cancel(notiID);
```

예제9-5)는 알림의 사용법을 보여준다. MainActivity에서 버튼을 터치하면 즉시 표시되는 알림이 설정되어 화면 상단에 나타난다. 알림 창의 항목을 터치하면 NotiShowActivity가 실행되도록 했고, 이 액티비티가 실행되면 알림 창의 알림을 제거하도록 했다.

예제9-5) res/layout/activity_main.xml

```
<?xml version="1.0" encoding="utf-8"?>
<LinearLayout
    xmlns:android="http://schemas.android.com/apk/res/android"
    android:layout_width="match_parent"
    android:layout_height="match_parent"
    android:padding="10dp"
    android:orientation="vertical">
    <Button
        android:layout_width="match_parent"
        android:layout_height="wrap_content"
        android:padding="20dp"
        android:onClick="onBtnClick"
        android:textAllCaps="false"
        android:textSize="20sp"
        android:text="Create Notification" />
</LinearLayout>
```

예제9-5) res/layout/activity_notishow.xml

```
<RelativeLayout
    xmlns:android="http://schemas.android.com/apk/res/android"
    android:layout_width="match_parent"
    android:layout_height="match_parent"
    android:padding = "10dp" >
    <TextView
```

```
        android:layout_width=“wrap_content“
        android:layout_height=“wrap_content“
        android:layout_centerInParent=“true“
        android:textSize=“20sp“
        android:text=“Notification Activity“ />
</RelativeLayout>
```

예제9-5) java/..../MainActivity.java

```
public class MainActivity extends AppCompatActivity {
    int notiID = 1234;

    @Override
    protected void onCreate(Bundle savedInstanceState)
    {
        super.onCreate(savedInstanceState);
        setContentView(R.layout.activity_main);
    }
    public void onBtnClick(View view) {
        createNotification();
    }
    private void createNotification() {
        Intent intent = new Intent(this, NotiShowActivity.class);
        intent.putExtra(“ID“, notiID);
        PendingIntent pIntent = PendingIntent.getActivity(this, 0, intent, PendingIntent.FLAG_UPDATE_CURRENT);
        Notification noti = new NotificationCompat.Builder(this)
                .setSmallIcon(R.drawable.ic_launcher)
                .setTicker(“알림 !!!“)
                .setContentTitle(“알림 제목“)
                .setContentText(“내용 : 알림 내용을 보여줍니다.“)
//              .setWhen(System.currentTimeMillis())
//              .setDefaults(Notification.DEFAULT_SOUND | Notification.DEFAULT_VIBRATE)
                .setContentIntent(pIntent)
                .build();
        NotificationManager nManager = (NotificationManager)getSystemService(Context.NOTIFICATION_SERVICE);
        nManager.notify(notiID, noti);
    }
}
```

예제9-5) java/..../NotiShowActivity.java

```
public class NotiShowActivity extends AppCompatActivity {
    @Override
    protected void onCreate(Bundle savedInstanceState) {
        super.onCreate(savedInstanceState);
        setContentView(R.layout.activity_notishow);
        //
        int id = getIntent().getIntExtra("ID", 0);
        deleteNotification(id);
    }

    private void deleteNotification(int id) {
        NotificationManager nManager = (NotificationManager)getSystemService(Context.NOTIFICATION_SERVICE);
        nManager.cancel(id);
    }
}
```

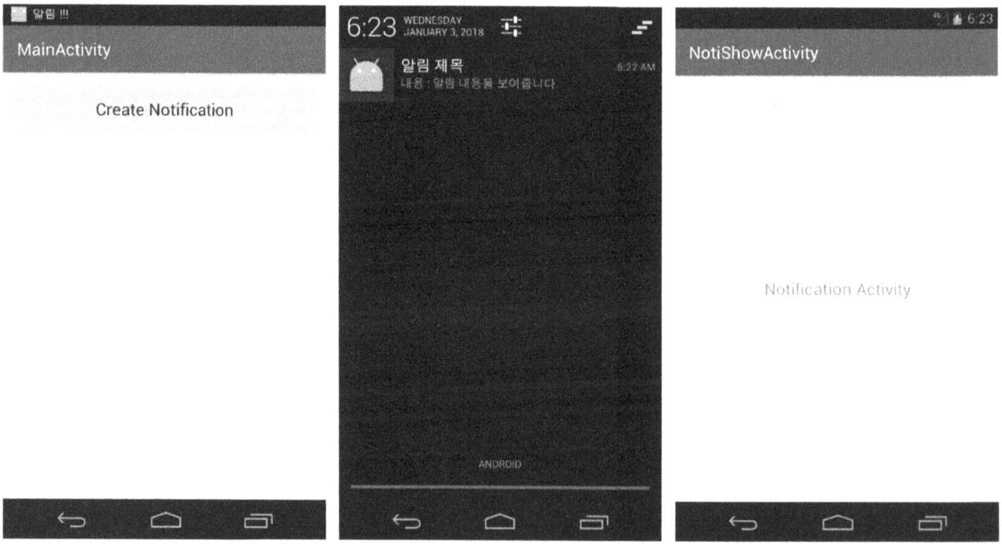

MainActivity에서 알림 창의 항목을 클릭했을 때 수행할 동작을 설정할 때에도 PendingIntent를 사용한다. 인텐트를 설정하는 시각과 실제로 인텐트가 전달되는 시각이 다르기 때문이다. 라인 16에서 인텐트를 생성하고, 라인 24에서 인텐트를 설정했다. 라인 27에서 notify() 메서드가 실행되면 알림이 알림 관리자에게 전달되어 화면 상단에 나타난다.

알림 영역에 나타난 해당 항목을 클릭하면 라인 14, 라인 16, 라인 24에서 setContentIntent() 메서드로 PendingIntent로 설정된 NotiShowActivity가 실행된다. 이 액티비티는 onCreate()에서 cancel()을 이용해 알림을 제거한다. 알림을 제거할 때에는 알림을 설정하는 notify()에서 사용한 것과 같은 알림의 아이디를 사용해야 한다. 이를 위해서 MainAcivity에서 알림을 설정할 때 라인 14, 라인 15에서 NotiShowActivity에게 전달할 인텐트에 부가 정보로 ID를 설정했고, NotiShowActivity는 실행이 되면 라인 7에서 ID 값을 가져와서 알림을 제거한다.

[실습 과제 9-1]

아래 그림과 같이 동작하는 음악 재생 위젯을 작성한다.

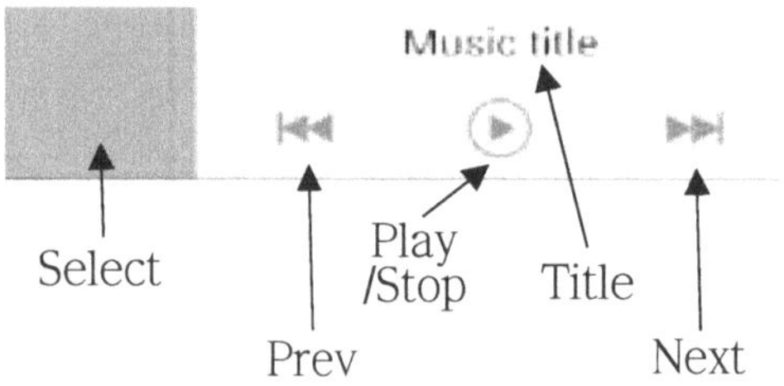

(1)

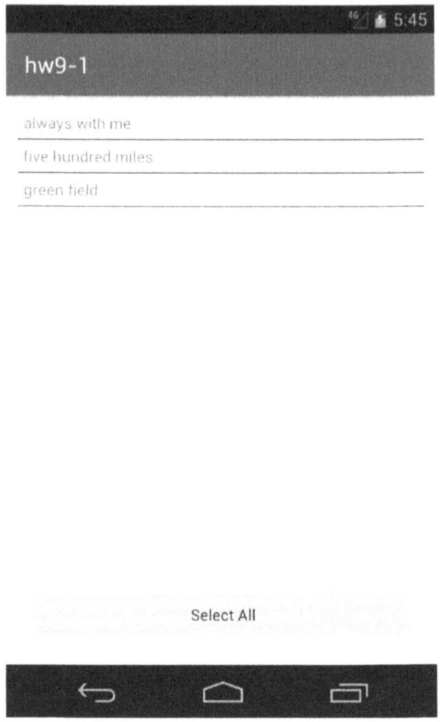

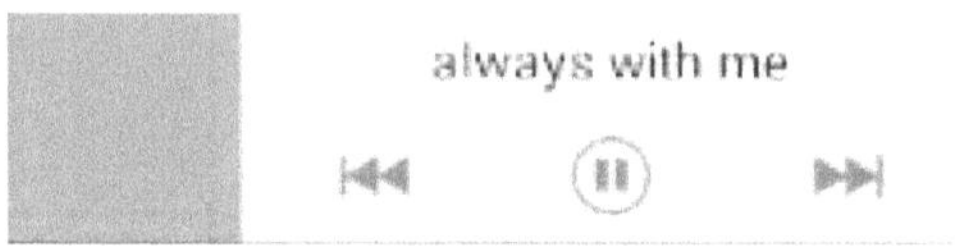

(2)

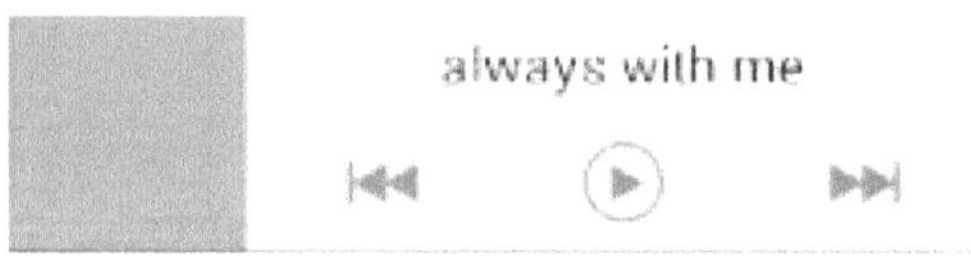

(3)

(4)

(1)의 각 버튼 혹은 영역의 기능은 다음과 같다.

○ Play/Stop

현재 음악을 재생한다. 재생하고 있지 않을 때에는 Play 기능을 하고, 재생 중일 때에는 Stop 기능을 한다. 재생중일 때에는 (2)와 같고, 재생중이 아닐 때에는 (3)과 같다.

○ Next

현재 재생중인 음악을 중지하고 다음 음악을 재생하기 시작한다.

○ Prev

현재 재생중인 음악을 중지하고 이전 음악을 재생하기 시작한다.

○ Select

(4)와 같은 액티비티 화면을 보여준다.

○ Title

현재 재생중인 음악의 제목을 보여준다.

이 프로그램을 다음과 같이 사용한다.

(1) 최초로 실행되면 (4)와 같은 액티비티 화면이 보이고, 여기에는 재생 가능한 음악의 제목들을 리스트 뷰로 보여준다.
(2) 액티비티 화면에서 Select All 버튼을 터치하면 위젯에서 재생할 수 있도록 준비한다.
(3) 위젯에서 Play 버튼을 터치하면 처음부터 음악을 재생하기 시작하고, 이미지는 (2)와 같이 보인다.
(4) (2)에서 Pause 버튼을 터치하면 음악 재생이 멈추고 이미지는 (3)과 같이 보인다.
(5) 한 음악의 재생이 완료되면 다음 음악이 자동으로 시작된다. 마지막 음악의 재생이 완료되면 다시 처음으로 돌아와서 재생하기 시작한다.
(6) Next 버튼을 터치하면 현재 음악의 재생이 정지되고 다음 음악이 재생된다. 마지막 음악일 때에는 처음으로 돌아간다.
(7) Prev 버튼을 터치하면 현재 음악의 재생이 정지되고 이전 음악이 재생된다. 첫 번째 음악일 때에는 마지막으로 돌아간다.

10 장 쓰레드

10. 쓰레드

하나의 안드로이드 어플리케이션은 기본적으로 하나의 리눅스 프로세스로 실행된다. 프로세스는 다른 프로세스와는 별도로 독립적인 실행 환경을 가지며 다른 프로세스의 방해를 받지 않는다. 쓰레드(thread)는 프로세스 내에 있는 실행 단위로 하나의 프로세스 내에는 여러 개의 쓰레드가 동시에 존재하며 실행될 수 있고 한 프로세스 내의 쓰레드들은 실행 환경을 공유한다. 안드로이드에서는 자바의 쓰레드 모델을 그대로 사용할 수 있다.

10.1 메인 쓰레드와 작업 쓰레드

안드로이드에서 하나의 프로세스 내에는 사용자 인터페이스를 담당하는 하나의 쓰레드가 존재하는데 이를 메인 쓰레드(Main Thread) 혹은 UI 쓰레드라 한다. 메인 쓰레드는 버튼의 클릭과 같은 사용자 인터페이스 상에서 발생하는 이벤트와 시스템 이벤트를 처리하고 UI 요소들에 직접 접근하여 값을 변경할 수 있다.

메인 쓰레드는 이벤트 처리와 같은 즉시 처리해야 할 작업만 해야 한다. 만약 메인 쓰레드가 네트워크 다운로딩과 같은 시간이 오래 걸리는 작업을 하게 되면 그 시간 동안은 UI 이벤트를 처리할 수 없게 되어 마치 프로그램이 멈춘 것처럼 보이게 된다. 그러므로 시간이 오래 걸리는 작업은 별도의 쓰레드를 생성해서 하는 것이 좋다. 이렇게 UI 작업과는 별도의 작업을 위해서 생성한 쓰레드를 작업 쓰레드(Worker Thread)라 한다.

안드로이드의 UI 요소들은 여러 쓰레드가 동시에 접근하면 문제가 발생할 수 있다. 따라서 UI 요소들은 반드시 메인 쓰레드만 접근해야 하고 작업 쓰레드는 접근하면 안된다. 또한 메인 쓰레드는 시간이 오래 걸리는 작업을 해서 블록되면 안된다.

작업 쓰레드를 생성하는 방법은 자바가 제공하는 두 가지가 있는데, 두 방법의 특별한 차이점은 없다. 하나는 Thread 클래스를 상속 받아 구현하는 방법이고, 다른 하나는 Runnable 인터페이스를 구현하여 Thread 객체에 전달하는 방법이다.

10.1.1 Thread 클래스를 상속 받아 구현하는 방법

Thread 클래스를 상속 받아서 새로운 쓰레드 클래스를 만들고, 내부에 추상 메서드인 run() 메서드를 구현하는 방법이다. 새로 생성된 쓰레드 클래스의 객체를 생성한 다음에 start() 메서드로 실행시킨다. 쓰레드를 실행시키면 쓰레드 내부의 run() 메서드가 하나의 쓰레드로 실행된다. 쓰레드는 반드시 스스로 종료하도록 해야 하고 강제 종료시키면 안된다.

```
// 쓰레드 구현
class WorkerThread extends Thread {
    public void run() {
        // 쓰레드가 실행하는 코드
    }
}

// 쓰레스 생성 및 실행
WorkerThread thread1 = new WorkerThread();
thread1.start();
..............
```

예제 10-1)은 Thread 클래스를 상속 받아서 작업 쓰레드를 구현하고, 이를 실행시키는 방법을 보여준다.

예제10-1) res/layout/activity_main.xml

```
<?xml version=“1.0“ encoding=“utf-8“?>
<LinearLayout xmlns:android=“http://schemas.android.com/apk/res/android“
    android:layout_width=“match_parent“
    android:layout_height=“match_parent“>
    <TextView
        android:id=“@+id/textView1“
        android:layout_width=“match_parent“
        android:layout_height=“wrap_content“
```

```
            android:layout_gravity="center"
            android:gravity="center"
            android:onClick="clickTextView"
            android:textSize="25sp"
            android:text="0"/>
</LinearLayout>
```

예제10-1) java/..../MainActivity.java

```
public class MainActivity extends AppCompatActivity {
    TextView textView;
    int counter;
    boolean runFlag;

    @Override
    protected void onCreate(Bundle savedInstanceState) {
        super.onCreate(savedInstanceState);
        setContentView(R.layout.activity_main);
        //
        runFlag = false;
        counter = 0;
        textView = (TextView)findViewById(R.id.textView1);
    }
    @Override
    protected void onResume() {
        super.onResume();
        if (runFlag == false) {
            CounterThread thread1 = new CounterThread();
            thread1.start();
            runFlag = true;
        }
    }
    @Override
    protected void onStop() {
        super.onStop();
        if (runFlag) {
            runFlag = false;
        }
    }
    //
    public void clickTextView(View view) {
        textView.setText("counter = " + counter);
    }
    //
```

```
36        class CounterThread extends Thread {
37            public void run() {
38                while (runFlag) {
39                    try {
40                        Thread.sleep(1000);
41                    } catch (InterruptedException e) {
42                    }
43
44                    counter++;
45 //                textView.setText("counter = " + counter);
46                    Log.v("Thread", "counter = " + counter);
47                }
48            }
49        }
50    }
```

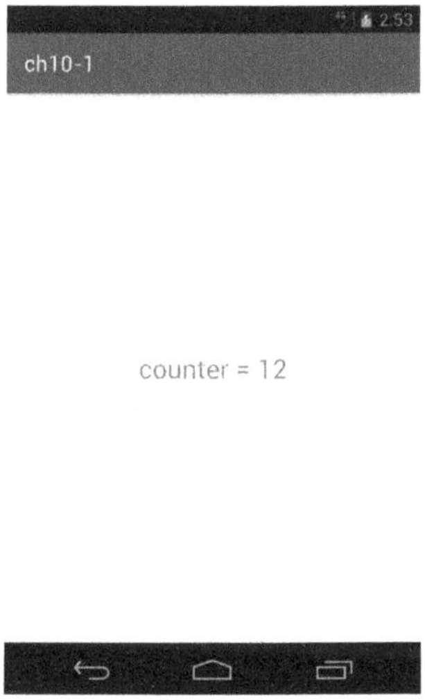

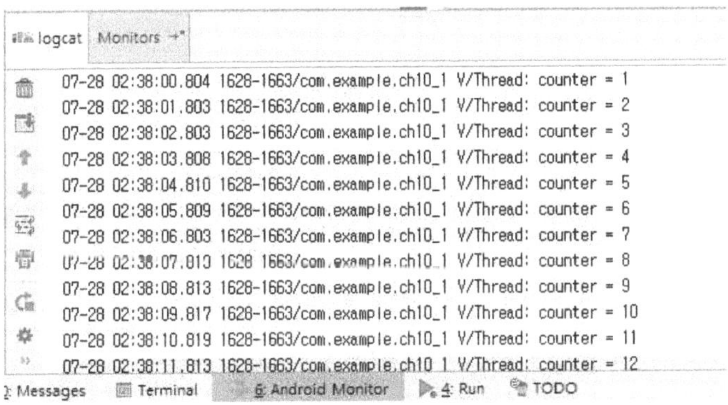

라인 36에서 Thread 클래스를 상속 받아서 작업 쓰레드인 CounterThread를 구현하였다. 작업 쓰레드는 run() 메서드를 실행하는데, 여기서는 라인 40에서 sleep()을 이용해서 1초(1000 밀리 초) 동안 멈추었다가 counter 값을 증가시킨 다음에 counter 값을 로그캣 창에 보여준다. 작업 쓰레드는 UI 화면에 직접 접근할 수 없으므로 로그캣을 통해서 보여준다. 만약 라인 45의 주석을 풀어 두고 실행시키면 프로그램은 예외가 발생되어 종료하게 된다.

10.1.2 Runnable 인터페이스를 구현하여 Thread 객체에 전달하는 방법

Runnable 인터페이스를 상속받아 run() 메서드를 구현한 클래스를 만들어 객체를 생성한 다음에 Thread()의 생성자의 인수로 전달한다. 이 방법도 결국은 새로 구현한 run() 메서드가 쓰레드가 실행하는 코드라는 점에서 앞의 방법과 동일하다. 쓰레드를 실행할 때에는 start() 메서드를 사용하고, 쓰레드는 강제 종료시키지 않고 반드시 스스로 종료하게 해야 한다.

```
// Thread 구현
class WorkerThread Implements Runnable {
    public void run() {
        // 쓰레드가 실행하는 코드
    }
}

// 쓰레스 생성 및 실행
Thread thread1 = new Thread(new WorkerThread());
thread1.start();
..............
```

예제 10-2)는 예제 10-1)과 동일한 기능을 Runnable 인터페이스를 이용해서 구현하는 방법을 보여준다.

예제10-2) res/layout/activity_main.xml

```
<?xml version="1.0" encoding="utf-8"?>
<LinearLayout xmlns:android="http://schemas.android.com/apk/res/android"
    android:layout_width="match_parent"
    android:layout_height="match_parent">
    <TextView
        android:id="@+id/textView1"
```

```
            android:layout_width=“match_parent“
            android:layout_height=“wrap_content“
            android:layout_gravity=“center“
            android:gravity=“center“
            android:onClick=“clickTextView“
            android:textSize=“25sp“
            android:text=“0“/>
</LinearLayout>
```

예제10-2) java/..../MainActivity.java

```
public class MainActivity extends AppCompatActivity {
    TextView textView;
    int counter;
    boolean runFlag;

    @Override
    protected void onCreate(Bundle savedInstanceState) {
        super.onCreate(savedInstanceState);
        setContentView(R.layout.activity_main);
        //
        runFlag = false;
        counter = 0;
        textView = (TextView)findViewById(R.id.textView1);
    }
    @Override
    protected void onResume() {
        super.onResume();
        if (runFlag == false) {
            Thread thread1 = new Thread(new CounterThread());
            thread1.start();
            runFlag = true;
        }
    }
    @Override
    protected void onStop() {
        super.onStop();
        if (runFlag) {
            runFlag = false;
        }
    }
    //
    public void clickTextView(View view) {
        textView.setText(“counter = “ + counter);
```

```
34          }
35          //
36          class CounterThread implements Runnable {
37              public void run() {
38                  while (runFlag) {
39                      try {
40                          Thread.sleep(1000);
41                      } catch (InterruptedException e) {
42                      }
43
44                      counter++;
45  //                 textView.setText("counter = " + counter);
46                      Log.v("Thread", "counter = " + counter);
47                  }
48              }
49          }
50  }
```

예제 10-2)의 라인 36에 있는 작업 쓰레드 CounterThread는 Runnable 인터페이스 내에 있는 run() 메서드를 구현해서 클래스로 만들었다. 이 클래스를 객체화해서 라인 19에서 쓰레드 객체를 생성할 때 인수로 넘겨 주었다. 이 방법에서 구현한 쓰레드의 실행 원리도 예제 10-1)과 같다.

10.2 작업 쓰레드에서 UI 조작

작업 쓰레드는 UI 요소들을 접근할 수 없도록 되어 있다. 만약 접근하게 되면 예외가 발생하여 프로그램이 종료된다. 따라서 작업 쓰레드의 작업 결과를 UI 요소에 나타내려면 메인 쓰레드의 도움을 받아야 한다. 안드로이드에는 이를 지원하는 여러 가지 방법들이 있는데, 여기서는 효율적으로 사용할 수 있는 몇 가지 방법을 소개한다.

10.2.1 post(), postDelayed()

UI 요소인 View 들에는 post() 메서드와 postDelayed() 메서드가 있다. 이 메서드는 인수로 주어지는 Runnable 인터페이스를 구현한 객체를 메인 쓰레드에게 전달해서 내부 메서드인 run()을 실행하도록 한다. 그러므로 Runnable 인터페이스의 run() 메서드를 반드시 구현하여야 한다. 이 run() 메서드는 메인 쓰레드가 실행하므로 그 내부에서 UI 요소들을 접근할 수 있다. post()는 즉시 인수로 주어지는 Runnable 객체를 실행하도록 하고, postDelayed()는 주어진 시간이 경과한 다음에 실행하도록 한다.

예제 10-3)은 예제 10-1)과 같은 기능을 하는데, 결과를 로그캣이 아닌 액티비티 화면에 TextView를 통해서 직접 보여준다. 이를 위해서 post() 메서드를 사용했다.

예제10-3) res/layout/activity_main.xml

```
<?xml version=“1.0“ encoding=“utf-8“?>
<LinearLayout xmlns:android=“http://schemas.android.com/apk/res/android“
    android:layout_width=“match_parent“
    android:layout_height=“match_parent“>
    <TextView
        android:id=“@+id/textView1“
        android:layout_width=“match_parent“
        android:layout_height=“wrap_content“
        android:layout_gravity=“center“
        android:gravity=“center“
        android:onClick=“clickTextView“
        android:textSize=“25sp“
        android:text=“Start“/>
</LinearLayout>
```

예제10-3) java/..../MainActivity.java

```
public class MainActivity extends AppCompatActivity {
    TextView textView;
    int counter;
    boolean runFlag;

    @Override
    protected void onCreate(Bundle savedInstanceState) {
        super.onCreate(savedInstanceState);
        setContentView(R.layout.activity_main);
        //
        runFlag = false;
        counter = 0;
```

```
13          textView = (TextView)findViewById(R.id.textView1);
14      }
15      @Override
16      protected void onStop() {
17          super.onStop();
18          if (runFlag == true) {
19              runFlag = false;
20          }
21      }
22      //
23      public void clickTextView(View view) {
24          if (runFlag == false) {
25              Thread thread1 = new Thread(new CounterThread());
26              thread1.start();
27              runFlag = true;
28          }
29      }
30      //
31      class CounterThread implements Runnable {
32          public void run() {
33              while (runFlag) {
34                  try {
35                      Thread.sleep(1000);
36                  } catch (InterruptedException e) {
37                  }
38                  counter++;
39
40                  textView.post(new Runnable() {
41                      public void run() {
42                          textView.setText(“counter = “ + counter);
43                      }
44                  });
45              }
46          }
47      }
48  }
```

작업 쓰레드인 CounterThread는 라인 35에서 1 초 동안 실행을 멈추었다가 라인 38에서 counter 변수값을 증가시키고, 라인 40에서 post() 메서드를 이용해서 메인 쓰레드에게 Runnable 인터페이스를 구형해서 생성한 객체를 넘겨 주어 라인 41에 있는 run() 메서드를 실행하도록 요청한다.

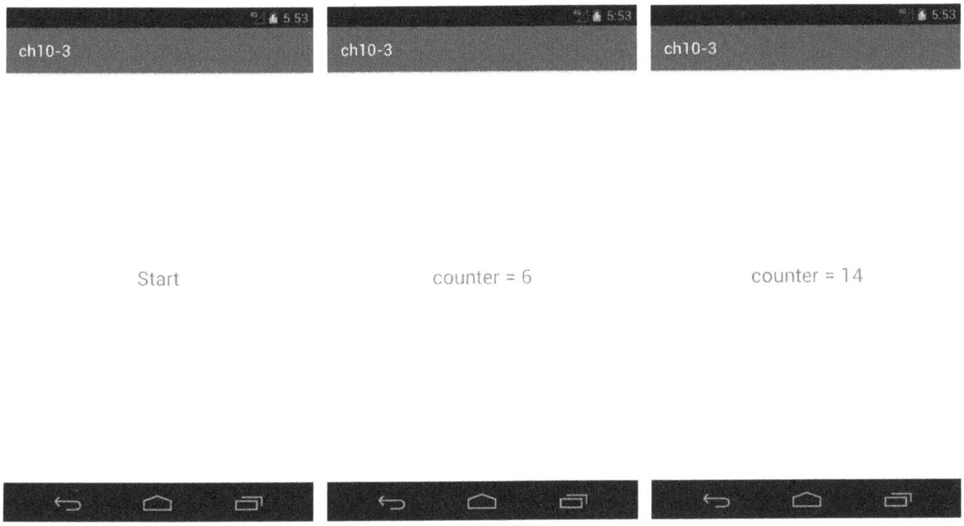

10.2.2 Handler

Handler는 쓰레드 사이에 메시지를 보내고 받기 위한 통신 메커니즘이다. 핸들러는 Message 클래스의 메시지를 주고 받을 수 있다. 핸들러 객체는 메시지를 수신하는 내부 추상 메서드인 handleMessage() 메서드를 구현하고 있어야 한다. 핸들러의 sendMessage() 메시지로 전송한 메시지를 핸들러의 handleMessage()에서 수신해서 처리한다.

Message 클래스는 5 개의 필드(what, arg1, arg2, obj, replyTo)를 가지는데 앞의 3 개는 정수형이고, 네 번째는 객체, 다섯 번째는 Messenger 형식의 객체이다. 핸들러는 간단하게 메시지를 생성하고 전송하기 위해 다음과 같은 여러 가지 메서드를 제공한다.

```
public final Message obtainMessage();
public final Message obtainMessage(int whar, int arg1, int arg2);
public final boolean sendEmptyMessage(int what);
public final boolean sendMessage(Message msg);
```

예제 10-4)는 예제 10-1)과 같은 기능을 핸들러를 이용해서 구현하는 방법을 보여준다.

예제10-4) res/layout/activity_main.xml

```
<?xml version="1.0" encoding="utf-8"?>
<LinearLayout xmlns:android="http://schemas.android.com/apk/res/android"
    android:layout_width="match_parent"
    android:layout_height="match_parent">
    <TextView
        android:id="@+id/textView1"
        android:layout_width="match_parent"
        android:layout_height="wrap_content"
        android:layout_gravity="center"
        android:gravity="center"
        android:onClick="clickTextView"
        android:textSize="25sp"
        android:text="Start"/>
</LinearLayout>
```

예제10-4) java/..../MainActivity.java

```
public class MainActivity extends AppCompatActivity {
    TextView textView;
    int counter;
    boolean runFlag;

    @Override
    protected void onCreate(Bundle savedInstanceState) {
        super.onCreate(savedInstanceState);
        setContentView(R.layout.activity_main);
        //
        runFlag = false;
        counter = 0;
        textView = (TextView)findViewById(R.id.textView1);
    }
    @Override
    protected void onStop() {
        super.onStop();
        if (runFlag == true) {
            runFlag = false;
        }
    }
```

```
22        //
23        public void clickTextView(View view) {
24            if (runFlag == false) {
25                Thread thread1 = new Thread(new CounterThread());
26                thread1.start();
27                runFlag = true;
28            }
29        }
30        //
31        class CounterThread implements Runnable {
32            public void run() {
33                while (runFlag) {
34                    try {
35                        Thread.sleep(1000);
36                    } catch (InterruptedException e) {
37                    }
38                    counter++;
39                    Message msg = handler.obtainMessage(counter);
40                    handler.sendMessage(msg);
41                }
42            }
43        }
44        //
45        Handler handler = new Handler() {
46            public void handleMessage(Message msg) {
47                textView.setText("counter = " + msg.what);
48            }
49        };
50    }
```

예제 10-4)는 화면의 TextView를 클릭하면 라인 23의 clickTextView가 실행되어 라인 25에서 작업 쓰레드가 생성되고 라인 26에서 start() 메서드로 작업 쓰레드가 시작된다. 작업 쓰레드는 앞의 예제와 동일한 방식으로 1초에 한 번씩 counter 변수의 값을 증가시키고 라인 39에서 counter 값을 담은 Message를 생성한 다음에 핸들러 handler의 sendMessage() 메서드를 이용해서 핸들러에게 전송한다. 라인 45에서 구현된 handler의 handleMessage()는 메인 쓰레드에 의해 실행되는데, sendMessage()로 전송된 메시지를 받아서 실행된다. 여기서는 메시지의 값을 텍스트 뷰에 표시한다.

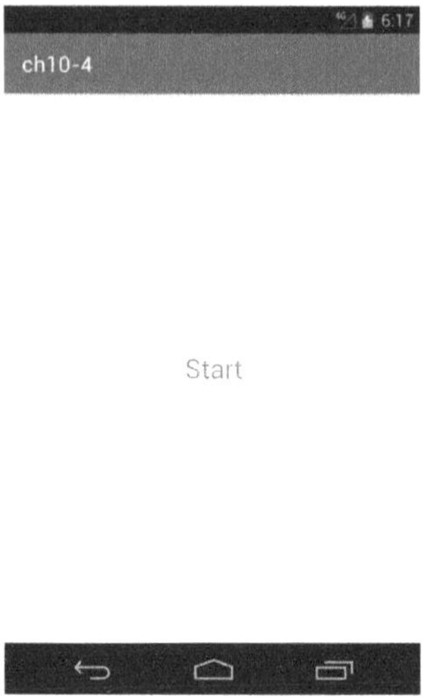

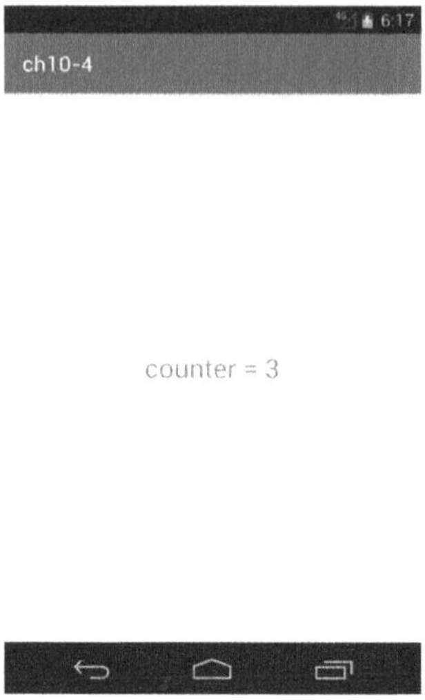

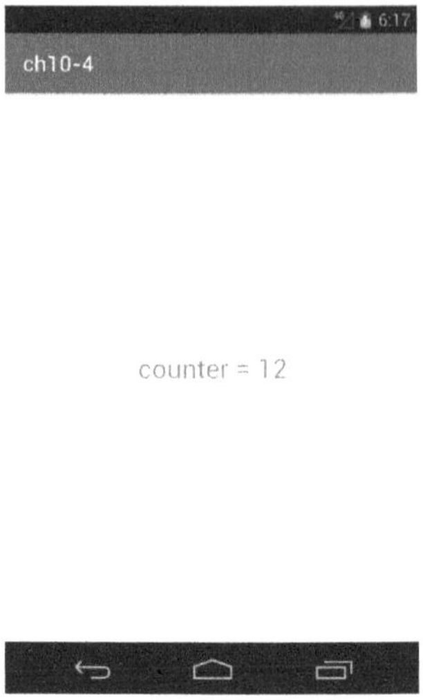

10.2.3 AsyncTask

AsyncTask는 UI 작업과 비동기적인 쓰레드 작업을 하나로 묶어 지원해서 복잡한 비동기 작업을 간단하게 처리할 수 있도록 해주는 클래스이다. AsyncTask 클래스는 UI 쓰레드가 실행하는 onPreExecute(), onPostExecute(), onProgressUpdate(), 그리고 작업 쓰레드가 실행하는 doInBackground(), publishProgress() 메서드를 제공한다. AsyncTask 객체는 다음과 같이 생성해서 실행시킬 수 있다.

```
new AsyncTask().execute(args...);
```

AsyncTask가 실행되는 순서는 다음과 같다.

(1) AsyncTask 객체를 execute(args...)로 실행시키면 먼저 메인 쓰레드는 이벤트 핸들러 메서드인 onPreExecute()를 실행한다. 이 메서드에서는 AsyncTask가 수행할 작업을 초기화 시킨다.

(2) onPreExecute() 메서드가 실행된 후에 작업 쓰레드가 자동으로 생성되어 작업 쓰레드가 doInBackground()를 실행한다. execute() 메서드의 가변 인

수들은 doInBackground() 메서드에 인수로 전달된다.

(3) doInBackground() 내에서 필요하면 작업의 중간 결과를 publishProgress() 메서드를 이용해 메인 쓰레드에 전달한다.

(4) 작업 쓰레드가 publishProgress()를 호출하면 메인 쓰레드는 자동으로 onProgressUpdate()를 실행하여 인수로 전달된 중간 결과에 대한 처리를 한다.

(5) doInBackground()가 종료되면 작업 쓰레드가 종료되고 메인 쓰레드의 onPostExecute()가 실행되어 작업 쓰레드의 작업 결과를 UI에 반영한다.

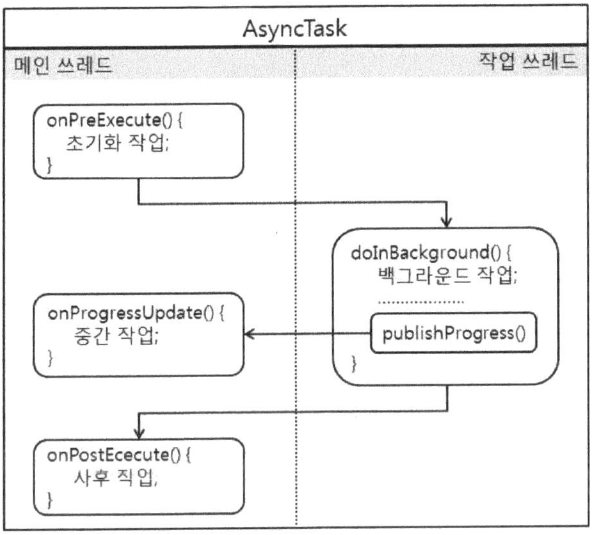

<그림 10-1> AsyncTask의 동작

AsyncTask는 네트워크 다운로드 작업과 같은 작업에 사용할 수 있다. 예를 들면 서버에서 데이터를 다운로드 받아서 화면에 표시하는 프로그램의 경우에 데이터의 다운로드 작업은 작업 쓰레드가 실행하는 doInBackground()에서 수행하고, 다운로드가 완료되면 메인 쓰레드가 실행하는 onPostExecute()에서 결과를 화면에 표시할 수 있다. 또한 다운로드의 중간 결과는 publishProgress()와 onProgressUpdate()를 이용해 화면에 표시할 수 있다.

예제 10-5)는 AsyncTask를 이용해서 작업 쓰레드가 처리하는 작업을 메인 쓰레드에서 보여주는 방법을 설명한다. 작업 쓰레드는 doInBackground() 내에서 1 초에 한번씩 counter 변수 값을 증가시키고 그 값을 publishProgress()를 이용해서 메인 쓰레드가 처리하는 onProgressUpdate()에게 전달한다. 전달된 counter 값은 ProgressBar에 표시된다.

예제10-5) res/layout/activity_main.xml

```
<?xml version="1.0" encoding="utf-8"?>
<RelativeLayout xmlns:android="http://schemas.android.com/apk/res/android"
    android:layout_width="match_parent"
    android:layout_height="match_parent">
    <Button
        android:id="@+id/button1"
        android:layout_width="wrap_content"
        android:layout_height="wrap_content"
        android:layout_centerInParent="true"
        android:onClick="clickStart"
        android:textAllCaps="false"
        android:textSize="25sp"
        android:text="Start"/>
</RelativeLayout>
```

예제10-5) java/..../MainActivity.java

```
public class MainActivity extends AppCompatActivity {
    ProgressDialog pd;
    int max = 100;

    @Override
    protected void onCreate(Bundle savedInstanceState) {
        super.onCreate(savedInstanceState);
        setContentView(R.layout.activity_main);

        pd = new ProgressDialog(this);
        pd.setMessage("Loading....");
        pd.setProgressStyle(ProgressDialog.STYLE_HORIZONTAL);
        pd.setMax(max);
        pd.setProgress(0);
    }

    public void clickStart(View view) {
        new DownloadTask().execute(max);
    }
```

```
20
21        class DownloadTask extends AsyncTask<Integer, Integer,Integer> {
22            protected void onPreExecute() {
23                pd.show();
24            }
25
26            protected Integer doInBackground(Integer ... value) {
27                int counter = 0;
28                int maxCounter = value[0];
29
30                while (counter <= maxCounter) {
31                    try {
32                        Thread.sleep(100);
33                    } catch (InterruptedException e) { }
34                    publishProgress(counter);
35                    counter++;
36                }
37                return 0;
38            }
39
40            protected void onProgressUpdate(Integer ... value) {
41                pd.setProgress(value[0]);
42            }
43
44            protected void onPostExecute(Integer result) {
45                pd.dismiss();
46                Toast.makeText(getApplicationContext(), "Complete Downloading",
47                        Toast.LENGTH_SHORT).show();
48            }
49        }
50    }
```

MainActivity는 라인 10 ~ 라인 14에서 미리 ProgressDialog를 생성해 둔다. 화면의 Start 버튼을 클릭하면 라인 18에서 AsyncTask를 상속 받아서 만든 DownloadTask를 생성해서 execute() 메서드로 실행한다. 이 때 프로그래스 바의 최대값인 max를 인수로 넘겨준다.

DownloadTask가 실행되면 최초로 라인 22의 onPreExecute()가 실행된다. onPreExecute()에서는 show() 메서드로 프로그래스 바를 화면에 표시하도록 한다. onPreExecute() 메서드가 실행된 후에 작업 쓰레드가 자동으로 생성되어 doInBackground() 가 실행된다. doInBackground()의 인수는 execute() 메서드에서 넘겨준 인수가 배열 형태로 전달된다. 따라서 배열의 첫 번째 요소 값이 execute()에서 넘겨준 max 값이다. doInBackground()에서는 max 값이 될 때까지 100 밀리 초에 한 번씩 counter 값을 증가시켜서 publichProgress()를 통해서 메인 쓰레드가 실행하는 onProgressUpdate()에게 넘겨 주고, 이 값으로 프로그래스 바의 값이 변경된다. doInBackground() 내의 라인 30에 있는 while 문이 max 회 실행된 후에 doInBackground()가 반환되고, 이에 따라서 작업 쓰레드가 종료된다. 그 후에 메인 쓰레드에 의해 onPostExecute()가 실행되어 라인 45에서 프로그래스 바가 제거된다.

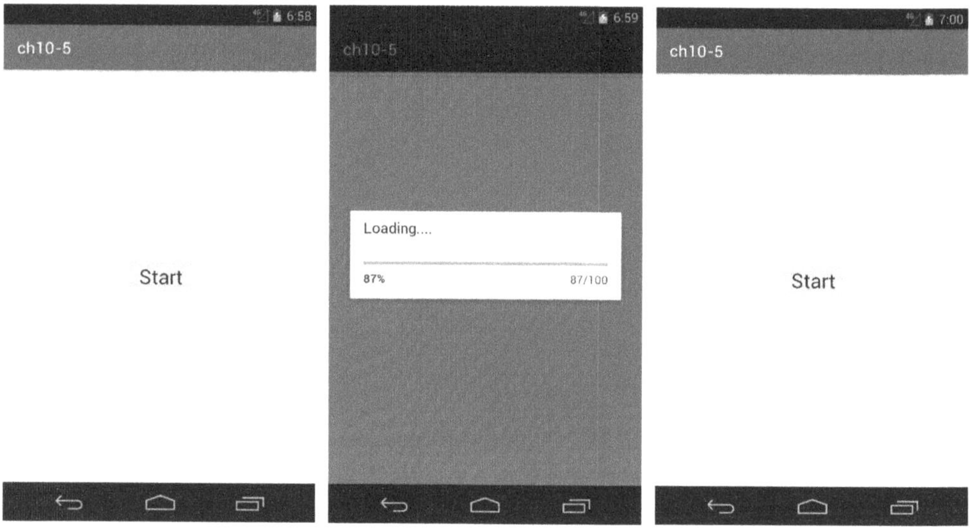

[과제 10-1]

아래 그림과 같이 동작하는 스톱 워치 프로그램을 작성한다. 스톱 워치의 시간 카운트는 작업 쓰레드에서 하고, 작업 쓰레드는 post() 메서드를 사용해서 TextView에 시간을 표시한다. 작업 쓰레드는 네 개의 상태(초기 상태, 동작 상태, 일시정지 상태, 정지 상태)를 가지고, 버튼이 클릭될 때마다 상태를 이동한다. 시간 카운트는 동작 상태에서만 진행된다.

(1) 화면의 가운데에는 시간이 표시되는데, 시간은 초 단위로 표시되고 소숫점 둘째자리까지 표시된다.
(2) 화면의 하단에는 세 개의 버튼이 있다. 버튼 중에서 현재 사용 가능한 버튼은 enabled 되어 표시되고, 사용이 불가능한 버튼은 disabled 되어 표시된다.
(3) 프로그램이 시작되면 초기 상태가 되어 시간은 0으로 표시된다. 초기 상태에서는 Start 버튼만 enabled 된다. 초기 상태에서 Start 버튼을 클릭하면 카운트가 진행되는 동작 상태가 된다.
(4) 동작 상태에서는 시간이 카운트되어 표시되고, Start 버튼은 disabled 되고 Stop 버튼과 Pause 버튼은 enabled 된다.
(5) 동작 상태에서 Stop 버튼을 클릭하면 정지상태가 된다. 정지 상태에서는

카운트가 멈추고, Start 버튼만 enabled 되고 Stop 버튼과 Pause 버튼은 disabled 된다.

(6) 동작 상태에서 Pause 버튼을 클릭하면 일시정지 상태가 된다. 일시정지 상태에서는 Start 버튼과 Stop 버튼이 enabled 되고 Pause 버튼은 disabled 된다.

(7) 일시정지 상태에서 Stop 버튼을 클릭하면 정지 상태가 된다.

(8) 정지 상태에서 Start 버튼을 클릭하면 동작 상태가 되고, 다시 0부터 카운트된다.

(9) 일시정지 상태에서 Start 버튼을 클릭하면 다시 동작 상태가 되어 카운트가 이전 값에 이어서 진행된다.

11 장 네트워크

11.1 네트워크 상태

11.2 웹 문서 다운로드

11.3 JSON 형식 처리

11.4 XML 형식 처리

11. 네트워크

안드로이드 기기들은 많은 통신 장치들을 가지고 있다. 모바일 데이터, 와이파이(Wi-Fi), 블루투스, NFC 등과 같은 장치들이 모두 통신 기능을 제공한다. 이들 중에서 가장 많이 사용하는 장치가 3G나 4G 같은 모바일 통신 장치나 wifi 장치이다.

11.1 네트워크 상태

안드로이드 시스템은 통신 장치들의 동작 상태를 감시하고, 현재 상태를 어플리케이션에 알려주며, 하나의 통신 연결이 끊어지면 자동으로 다른 장치를 통해 연결을 시도하는 역할을 담당하는 연결 관리자인 ConnectivityManager 클래스를 제공한다. getSystemService()를 이용해서 연결 관리자 객체를 얻을 수 있다. 네트워크 상태를 조회하려면 접근 권한 ACCESS_NETWORK_STATE이 필요하다.

예제11-1) java/..../MainActivity.java

```
public class MainActivity extends AppCompatActivity {
    @Override
    protected void onCreate(Bundle savedInstanceState) {
        super.onCreate(savedInstanceState);
        setContentView(R.layout.activity_main);
    }

    public void clickCheckNetwork(View view) {
        Context context = getApplicationContext();
        ConnectivityManager manager =
(ConnectivityManager)context.getSystemService(Context.CONNECTIVITY_SERVICE);
        NetworkInfo info = manager.getActiveNetworkInfo();
        if (info != null && info.getType() == ConnectivityManager.TYPE_MOBILE)
{
            Toast.makeText(context, "MOBILE Data available",
Toast.LENGTH_SHORT).show();
        } else if (info != null && info.getType() ==
```

```
    ConnectivityManager.TYPE_WIFI) {
                Toast.makeText(context, "WIFI available",
    Toast.LENGTH_SHORT).show();
            }
        }
}
```

11.2 웹 문서 다운로드

인터넷을 통한 웹 문서를 다운로드할 때에는 HTTP 프로토콜을 사용한다. 안드로이드는 HTTP 연결을 통해 웹 문서를 다운로드하는 HttpURLConnection을 제공한다. 웹 문서를 다운로드하는 것과 같은 시간이 많이 걸리는 작업은 반드시 별도의 작업 쓰레드를 사용해서 해야 하고, 메인 쓰레드에서 HttpURLConnection을 사용하면 NetworkOnMainThread 예외가 발생하게 된다. 또한 인터넷 연결을 하기 위해서는 접근 권한 INTERNET이 필요하다.

쓰레드를 사용해서 웹 문서를 다운로드하고 결과를 화면에 보여주는 작업은 AsyncTask 클래스를 사용하면 편리하다. AsyncTask는 백그라운드 작업을 위해 작업 쓰레드를 생성하고 작업 쓰레드가 doInBackground() 메서드를 실행한다. doInBackground()가 완료되어 반환한 작업의 최종 결과는 메인 쓰레드가 실행하는 postExecute()에게 인수로 전달되고 여기서 결과를 화면에 보여줄 수 있다. 예제11-2)는 웹에서 문서를 다운로드하여 보여주는 프로그램의 전형적인 예이다.

URL을 인수로 HttpURLConnection을 열면 웹 서버와 HTTP 프로토콜로 연결되는데, 서비스 요청 방법으로 GET이나 POST를 설정하면 웹 문서가 다운로드되고 응답 코드를 읽어올 수 있다. 응답 코드가 HTTP_OK이면 요청이 성공해서 문서 다운로드가 성공한 것을 나타낸다. 다운로드 결과는 텍스트이므로 화면에 표시하거나 HTML 해석기로 해석해서 표시할 수 있다. 다운로드가 성공하지 못하면 예외가 발생하므로 다운로드 작업은 반드시 try ... catch 문 내에서 수행해야 한다. 또한 doInBackground()는 작업 쓰레드가 실행하는 코드이므로 그 내부에는 UI 작업에 해당하는 Toast와 같은 기능은 사용할 수 없다.

예제 11-2)는 EditText로 URL을 입력 받아서 HTTPURLConnection을 사용해서 서버와 연결해서 문서를 다운로드 받은 다음에 다운로드된 문서를 해석하지 않고 문서의 내용을 그대로 TextView에 표시하는 프로그램이다. 이 프로그램에서 작업 시간이 오래 걸리는 문서의 다운로드 작업을 위해서 AsyncTask를 이용했다.

예제11-2) res/layout/activity_main.xml

```
<?xml version="1.0" encoding="utf-8"?>
<RelativeLayout xmlns:android="http://schemas.android.com/apk/res/android"
    android:layout_width="match_parent"
    android:layout_height="match_parent"
    android:padding="10dp">
    <EditText
        android:id="@+id/urlEdit"
        android:layout_width="match_parent"
        android:layout_height="wrap_content"
        android:layout_alignParentTop="true"/>
    <Button
        android:id="@+id/getButton"
        android:layout_width="match_parent"
        android:layout_height="wrap_content"
        android:layout_alignParentBottom="true"
```

```
            android:padding="10dp"
            android:onClick="clickDownload"
            android:textAllCaps="false"
            android:text="Download"/>
        <ScrollView
            android:layout_width="match_parent"
            android:layout_height="wrap_content"
            android:layout_below="@id/urlEdit"
            android:layout_above="@id/getButton">
            <TextView
                android:id="@+id/textView1"
                android:layout_width="match_parent"
                android:layout_height="wrap_content"/>
        </ScrollView>
</RelativeLayout>
```

예제11-2) java/..../MainActivity.java

```
public class MainActivity extends AppCompatActivity {
    String address;

    @Override
    protected void onCreate(Bundle savedInstanceState) {
        super.onCreate(savedInstanceState);
        setContentView(R.layout.activity_main);
    }

    public void clickDownload(View view) {
        if (isNetworkAvailable()) {
            EditText urlEdit = (EditText) findViewById(R.id.urlEdit);
            address = urlEdit.getText().toString();
            if (address != null) {
                new DownloadTask().execute(address);
            }
        } else {
            Toast.makeText(getApplicationContext(), "Network not available",
                    Toast.LENGTH_SHORT).show();
        }
    }

    class DownloadTask extends AsyncTask<String, Integer, String> {
        protected void onPreExecute() {    }

        @Override
```

```
        protected String doInBackground(String... args) {
            String result = httpDownload(args[0]);
            return result;
        }

        protected void onPostExecute(String result) {
            TextView tv = (TextView)findViewById(R.id.textView1);
            tv.setText(result);
        }
    }

    private String httpDownload(String urlStr) {
        StringBuilder output = new StringBuilder();
        try {
            URL url = new URL(urlStr);
            HttpURLConnection conn = (HttpURLConnection)url.openConnection();
            if (conn != null) {
                conn.setConnectTimeout(10000);
                conn.setRequestMethod("GET");
                int resCode = conn.getResponseCode();
                if (resCode == HttpURLConnection.HTTP_OK) {
                    BufferedReader reader = new BufferedReader(new InputStreamReader(conn.getInputStream()));
                    String line = null;
                    while(true) {
                        line = reader.readLine();
                        if (line == null) {
                            break;
                        }
                        output.append(line + "\n");
                    }
                    reader.close();
                    conn.disconnect();
                }
            }
        } catch(Exception ex) {
            Log.v("HTTP", "HTTP Exception in processing response.", ex);
        }

        return output.toString();
    }

    private boolean isNetworkAvailable() {
        Context context = getApplicationContext();
```

```
69
70      ConnectivityManager manager = (ConnectivityManager)context.getSystemService(Context.CONNECTIVITY_SERVICE);
71      NetworkInfo info = manager.getActiveNetworkInfo();
72      if (info != null && info.getType() == ConnectivityManager.TYPE_MOBILE) {
73          return true;
74      } else if (info != null && info.getType() == ConnectivityManager.TYPE_WIFI) {
75          return true;
76      }
77      return false;
78    }
79  }
```

상단의 EditText 입력창에 URL을 입력하고 하단의 Download 버튼을 클릭하면 웹 문서가 다운로드되어 중앙의 TextView에 표시된다.

라인 10에 있는 Download 버튼의 핸들러는 먼저 라인 11에서 네트워크 연결이 사용 가능한 상태인가 검사한 다음에 라인 13에서 입력된 URL을 읽어서 라인 15에서 URL을 인수로 AsyncTask인 DownloadTask를 실행한다.

DownloadTask가 실행되면 onPreExecute()가 실행된 다음에 doInBackground()가 실행되어 HTTP 연결을 통해 문서를 다운로드한다. 라인 42에서 HTTP 연결을 설정하고, 라인 43과 라인 44에서 GET 형식의 요청 메시지를 전송한다. 요청이 성공하면 라인 46에서 정상적인 응답 메시지가 도착했는지 검사한 다음에 라인 47 ~ 라인 57에서 수신된 응답 메시지를 읽어서 라인 64에서 반환한다. 작업 쓰레드가 doInBackground() 실행을 완료하면 수신된 메시지를 문자열 형태로 반환하는데, 이 반환 값은 UI 쓰레드가 실행하는 라인 32의 onPostExecute()의 인수로 전달되어 라인 34에서 화면에 표시된다.

11.3 JSON 형식 처리

JSON(JavaScript Object Notation)은 데이터 전송을 위한 문서 형식으로 (key, value) 쌍이 다음과 같이 표현된다.

"key" : "value"

JSON은 표현이 간단해서 데이터 전송을 위한 문서 표현의 표준 형식인 XML 형식보다 더 많이 사용되고 있다. JSON에서 사용할 수 있는 값의 자료형은 다음과 같은 것들이 있다.

Boolean, String, Number, Array, Object

JSON 형식의 각 객체는 괄호 { }로 묶어서 표현하고, 배열은 괄호 [ ]로 묶어서 표현한다. JSON 형식으로 표현한 문서의 예는 다음과 같다.

```
{
    "title": "students",
    "students": [
        {
            "id": "2163",
            "name": "이순신",
            "department": "컴퓨터공학부"
        },
        {
            "id": "6752",
            "name": "홍길동",
            "department": "정보통신학부"
        },
        {
            "id": "6763",
            "name": "최명희",
            "department": "국문학과"
```

```
        }
    ]
}
```

위의 예에서 JSON 객체의 이름(title)은 students이고, 그 내에는 students라는 키를 가진 객체 배열이 있다. 객체는 세 요소 id, name, department로 구성되며 students는 이 객체들의 배열이다.

자바에서 JSON 객체는 JSONObject() 클래스로 표현되는데, 객체 요소의 값을 얻어 내려면 getString(key), getNumber(key), ... 와 같은 메서드를 사용한다. 객체 배열은 JSONArray() 클래스로 표현되고, 배열의 각 요소 객체는 인덱스를 사용해서 얻어낼 수 있다.

11.3.1 JSON 형식 데이터 처리

예제11-3)은 JSON 형식으로 표현된 문서를 파싱해서 그 값을 표시해 준다. JSON 형식의 문서 파일은 assets 폴더 아래에 있어야 하는데, assets 폴더는 다음과 같이 만들 수 있다.

[app] --> new --> Folder --> assets Folder

예제11-3) assets/students.json

```
{
    “title“: “students“,
    “students“: [
        {
            “id“: “2163“,
            “name“: “이순신“,
            “department“: “컴퓨터공학부“
        },
        {
            “id“: “6752“,
            “name“: “홍길동“,
            “department“: “정보통신학부“
        },
        {
```

```
                "id“: “6763“,
                "name“: “최명희“,
                "department“: “국문학과“
            }
        ]
}
```

예제11-3) res/layout/activity_main.xml

```
<RelativeLayout
    xmlns:android=“http://schemas.android.com/apk/res/android“
    android:layout_width=“match_parent“
    android:layout_height=“match_parent“
    android:padding=“10dp“>
    <Button
        android:id=“@+id/parseBtn“
        android:layout_width=“match_parent“
        android:layout_height=“50dp“
        android:layout_alignParentBottom=“true“
        android:textAllCaps=“false“
        android:text=“parsing“
        android:onClick=“startParse“/>
    <TextView
        android:id=“@+id/textview1“
        android:layout_width=“wrap_content“
        android:layout_height=“wrap_content“
        android:layout_alignParentTop=“true“
        android:layout_above=“@id/parseBtn“/>
</RelativeLayout>
```

예제11-3) java/.../MainActivity.java

```
public class MainActivity extends AppCompatActivity {
    ArrayList<Student> students;
    String title;
    TextView textView;

    @Override
    protected void onCreate(Bundle savedInstanceState) {
        super.onCreate(savedInstanceState);
        setContentView(R.layout.activity_main);
        //
        textView = (TextView)findViewById(R.id.textview1);
```

```
            students = new ArrayList<Student>();
        }

        public void startParse(View view) {
            try {
                parseJSON(getAssets().open(“students.json“), “utf-8“);
                showData();
            } catch (IOException e) {
                e.printStackTrace();
            }
        }
        private void showData() {
            String data = ““;

            for (int i = 0; i < students.size(); i++) {
                data += students.get(i).getId() + “     “ + students.get(i).getName() + “
      “ + students.get(i).getDepartment() + “\n“;
            }
            textView.setText(data);
        }
        void parseJSON(InputStream is, String type) {
            JSONObject jObject;

            try {
                BufferedReader reader = new BufferedReader(new
    InputStreamReader(is , type));
                StringBuilder sb = new StringBuilder();

                String line = null;
                while ((line = reader.readLine()) != null)
                {
                    sb.append(line + “\n“);
                }
                jObject = new JSONObject(sb.toString());
            } catch (Exception e) {
                jObject = null;
            }

            try {
                title = jObject.getString(“title“);
                JSONArray jArr = new JSONArray(jObject.getString(“students“));
                for(int i = 0; i < jArr.length(); i++){
                    Student st = new Student();
                    st.setId(jArr.getJSONObject(i).getInt(“id“));
```

```
54                      st.setName(jArr.getJSONObject(i).getString("name"));
55                      st.setDepartment(jArr.getJSONObject(i).getString("department"));
56                      students.add(st);
57                  }
58              } catch (Exception e) { }
59          }
60          ////////////////////////////////////////////////////////////////////////////////
61          public class Student {
62              private int id;
63              private String name;
64              private String department;
65
66              public String getName() {   return name;    }
67              public void setName(String name) {   this.name = name;   }
68              public int getId() {   return id; }
69              public void setId(int id) {   this.id = id;   }
70              public String getDepartment() {   return department;   }
71              public void setDepartment(String department) {   this.department =
    department;   }
72          }
73  }
```

프로그램을 실행하려면 먼저 assets 폴더에 students.json 파일을 작성해 두어야 한다. assets 폴더에 있는 파일을 접근하려면 라인 17과 같이 액티비티의 메서드인 getAssets() 메서드를 사용한다. 라인 31의 parseJSON()은 JSON 형식의 파일을 읽어서 라인 61의 class 구조로 변환한 다음에 ArrayList를 생성해서 반환한다.

라인 34 ~ 라인 46에서 전체 파일을 읽어서 하나의 문자열을 생성한다. 라인 48 ~ 라인 58은 앞에서 생성한 문자열에서 3 개의 필드를 구분해서 Student 구조의 ArrayList로 변환한다. 라인 23의 showData()는 ArrayList에 있는 데이터를 화면에 표시한다.

11.3.2 JSON 형식의 기상청 지역 코드

기상청에서는 날씨 정보를 RSS(Rich Site Summary) 형태로 제공한다. 예보는 지역별 3시간 단위의 단기 예보와 전국 단위의 중기 예보 형태로 제공되는데, 단기 예보와 중기 예보는 다음과 같은 형식으로 제공된다.

http://www.kma.go.kr/images/weather/lifenindustry/timeseries_XML.pdf
http://www.kma.go.kr/images/weather/lifenindustry/midtermforecast_rss.pdf

지역별 단기 예보를 위한 지역 구분은 GPS 좌표를 사용하지 않고 전국을 행정 단위별로 3 단계로 구분하여 별도의 코드와 좌표를 부여하여 구분한다. 지역 코드 정보는 JSON 형식으로 다음 문서로 제공된다.

http://www.kma.go.kr/DFSROOT/POINT/DATA/top.json.txt
http://www.kma.go.kr/DFSROOT/POINT/DATA/mdl.11.json.txt
http://www.kma.go.kr/DFSROOT/POINT/DATA/leaf.11545.json.txt

최상위(top) 레벨은 각 광역시와 도의 코드를 담고 있고 파일 이름은 top.json.txt이다. 중간(mdl) 레벨은 각 시나 구의 코드 정보를 담고 있고 파일 이름은 mdl.TOPCODE.json.txt이다. 최하위(leaf) 레벨은 각 동의 코드 정보를 leaf.MDLCODE.json.txt 파일로 제공한다. 예를 들면 코드는 다음과 같다.

top.json.txt

```
[ {"code":"11","value":"서울특별시" },   {"code":"26","value":"부산광역시" },
{"code":"41","value":"경기도" },
    ..............................
]
```

mdl.11.json.txt

```
[ {"code":"11110","value":"종로구" }, {"code":"11680","value":"강남구" },
     ..............................
```

```
]
```

leaf.11680.json.txt

```
[ {“code“:“1168051000“,“value“:“신사동“,“x“:“61“,“y“:“126“ },
{“code“:“1168052100“,“value“:“논현1동“,“x“:“61“,“y“:“125“ },
{“code“:“1168053100“,“value“:“논현2동“,“x“:“61“,“y“:“126“ },
    ..............................
]
```

예제11-4)는 최상위 레벨, 중간 레벨, 최하위 레벨의 코드를 읽어서 보여주는 프로그램이다. 각 레벨 정보를 가져 오기 위해서는 해당 레벨의 버튼을 클릭해야 한다. 최상위 레벨 정보는 별도의 입력없이 가져오고, 중간 레벨 정보는 최상위 레벨의 코드 값을 입력받아서 가져 온다. 또한 최하위 레벨의 정보는 중간 레벨의 코드 값을 입력 받아서 가져온다.

예제11-4) res/layout/activity_main.xml

```
<RelativeLayout   xmlns:android=“http://schemas.android.com/apk/res/android“
    android:layout_width=“match_parent“
    android:layout_height=“match_parent“
    android:padding=“10dp“>
    <Button
        android:id=“@+id/topBtn“
        android:layout_width=“100dp“
        android:layout_height=“50dp“
        android:layout_alignParentTop=“true“
        android:layout_alignParentRight=“true“
        android:onClick=“getInfoClick“
        android:text=“TOP“/>
    <EditText
        android:id=“@+id/topData“
        android:layout_width=“match_parent“
        android:layout_height=“80dp“
        android:layout_below=“@id/topBtn“
        android:focusable=“false“
        android:fadeScrollbars=“false“
        android:scrollbars=“vertical“
        android:background=“#FFeeeeee“/>
    <Button
        android:id=“@+id/mdlBtn“
```

```
        android:layout_width=“100dp“
        android:layout_height=“50dp“
        android:layout_below=“@id/topData“
        android:layout_alignParentRight=“true“
        android:onClick=“getInfoClick“
        android:text=“MDL“/>
    <EditText
        android:id=“@+id/topCode“
        android:layout_width=“wrap_content“
        android:layout_height=“50dp“
        android:layout_below=“@id/topData“
        android:layout_alignParentLeft=“true“
        android:layout_toLeftOf=“@id/mdlBtn“/>
    <EditText
        android:id=“@+id/mdlData“
        android:layout_width=“match_parent“
        android:layout_height=“80dp“
        android:layout_below=“@id/mdlBtn“
        android:scrollbars=“vertical“
        android:fadeScrollbars=“false“
        android:background=“#FFeeeeee“/>
    <Button
        android:id=“@+id/leafBtn“
        android:layout_width=“100dp“
        android:layout_height=“50dp“
        android:layout_below=“@id/mdlData“
        android:layout_alignParentRight=“true“
        android:onClick=“getInfoClick“
        android:text=“LEAF“/>
    <EditText
        android:id=“@+id/mdlCode“
        android:layout_width=“wrap_content“
        android:layout_height=“50dp“
        android:layout_below=“@id/mdlData“
        android:layout_alignParentLeft=“true“
        android:layout_toLeftOf=“@id/leafBtn“/>
    <EditText
        android:id=“@+id/leafData“
        android:layout_width=“match_parent“
        android:layout_height=“wrap_content“
        android:layout_alignParentBottom=“true“
        android:layout_below=“@id/leafBtn“
        android:scrollbars=“vertical“
        android:fadeScrollbars=“false“
```

```
        android:background="“#FFeeeeee“/>
</RelativeLayout>
```

예제11-4) java/..../MainActivity.java

```
public class MainActivity extends AppCompatActivity {
    ArrayList<CityInfo> cityInfos = new ArrayList<CityInfo>();
    EditText topData;
    EditText mdlData;
    EditText leafData;
    EditText topCode;
    EditText mdlCode;

    @Override
    protected void onCreate(Bundle savedInstanceState) {
        super.onCreate(savedInstanceState);
        setContentView(R.layout.activity_main);
        topData = (EditText)findViewById(R.id.topData);
        mdlData = (EditText)findViewById(R.id.mdlData);
        leafData = (EditText)findViewById(R.id.leafData);
        mdlData.setMovementMethod(new ScrollingMovementMethod());
        leafData.setMovementMethod(new ScrollingMovementMethod());
        topCode = (EditText)findViewById(R.id.topCode);
        mdlCode = (EditText)findViewById(R.id.mdlCode);
    }

    public void getInfoClick(View view) {
        String code, step;

        cityInfos.clear();
        GetJSONTask task = new GetJSONTask(this);
        if (view.getId() == R.id.topBtn) {
            code = “top“;
            step = “top“;
        } else if (view.getId() == R.id.mdlBtn) {
            code = “mdl.“ + topCode.getText().toString();
            step = “mdl“;
        } else {
            code = “leaf.“ + mdlCode.getText().toString();
            step = “leaf“;
        }
        String url = “http://www.kma.go.kr/DFSROOT/POINT/DATA/“ + code +
“.json.txt“;
        task.execute(step, url);
```

```
    }
    //////////////////////////////////////////////////////////////////////////////
    private class GetJSONTask extends AsyncTask<String, Void, String> {
        private Activity context;
        String step;

        public GetJSONTask(Activity context) {
            this.context = context;
        }

        protected String doInBackground(String... urls) {
            URL url;

            step = urls[0];
            try {
                url = new URL(urls[1]);
                InputStream is = url.openStream();
                parseJSON(is, “utf-8“, step);
            } catch (Exception e) {
                e.printStackTrace();
            }
            return null;
        }

        @Override
        protected void onPostExecute(String result) {
            String data = ““;

            for(int i=0; i<cityInfos.size(); i++) {
                String str = String.format(“%5s: %2s“, cityInfos.get(i).getname(), cityInfos.get(i).getCode());
                data += str;
                if (step.equals(“leaf“)) {
                    str = String.format(“    (%3s, %3s)\n“, cityInfos.get(i).getGridx(), cityInfos.get(i).getGridy());
                } else {
                    str = “\n“;
                }
                data += str;
            }

            if (step.equals(“top“)) {
                topData.setText(data);
            } else if (step.equals(“mdl“)) {
```

```
                    mdlData.setText(data);
                } else {
                    leafData.setText(data);
                }
            }
        }
        void parseJSON(InputStream is, String type, String step) {
            JSONArray jArr;
            try {
                BufferedReader reader = new BufferedReader(new InputStreamReader(is , type));
                StringBuilder sb = new StringBuilder();

                String line = null;
                while ((line = reader.readLine()) != null)
                {
                    sb.append(line + “\n“);
                }
                jArr = new JSONArray(sb.toString());
                for(int i = 0; jArr != null && i < jArr.length(); i++){
                    CityInfo city = new CityInfo();
                    city.setCode(jArr.getJSONObject(i).getString(“code“));
                    city.setName(jArr.getJSONObject(i).getString(“value“));
                    if (step.equals(“leaf“)) {
                        city.setGridx(jArr.getJSONObject(i).getString(“x“));
                        city.setGridy(jArr.getJSONObject(i).getString(“y“));
                    }
                    cityInfos.add(city);
                }
            } catch (Exception e) {
                e.printStackTrace();
            }
        }
        ////////////////////////////////////////////////////////////////////////////////
        private class CityInfo {
            private String  code;
            private String  name;
            private String  gridx;
            private String  gridy;

            public String getCode() { return code; }
            public void setCode(String code) { this.code = code; }
            public String getname() { return name;  }
            public void setName(String name) { this.name = name; }
```

```
124         public String getGridx() { return gridx; }
125         public void setGridx(String gridx) { this.gridx = gridx; }
126         public String getGridy() { return gridy; }
127         public void setGridy(String gridy) { this.gridy = gridy; }
128     }
129 }
```

세 개의 버튼에 대한 핸들러는 모두 라인 22의 getInfoClick()이다. 이 메서드에서 인수로 들어 온 버튼의 아이디로 어떤 버튼인지 식별해서 라인 27 ~ 라인 37에서 해당 정보를 제공하는 기상청의 URL을 생성한다. 라인 38에서 URL 정보와 레벨 정보를 인수로 해서 GetJSONTask를 실행시킨다.

GetJSONTask가 실행되면 먼저 라인 49의 doInBackground()가 실행되는데 라인 55에서 기상청 서버와 HTTP 연결을 해서 요청 메시지를 보낸 다음에 응답으로 오는 JSON 구조의 수신 메시지를 라인 87의 parseJSON() 메서드에서 해석해서 라인 114에 있는 CityInfo 구조의 ArrayList에 저장한다.

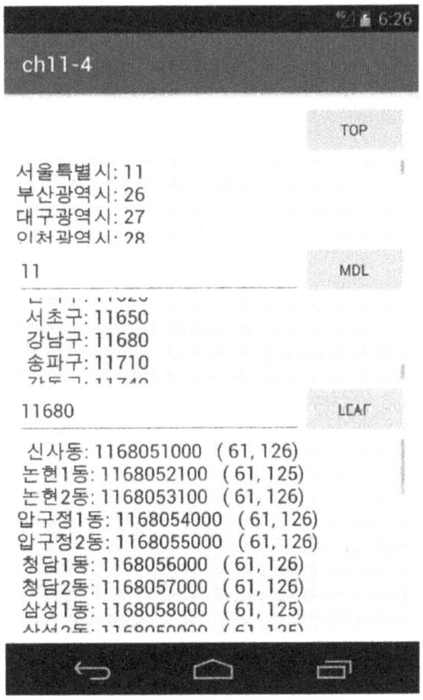

수신되는 메시지는 최상위 레벨, 중간 레벨, 최하위 레벨 중 하나의 정보의 배열인데 이를 해석하는 부분은 라인 101 ~ 라인 106이다. 어느 레벨이든 code와 value는 있고, 최하위 레벨의 경우에는 x 좌표와 y 좌표 정보가 더 있다.

최종적으로 응답 메시지의 수신과 JSON 코드의 해석이 완료되어 doInBackground()가 반환되면 UI 쓰레드에 의해 onPostExecute() 가 실행된다. 이 메서드에서는 cityInfos에 있는 정보를 적절한 레벨에 표시한다.

11.4 XML 형식 처리

XML(extensible markup language)은 W3C에서 제정한 웹 문서의 표준 형

식으로 구조화된 문서의 표현이 가능하다. XML 문서는 요소(Element)들로 구성되며 요소들은 중첩될 수 있다. XML 요소는 Tag, Attribute, Text로 다음과 같이 구성된다.

<TagName AttributeName= “AttributeValye” >Text</TagName>

여기서 Attribute 부분은 생략이 가능하다.

```
<?xml version="1.0“ encoding="UTF-8“?>
<students>
    <student>
        <id>2163</id>
        <name>이순신</name>
        <department>컴퓨터공학부</department>
    </student>
    <student>
        <id>6752</id>
        <name>홍길동</name>
        <department>정보통신학부</department>
    </student>
    <student>
        <id>6763</id>
        <name>최명희</name>
        <department>국문학과</department>
    </student>
</students>
```

11.4.1 XML 형식 데이터 처리

인터넷을 통해 교환되는 문서 형식으로 XML이 많이 사용되므로 안드로이드는 XML 형식의 문서를 해석하는 파서(parser)를 몇 가지 제공한다.

DOM(Document Object Model) 파서는 문서내의 모든 요소들은 해석해서 트리 구조로 만들어 메모리에 저장한다. 따라서 파싱이 되면 언제든지 원하는 요소의 정보를 가져올 수 있지만 내용이 많은 문서의 경우에는 내용이 많은 메모리를 필요로 한다.

SAX(Simple API for XML)은 문서의 각 요소를 라인 단위로 파싱하기 때문에 메모리를 많이 필요하지는 않지만, 지나간 요소의 정보를 얻기 위해서는 처음부터 다시 파싱하여야 한다. 따라서 인터넷을 통해서 스트림 형태로 전송되는 문서를 파싱할 경우에는 적합하지 않다.

XMLPullParser는 원하는 부분까지만 파싱하므로 인터넷을 통해 수신되는 내용을 파싱하는데 적합하다. XMLPullParser는 문서를 순차적으로 파싱하면서 이벤트를 발생시킨다. 발생되는 이벤트의 종류는 다음과 같다.

START_DOCUMENT 이벤트 : 문서의 시작
END_DOCUMENT 이벤트 : 문서의 끝
START_TAG 이벤트 : 태그의 시작 (예 : <data>)
END_TAG 이벤트 : 태그의 끝 (예 : </data>)
TEXT 이벤트 : 태그의 시작과 끝 사이의 텍스트

위와 같은 이벤트를 이용해서 XML 문서를 읽으면서 순차적으로 내용을 해석할 수 있다. START_TAG와 END_TAG 이벤트는 getName()으로 태그 이름을 읽는다. 시작 태그 이벤트와 종료 태그 이벤트 사이에는 텍스트가 있든 없든 TEXT 이벤트가 발생하는데 TEXT 이벤트가 발생하면 getText()로 텍스트 값을 읽을 수 있다.

예제11-5)는 XMLPullParser를 이용해서 XML 문서를 읽는 방법을 설명한다. 정보의 내용은 예제11-3)과 동일한데 표현 방법만 XML 방법을 사용했다.

예제11-5) assets/students.xml

```
<?xml version="1.0" encoding="UTF-8"?>
<students>
    <student>
        <id>2163</id>
        <name>이순신</name>
        <department>컴퓨터공학부</department>
    </student>
    <student>
        <id>6752</id>
        <name>홍길동</name>
        <department>정보통신학부</department>
```

```
        </student>
        <student>
            <id>6763</id>
            <name>최명희</name>
            <department>국문학과</department>
        </student>
</students>
```

예제11-5) res/layout/activity_main.xml

```
<RelativeLayout
    xmlns:android="http://schemas.android.com/apk/res/android"
    android:layout_width="match_parent"
    android:layout_height="match_parent"
    android:padding="10dp">
    <Button
        android:id="@+id/parseBtn"
        android:layout_width="match_parent"
        android:layout_height="50dp"
        android:layout_alignParentBottom="true"
        android:text="parsing"
        android:onClick="startParse"/>
    <TextView
        android:id="@+id/textview1"
        android:layout_width="wrap_content"
        android:layout_height="wrap_content"
        android:layout_alignParentTop="true"
        android:layout_above="@id/parseBtn"/>
</RelativeLayout>
```

예제11-5) java/..../MainActivity.java

```
public class MainActivity extends AppCompatActivity {
    ArrayList<Student> students;
    TextView textView;

    @Override
    protected void onCreate(Bundle savedInstanceState) {
        super.onCreate(savedInstanceState);
        setContentView(R.layout.activity_main);
        //
        textView = (TextView)findViewById(R.id.textview1);
        students = new ArrayList<Student>();
```

```
    }

    public void startParse(View view) {
        try {
            parseXML(getAssets().open(“students.xml“), “utf-8“);
            showData();
        } catch (IOException e) {
            e.printStackTrace();
        }
    }

    private void showData() {
        String data = ““;

        for (int i = 0; i < students.size(); i++) {
            data += students.get(i).getId() + “    “ + students.get(i).getName() + “
“ + students.get(i).getDepartment() + “\n“;
        }

        textView.setText(data);
    }

    void parseXML(InputStream is, String type) {
        Student student = null;
        String text = null;

        try {
            XmlPullParscrFactory factory = XmlPullParserFactory.newInstance();
            XmlPullParser parser = factory.newPullParser();

            parser.setInput(is, type);
            int eventType = parser.getEventType();
            while (eventType != XmlPullParser.END_DOCUMENT) {
                String tagname = parser.getName();
                switch (eventType) {
                    case XmlPullParser.START_TAG:
                        if (tagname.equalsIgnoreCase(“student“)) {
                            // create a new instance of employee
                            student = new Student();
                        }
                        break;

                    case XmlPullParser.TEXT:
                        text = parser.getText();
```

```
55                          break;
56
57                      case XmlPullParser.END_TAG:
58                          if (tagname.equalsIgnoreCase(“student“)) {
59                              students.add(student);
60                          } else if (tagname.equalsIgnoreCase(“name“)) {
61                              student.setName(text);
62                          } else if (tagname.equalsIgnoreCase(“id“)) {
63                              student.setId(Integer.parseInt(text));
64                          } else if (tagname.equalsIgnoreCase(“department“)) {
65                              student.setDepartment(text);
66                          }
67                          break;
68                      default:
69                          break;
70                  }
71                  eventType = parser.next();
72              }
73          } catch (Exception e) {
74              e.printStackTrace();
75          }
76      }
77      ///////////////////////////////////////////////////////////////////////////////////
78      public class Student {
79          private int id;
80          private String name;
81          private String department;
82
83          public String getName() {   return name;    }
84          public void setName(String name) {   this.name = name;   }
85          public int getId() {   return id; }
86          public void setId(int id) {   this.id = id;   }
87          public String getDepartment() {   return department;   }
88          public void setDepartment(String department) {   this.department =
    department;  }
89      }
90  }
```

화면 하단의 PARSING 버튼을 클릭하면 이벤트 핸들러인 startParse()가 실행되어 라인 16에서 assets 폴더에 있는 students.xml 파일을 읽어서 parseXML()을 이용해서 내용을 해석한 다음에 라인 17에서 결과를 화면에 보여준다.

xml 형식의 파일을 읽어서 해석하는 라인 33 있는 parseXML() 메서드는 먼저 라인 39에서 XMLPullParser 객체를 생성한 다음에 라인 43 ~ 라인 72에서 각 이벤트에 따른 처리를 해서 Student 구조로 변환한 다음에 ArrayList에 추가한다. student 태그가 시작될 때마다 라인 49에서 새로운 Student 구조가 생성되고 name, id, department 태그가 끝나면(라인 60, 62, 64) 그 태그의 텍스트를 student 구조의 해당 필드에 저장(라인 61, 63, 65)한다. student 태그가 끝나면(라인 58) student 구조를 ArrayList에 저장한다.

해석된 xml 데이터를 보여주는 라인 23의 showData() 메서드는 ArrayList인 students에 있는 모든 요소들의 값들을 TextView에 보여준다.

11.4.2 XML 형식의 기상청 날씨 정보

기상청의 지역별 단기 예보는 3시간 단위의 날씨 정보가 XML 형식으로 제공된다. 특정 지역의 날씨 정보는 해당 지역의 X 좌표와 Y 좌표 값을 가지고 서버에게 요청하면 서버가 그 지역의 날씨 정보를 XML 형식으로 제공한다. 예를 들면 서울시 강남구 신사동(x=61, y=126)의 단기 예보를 얻으려면 기상청의 HTTP 서버에게 다음과 같이 요청한다.

http://www.kma.go.kr/wid/queryDFS.jsp?gridx=61&gridy=126

이에 대한 응답은 HTTP 응답 메시지로 아래와 같이 전달된다. 각 태그는 특별한 의미를 가진다. 예를 들면 hour은 시간이고 temp는 그 시간의 기온이다. day는 해당 정보의 날짜를 나타내는 것으로 0은 오늘, 1은 내일과 같은 의미를 가진다.

http://www.kma.go.kr/wid/queryDFS.jsp?gridx=61&gridy=126

```
<?xml version="1.0" encoding="UTF-8"?>
-<wid>
    -<header>
        <tm>201708081100</tm>
        <ts>3</ts>
        <x>61</x>
        <y>126</y>
     </header>
    -<body>
        -<data seq="0">
            <hour>15</hour>
            <day>0</day>
            <temp>31.0</temp>
            <tmx>32.0</tmx>
            <tmn>-999.0</tmn>
            <sky>3</sky>
            <pty>0</pty>
            <wfKor>구름 많음</wfKor>
            <wfEn>Mostly Cloudy</wfEn>
            <pop>20</pop>
            <r12>0.0</r12>
            <s12>0.0</s12>
            <ws>2.0</ws>
            <wd>6</wd>
            <wdKor>서</wdKor>
            <wdEn>W</wdEn>
            <reh>50</reh>
            <r06>0.0</r06>
            <s06>0.0</s06>
         </data>
        -<data seq="1">
            <hour>18</hour>
            <day>0</day>
            <temp>30.0</temp>
            <tmx>32.0</tmx>

    ..................................................
    ..................................................

         </data>
     </body>
 </wid>
```

예제11-6)은 기상청 서버에서 단기 예보를 가져와서 보여준다. 원하는 동네의 x, y 좌표를 입력하고 하단의 버튼을 클릭하면 좌표에 해당하는 동네의 단기 예보를 가져와서 날씨, 온도, 강수 확률, 습도 등의 정보를 3시간 간격으로 보여 준다. 네트워크를 통해 정보를 가져와서 보여 주기 때문에 메인 쓰레드에서 직접 처리할 수 없다. 따라서 이 프로그램에서는 AsyncTask를 사용했다.

예제11-6) res/layout/activity_main.xml

```
<RelativeLayout  xmlns:android=“http://schemas.android.com/apk/res/android“
    android:layout_width=“match_parent“
    android:layout_height=“match_parent“
    android:padding=“10dp“>
    <LinearLayout
        android:id=“@+id/gridholder“
        android:layout_width=“match_parent“
        android:layout_height=“wrap_content“
        android:layout_alignParentTop=“true“
        android:padding=“10dp“
        android:background=“#FFcccccc“>
        <TextView
            android:layout_width=“wrap_content“
            android:layout_height=“wrap_content“
            android:layout_weight=“1“
            android:gravity=“right“
            android:text=“gridX“/>
        <EditText
            android:id=“@+id/gridX“
            android:layout_width=“wrap_content“
            android:layout_height=“wrap_content“
            android:gravity=“center“
            android:layout_weight=“2“
            android:text=“61“/>
        <TextView
            android:layout_width=“wrap_content“
            android:layout_height=“wrap_content“
            android:layout_weight=“1“
            android:gravity=“right“
            android:text=“gridY“/>
        <EditText
            android:id=“@+id/gridY“
            android:layout_width=“wrap_content“
```

```
                android:layout_height="wrap_content"
                android:gravity="center"
                android:layout_weight="2"
                android:text="118"/>
        </LinearLayout>
        <Button
            android:id="@+id/getInfo"
            android:layout_width="match_parent"
            android:layout_height="50dp"
            android:layout_alignParentBottom="true"
            android:onClick="getWeather"
            android:textAllCaps="false"
            android:text="Weather Info"/>
        <TextView
            android:id="@+id/weatherInfo"
            android:layout_width="wrap_content"
            android:layout_height="wrap_content"
            android:layout_below="@id/gridholder"
            android:layout_above="@id/getInfo"/>
</RelativeLayout>
```

예제11-6) java/..../WeatherInfo.java

```
public class WeatherInfo {
    private String hour;    //
    private String day;
    private String temp;   //
    private String wfKor;  // status
    private String pop;    // 강수확률
    private String reh;     // 습도

    public String getDay() { return day; }
    public void setDay(String day) { this.day = day; }
    public String getReh() { return reh;  }
    public void setReh(String reh) { this.reh = reh; }
    public String getPop() { return pop; }
    public void setPop(String pop) { this.pop = pop;  }
    public void setHour(String hour) { this.hour = hour; }
    public void setTemp(String temp) { this.temp = temp; }
    public void setWfKor(String wfKor) { this.wfKor = wfKor; }
    public String getHour() { return hour; }
    public String getTemp() { return temp; }
```

```
    public String getWfKor() { return wfKor; }
}
```

예제11-6) java/..../MainActivity.java

```
public class MainActivity extends AppCompatActivity {
    ArrayList<WeatherInfo> weatherInfos = new ArrayList<WeatherInfo>();
    TextView textView;

    @Override
    protected void onCreate(Bundle savedInstanceState) {
        super.onCreate(savedInstanceState);
        setContentView(R.layout.activity_main);
        textView = (TextView)findViewById(R.id.weatherInfo);
    }

    public void getWeather(View view) {
        EditText edit;
        edit = (EditText)findViewById(R.id.gridX);
        String gridX = edit.getText().toString();
        edit = (EditText)findViewById(R.id.gridY);
        String gridY = edit.getText().toString();
        String url = "http://www.kma.go.kr/wid/queryDFS.jsp?gridx=" + gridX + "&gridy=" + gridY;
        weatherInfos.clear();
        GetXMLTask task = new GetXMLTask(this);
        task.execute(url);
    }
    /////////////////////////////////////////////////////////////////////////////////
    private class GetXMLTask extends AsyncTask<String, Void, String> {
        private Activity context;

        public GetXMLTask(Activity context) {
            this.context = context;
        }
        protected String doInBackground(String... urls) {
            URL url;
            try {
                url = new URL(urls[0]);
                InputStream is = url.openStream();
                parseXML(is, "utf-8");
            } catch (Exception e) {
                Toast.makeText(getBaseContext(), "Parsing Error", Toast.LENGTH_SHORT).show();
```

```
            }
            return null;
        }

        @Override
        protected void onPostExecute(String result) {
            String data = "";

            for(int i=0; i<weatherInfos.size(); i++) {
                String str = String.format("%5s:%2s %10s %4s %4s %4s\n",
                        weatherInfos.get(i).getDay(),
                        weatherInfos.get(i).getHour(),
                        weatherInfos.get(i).getWfKor(),
                        weatherInfos.get(i).getPop(),
                        weatherInfos.get(i).getTemp(),
                        weatherInfos.get(i).getReh()
                );
                data += str;
            }
            textView.setText(data);
        }
    }
    void parseXML(InputStream is, String type) {
        try {
            String tagName = "";
            String text = "";
            WeatherInfo info = new WeatherInfo();
            XmlPullParserFactory factory = XmlPullParserFactory.newInstance();
            XmlPullParser parser = factory.newPullParser();
            parser.setInput(is, type);
            int eventType = parser.getEventType();

            while (eventType != XmlPullParser.END_DOCUMENT) {
                tagName = parser.getName();
                if (eventType == XmlPullParser.START_TAG) {
                    if (tagName.equalsIgnoreCase("data")) {
                        info = new WeatherInfo();
                    }
                } else if (eventType == XmlPullParser.TEXT) {
                    text = parser.getText();
                } else if (eventType == XmlPullParser.END_TAG) {
                    if (tagName.equalsIgnoreCase("data")) {
                        weatherInfos.add(info);
                    } else if (tagName.equalsIgnoreCase("hour")) {
```

```
82                          info.setHour(text);
83                      } else if (tagName.equalsIgnoreCase("day")) {
84                          info.setDay(text);
85                      } else if (tagName.equalsIgnoreCase("temp")) {
86                          info.setTemp(text);
87                      } else if (tagName.equalsIgnoreCase("wfKor")) {
88                          info.setWfKor(text);
89                      } else if (tagName.equalsIgnoreCase("pop")) {
90                          info.setPop(text);
91                      } else if (tagName.equalsIgnoreCase("reh")) {
92                          info.setReh(text);
93                      }
94                  }
95                  eventType = parser.next();
96              }
97          } catch (Exception e) {
98              e.printStackTrace();
99          }
100     }
101 }
```

하단의 버튼을 클릭하면 라인 12의 핸들러 getWeather() 메서드가 실행된다. 먼저 EditText에서 x 좌표 값과 y 좌표 값을 읽은 다음에 라인 18에서 기상청 서버에 요청하기 위한 URL을 생성한다. 라인 20에서 AsyncTask인 getXMLTask를 생성해서 라인 21에서 URL을 인수로 해서 실행한다.

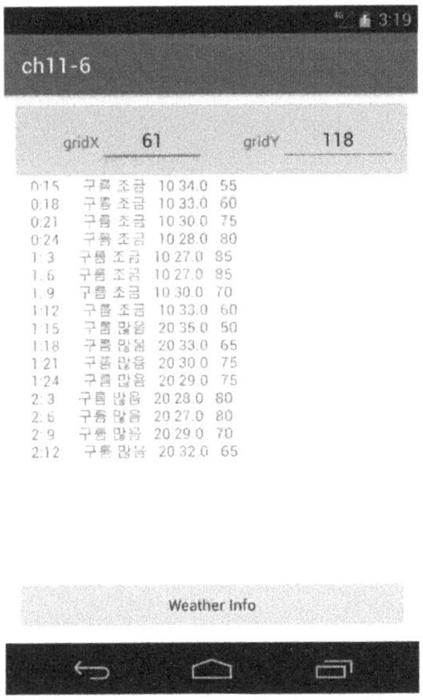

라인 30의 duInBackground()에서는 기상청 서버와 HTTP 연결을 해서 라인 34에서 입력 스트림(is)을 생성해서 XML 정보를 수신해서 해석하도록 라인 60의 parseXML()을 호출한다. XML 문서의 해석은 XMLPullParser를 사용했다. 해석된 정보는 WeatherInfo 구조의 ArrayList에 저장되고, 해석이 완료되면 중앙의 TextView에 결과를 보여준다.

[과제 11-1]

아래 그림과 같이 동작하는 기상청 날씨 정보 제공 프로그램을 작성한다. 지역을 선택하면 해당 지역의 날씨 정보는 자동으로 리스트 뷰에 표시된다.

(1) 상단에는 지역을 선택하는 스리너 영역이 있고, 아래에는 날씨 정보를 제공하는 리스트 뷰가 있다. 스피너와 리스트 뷰 사이에는 각 컬럼의 내용을 설명하는 헤더가 있다.

(2) 제공하는 정보는 (월/일, 시각, 날씨, 기온, 강수 확률, 습도)가 차례로 표시된다.

(3) 프로그램이 시작하면 기상청에서 제공하는 최초 지역의 정보가 표시되고, 스피너를 선택하면 지역을 변경할 수 있고, 지역이 변경되면 그 지역의 날씨 정보가 자동으로 표시된다.

(9) 일시정지 상태에서 Start 버튼을 클릭하면 다시 동작 상태가 되어 카운트가 이전 값에 이어서 진행된다.

12 장 파일과 환경 설정

12. 파일과 환경설정

안드로이드에서 파일 처리는 자바의 파일 처리 개념을 그대로 따른다. 그러나 파일이 존재하는 위치에 따라서 한 어플리케이션의 파일 공간에 존재하는 내부 파일과 SDCARD와 같은 외부 저장 장치에 저장되는 외부 파일로 나누어진다. 두 종류의 파일은 파일의 위치를 지정하는 방법만 다르고 사용 방법은 같다.

어플리케이션에서 필요한 간단한 데이터를 쉽게 파일에 저장하고 활용할 수 있는 기능으로 프레퍼런스가 있다. 프레퍼런스는 데이터를 (키, 값)의 쌍으로 저장하는 기능으로 주로 어플리케이션의 환경 설정을 위한 데이터를 저장하는데 사용된다.

12.1 리소스 파일 읽기

리소스 파일은 어플리케이션 작성 단계에서 작성된 파일로 안드로이드 스튜디오에서 raw 폴더 혹은 assets 폴더에 만들어 둔다. 리소스 파일에 대한 쓰기는 의미가 없으므로 읽기만 한다. 파일이 raw 폴더에 있을 때에서 openRawResource() 메서드로 리소스 파일에 대한 InputStream을 얻는다.

```
InputStream  getResources().openRawResource(int resId);
```

파일이 assets 폴더에 있을 때에는 open() 메서드로 파일 이름을 직접 주어 파일을 열 수 있다.

```
InputStream  getAssets().open(String fname);
```

예제12-1)은 raw 폴더에 있는 파일을 읽는 방법을 설명하는 프로그램이다. 버튼을 클릭하면 raw 폴더에 있는 hello.txt 파일의 내용을 읽어 화면에 보여준다.

예제12-1) res/layout/activity_main.xml

```
<?xml version=“1.0“ encoding=“utf-8“?>
<RelativeLayout
    xmlns:android=“http://schemas.android.com/apk/res/android“
    android:layout_width=“match_parent“
    android:layout_height=“match_parent“
    android:padding=“10dp“>
    <EditText
        android:id=“@+id/txt“
        android:layout_width=“match_parent“
        android:layout_height=“200dp“
        android:layout_alignParentTop=“true“
        android:enabled=“false“
        android:gravity=“top“
        android:textColor=“#FF000000“/>
    <Button
        android:layout_width=“match_parent“
        android:layout_height=“50dp“
        android:layout_alignParentBottom=“true“
        android:onClick=“readFile“
        android:textSize=“20sp“
        android:textAllCaps=“false“
        android:text=“Read Raw File“/>
</RelativeLayout>
```

예제12-1) res/raw/hello.txt

```
Hello Android!!!
static raw text file
```

예제12-1) java/..../MainActivity.java

```
public class MainActivity extends AppCompatActivity {

    @Override
    protected void onCreate(Bundle savedInstanceState) {
        super.onCreate(savedInstanceState);
        setContentView(R.layout.activity_main);
    }

    public void readFile(View vicw) {
```

```
        String str = readRawFile(R.raw.hello);
        EditText txt = (EditText)findViewById(R.id.txt);
        txt.setText(str);
    }

    private String readRawFile(int resId)
    {
        InputStream inputStream = getResources().openRawResource(resId);
        InputStreamReader inputreader = new InputStreamReader(inputStream);
        BufferedReader buffreader = new BufferedReader(inputreader);
        String line;
        StringBuilder text = new StringBuilder();

        try {
            while (( line = buffreader.readLine()) != null) {
                text.append(line);
                text.append('\n');
            }
        } catch (IOException e) {
            return null;
        }
        return text.toString();
    }
}
```

raw 파일을 열기 위해 라인 17에서 getResources().openRawResource(resId)를 사용했다. 이 때 파일 hello.txt는 raw 폴더에 있으므로 파일의 리소스 아이디는 R.raw.hello이다. 파일과 연결된 입력 스트림을 생성한 다음에 라인 24 ~ 라인 27에서 입력 스트림에서 한 라인씩 읽어서 StringBuilder를 이용해서 전체를 하나의 문자열로 만든 다음에 문자열로 변환하여 반환한다.

12.2 내부 파일 처리

내부 파일은 내부 저장 장치 중에서 어플리케이션의 전용 디렉토리 공간에 저장되는 파일인데, 그 디렉토리 위치는 다음과 같다.

/data/data/[package_name]/files/

내부 파일은 어플리케이션에 속해 있는 것이기 때문에 어플리케이션이 시스템에서 삭제되면 내부 파일들도 자동적으로 삭제된다. 내부 파일을 읽기, 쓰기 목적으로 열 때에는 다음 메서드들를 사용한다.

```
FileInputStream   openFileInput(String fName);
FileOutputStream   openFileOutput(String fName, int mode);
```

쓰기 목적으로 여는 openFileOutput()은 파일이 존재하면 내용을 모두 지우고, 파일이 없으면 새로 생성하는데, 인수 mode를 PRIVATE로 주면 다른 어플리케이션에서는 이 파일에 접근할 수 없게 된다.

예제12-2)는 어플리케이션의 내부 파일을 생성해서 데이터를 저장하고, 내부 파일에 저장된 데이터를 읽어오는 방법을 설명하는 프로그램이다.

예제12-2) res/layout/activity_main.xml

```
<?xml version="1.0" encoding="utf-8"?>
<RelativeLayout
    xmlns:android="http://schemas.android.com/apk/res/android"
    android:layout_width="match_parent"
```

```
        android:layout_height="match_parent"
        android:padding="10dp">
        <EditText
            android:id="@+id/inputTxt"
            android:layout_width="match_parent"
            android:layout_height="150dp"
            android:layout_alignParentTop="true"
            android:gravity="top"/>
        <Button
            android:id="@+id/writeBtn"
            android:layout_width="match_parent"
            android:layout_height="50dp"
            android:layout_below="@id/inputTxt"
            android:onClick="writeFileCmd"
            android:textAllCaps="false"
            android:textSize="20sp"
            android:text="Write File"/>
        <Button
            android:id="@+id/readBtn"
            android:layout_width="match_parent"
            android:layout_height="50dp"
            android:layout_alignParentBottom="true"
            android:onClick="readFileCmd"
            android:textAllCaps="false"
            android:textSize="20sp"
            android:text="Read File"/>
        <EditText
            android:id="@+id/outputTxt"
            android:layout_width="match_parent"
            android:layout_height="150dp"
            android:layout_above="@id/readBtn"
            android:gravity="top"
            android:enabled="false"
            android:textColor="#FF000000"/>
</RelativeLayout>
```

예제12-2) java/..../MainActivity.java

```
public class MainActivity extends AppCompatActivity {
    final String fName = "textFile.txt";

    @Override
    protected void onCreate(Bundle savedInstanceState) {
```

```
        super.onCreate(savedInstanceState);
        setContentView(R.layout.activity_main);
    }
    //
    public void readFileCmd(View view) {
        EditText outputTxt = (EditText)findViewById(R.id.outputTxt);

        String txt = readInternalFile(fName);
        outputTxt.setText(txt);
    }
    //
    public void writeFileCmd(View view) {
        EditText inputTxt = (EditText)findViewById(R.id.inputTxt);
        String txt = inputTxt.getText().toString();

        writeInternalFile(fName, txt);
    }
    //
    private String readInternalFile(String fName) {
        try {
            FileInputStream in = openFileInput(fName);
            InputStreamReader inputStreamReader = new InputStreamReader(in);
            BufferedReader bufferedReader = new BufferedReader(inputStreamReader);
            StringBuilder sb = new StringBuilder();
            String line;
            while ((line = bufferedReader.readLine()) != null) {
                sb.append(line + “\n“);
            }
            Toast.makeText(getBaseContext(), “read success!“, Toast.LENGTH_SHORT).show();
            return sb.toString();
        } catch (Exception e) {
            Toast.makeText(getBaseContext(), “read fail!“, Toast.LENGTH_SHORT).show();
             return ““;
        }
    }
    //
    private void writeInternalFile(String fName, String txt) {
        try {
            FileOutputStream out=openFileOutput(fName, MODE_PRIVATE);
            OutputStreamWriter outputWriter=new OutputStreamWriter(out);
            outputWriter.write(txt);
```

```
47                  outputWriter.close();
48
49                  Toast.makeText(getBaseContext(), "write success!",
    Toast.LENGTH_SHORT).show();
50              } catch (Exception e) {
51                  Toast.makeText(getBaseContext(), "write fail!",
52  Toast.LENGTH_SHORT).show();
                }
53          }
54  }
```

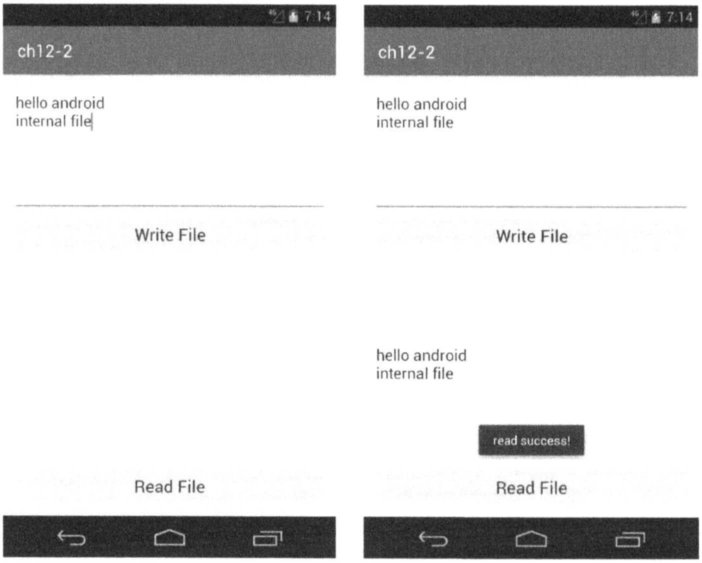

라인 24의 readInternalFile()은 내부 파일에서 데이터를 읽어서 전체 내용으로 하나의 문자열을 만들어 반환한다. 먼저 라인 26에 openFileInput()을 이용해서 파일을 열어 입력 스트림을 생성한다. 라인 31 ~ 라인 33에서 파일의 내용을 한 라인씩 읽으면서 StringBuilder를 이용해서 전체 내용으로 하나의 문자열을 만든다.

라인 42의 writeInternalFile()은 인수로 주어진 문자열을 파일에 저장한다. 먼저 라인 44에서 파일을 생성해서 출력 스트림과 연결한다. 생성된 파일은 모드가 MODE_PRIVATE이므로 이 어플리케이션만 접근할 수 있다. 파일 46에서 write()를 이용해서 문자열을 저장하고 라인 47에서 파일을 닫는다.

12.3 외부 파일 처리

외부 파일은 외부 저장 장치에 저장된 파일을 말한다. 외부 저장 장치는 SDCARD 카드를 말하는데, 외부 저장 장치를 사용하기 위해서는 AndroidManifest.xml 파일에 다음과 같은 읽기 혹은 쓰기 접근 권한을 요청해야 한다.

```
<uses-permission
android:name="android.permission.WRITE_EXTERNAL_STORAGE" />
<uses-permission
android:name="android.permission.READ_EXTERNAL_STORAGE" />
```

외부 저장 장치는 시스템에 마운트되어 있어야 사용할 수 있기 때문에 외부 저장 장치를 사용하는 어플리케이션은 장치를 사용하기 전에 반드시 다음과 같은 방법으로 외부 저장 장치가 마운트되어 있는지 확인해야 한다.

```
private boolean isExternalStorageAvailable() {
    String state = Environment.getExternalStorageState();
    if (Environment.MEDIA_MOUNTED.equals(state)) {
        return true;
    }
    return false;
}
```

외부 저장 장치에 저장하는 파일은 두 종류(공용 파일, 전용 파일)로 구분할 수 있고 시스템 내의 모든 어플리케이션들이 접근할 수 있다.

공용파일(public files)

공용 파일은 시스템 내의 모든 어플리케이션이 접근할 수 있는 파일이므로 특정 어플리케이션에 소속되어 있지 않다. 따라서 어플리케이션을 제거해도 그 어플리케이션이 생성한 공용 파일은 자동으로 제거되지 않는다. 여기에는 시스템 내의 모든 어플리케이션들이 공유하는 미디어 파일이나 다운로드 파일, 문서 파일 등이 저장된다. 공용 파일은 /mnt/sdcard 디렉토리 아래에 있는 어떤 디렉토리에 저장되는데, 공용 파일을 저장할 디렉토리는 다음 두 메서드로 알아낼 수 있다.

getExternalStorageDirectory() - 외부 파일이 저장될 최상위 루트 디렉토리를 반환한다.
getExternalStoragePublicDirectory(String type) - 특정 타입(type)의 파일을 저장할 수 있는 디렉토리를 반환한다.

전용파일(private files)

전용 파일은 특정 어플리케이션에 소속된 외부 파일이므로 그 어플리케이션이 제거되면 자동으로 제거된다. 여기에는 주로 임시 미디어 파일이나 다운로드 파일, 문서 파일 등이 저장된다. 저장위치는 /mnt/sdcard/Android/data/[package name]/files 디렉토리인데, 이 디렉토리 위치는 getExternalFilesDir() 메서드로 알아낼 수 있다.

예제12-3)은 외부 파일을 생성해서 외부 파일에 데이터를 저장하고, 외부 파일의 데이터를 읽어 오는 방법을 설명한다. 외부 파일은 전용 파일로 만들 수도 있고 공용 파일로 만들 수도 있다.

예제12-3) res/layout/activity_main.xml

```
<RelativeLayout
    xmlns:android="http://schemas.android.com/apk/res/android"
    android:layout_width="match_parent"
    android:layout_height="match_parent"
    android:padding="10dp">
    <TextView
        android:id="@+id/pathTxt"
        android:layout_width="match_parent"
        android:layout_height="60dp"
        android:layout_alignParentTop="true"
```

```
            android:textColor="#FF0000FF"
            android:textSize="20sp"/>
        <EditText
            android:id="@+id/inputTxt"
            android:layout_width="match_parent"
            android:layout_height="150dp"
            android:layout_marginTop="20dp"
            android:layout_below="@id/pathTxt"
            android:gravity="top"/>
        <Button
            android:id="@+id/writeBtn"
            android:layout_width="match_parent"
            android:layout_height="50dp"
            android:layout_below="@id/inputTxt"
            android:onClick="writeFileCmd"
            android:textAllCaps="false"
            android:textSize="20sp"
            android:text="Write File"/>
        <Button
            android:id="@+id/readBtn"
            android:layout_width="match_parent"
            android:layout_height="50dp"
            android:layout_alignParentBottom="true"
            android:onClick="readFileCmd"
            android:textAllCaps="false"
            android:textSize="20sp"
            android:text="Read File"/>
        <EditText
            android:id="@+id/outputTxt"
            android:layout_width="match_parent"
            android:layout_height="150dp"
            android:layout_above="@id/readBtn"
            android:gravity="top"
            android:enabled="false"
            android:textColor="#FF000000"/>
</RelativeLayout>
```

예제12-3) java/..../MainActivity.java

```
public class MainActivity extends AppCompatActivity {
    final String dName = "ch12";
    final String fName = "textFile.txt";
    String filePath;
```

```

    @Override
    protected void onCreate(Bundle savedInstanceState) {
        super.onCreate(savedInstanceState);
        setContentView(R.layout.activity_main);

        filePath = makeExternalFile(dName, fName);
        if (filePath == null) {
            ((Button)findViewById(R.id.readBtn)).setEnabled(false);
            ((Button)findViewById(R.id.writeBtn)).setEnabled(false);
        } else {
            ((TextView)findViewById(R.id.pathTxt)).setText(filePath);
        }
    }
    //
    public void readFileCmd(View view) {
        EditText outputTxt = (EditText)findViewById(R.id.outputTxt);

        String txt = readExternalFile(filePath);
        outputTxt.setText(txt);
    }
    //
    public void writeFileCmd(View view) {
        EditText inputTxt = (EditText)findViewById(R.id.inputTxt);
        String txt = inputTxt.getText().toString();

        writeExternalFile(filePath, txt);
    }
    //
    private boolean isExternalStorageAvailable()
    {
        String state = Environment.getExternalStorageState();
        if (Environment.MEDIA_MOUNTED.equals(state)) {
            return true;
        }
        return false;
    }
    //
    private String makeExternalFile(String dname, String fname) {
        if (!isExternalStorageAvailable()) {
            Toast.makeText(getApplicationContext(), "SDCARD not mounted", Toast.LENGTH_LONG).show();
            return null;
        }
```

```
            File dir = getExternalFilesDir(dname);  // (1)
//          File dir = new File(Environment.getExternalStorageDirectory(), dname);
// (2)
//          File dir = new File(Environment.getExternalStoragePublicDirectory(
Environment.DIRECTORY_PICTURES), dname); // (3)
            if (dir.exists() == false) {
                if (dir.mkdir() == false) {
                    return null;
                }
            }
            File file = new File(dir, fname);

            return file.getAbsolutePath();
        }
        //
        private String readExternalFile(String fname) {
            try {
                FileInputStream fis = new FileInputStream(fname);
                InputStreamReader in = new InputStreamReader(fis);
                BufferedReader br = new BufferedReader(in);
                StringBuilder sb = new StringBuilder();
                String strLine;
                while ((strLine = br.readLine()) != null) {
                    sb.append(strLine + "\n");
                }
                fis.close();
                in.close();
                br.close();
                Toast.makeText(getBaseContext(), "read success!",
Toast.LENGTH_SHORT).show();
                return sb.toString();
            } catch (IOException e) {
                Toast.makeText(getBaseContext(), "read fail!",
Toast.LENGTH_SHORT).show();
                return "";
            }
        }
        //
        private void writeExternalFile(String fname, String txt) {
            try {
                FileOutputStream fos = new FileOutputStream(fname);
                OutputStreamWriter outputWriter=new OutputStreamWriter(fos);
                outputWriter.write(txt);

```

```
88                  outputWriter.close();
89                  fos.close();
90                  Toast.makeText(getBaseContext(), "write success!",
    Toast.LENGTH_SHORT).show();
91              } catch (IOException e) {
92                  Toast.makeText(getBaseContext(), "write fail!",
    Toast.LENGTH_SHORT).show();
93                  e.printStackTrace();
94              }
95          }
96  }
```

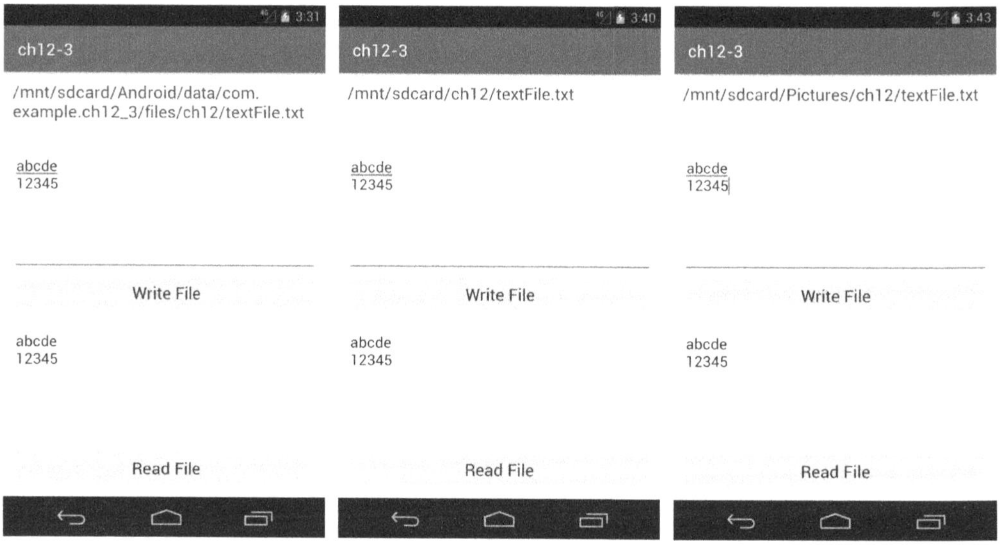

(1) (2) (3)

MainActivity가 시작되면 onCreate() 내의 라인 11에서 디렉토리 ch12 아래에 이름이 textFile.txt인 외부 파일을 생성한다. 라인 43의 makeExternalFile()이 외부 파일을 생성하는 메서드이다. 외부 파일을 생성하기 위해서는 먼저 외부 파일이 저장될 sdcard가 마운트되어 있는지 라인 37에서 검사한다.

sdcard가 존재한다면 외부 파일을 3 가지 방법으로 만들 수 있다. 라인 48, 49, 50은 외부 파일을 만드는 동작이므로 이 중에서 한 가지만 사용해야 한다. 라인 48을 사용하면 전용 외부 파일을 생성하는데 결과 화면 (1)의 상단에 표시된 것과 같은 위치에 파일이 생성된다. 라인 49를 사용하면 공용 디렉토리에 파일이 생성되는데 결과 화면 (2)와 같은 위치에 파일이 생성된다. 라인 50을 사용하면 공용 디렉토리 중에서 이미지, 비디오 등을 저장하기 위한 디렉토리에 파일이 생성되는데, 여기서는 결과 화면 (3)과 같이 이미지가 저장되는 디렉토리에 파일이 생성되었다.

makeExternalFile()은 sdcard에 외부 파일을 생성한 다음에 그 파일의 절대 경로명을 반환한다. 외부 파일을 열어서 데이터를 저장하거나, 외부 파일에서 데이터를 읽어 오는 방법은 내부 파일에서 사용하는 방법과 동일하다.

12.4 프레퍼런스

프레퍼런스(Preference)는 어플리케이션에서 필요한 간단한 정보를 저장하기 위한 기능을 제공한다. 주로 화면을 전환할 때 저장해야 할 정보, 액티비티들 사이에 공유해야 할 정보, 세션 사이에 유지해야 할 정보 즉, 다음에 다시 실행할 때에 필요한 정보 등을 저장하는데 사용한다. 예를 들면 아이디와 암호 저장을 이용한 자동 로그인 기능이나 화면 설정 정보 등이 여기에 해당한다. 프레퍼런스는 (키, 값)의 쌍으로 이루어진 정보를 XML 형식의 파일에 저장한다.

프레퍼런스는 액티비티가 전용으로 사용할 수 있는 것과 다른 액티비티들 사이에 공유할 수 있는 것이 있다. 프레퍼런스를 얻는 방법은 다음과 같다.

```
SharedPreferences getSharedPreferences(String name, int mode);
SharedPreferences getPreference(int mode);
```

getPreference()는 액티비티가 전용으로 사용할 수 있는 프레퍼런스를 반환한다. 이 프레퍼런스는 생성한 액티비티만 사용할 수 있다. getSharedPreference()는 다른 액티비티들 사이에 공유할 수 있는 프레퍼런스를 반환한다. 이 프레퍼런스는 이름(name)를 동일하게 가지는 액티비티들 사이에 공유된다. mode 값은 다음과 같다.

MODE_PRIVATE - 한 어플리케이션 내에 있는 컴포넌트 사이에 같은

name을 가지는 프레퍼런스를 공유한다. 읽기/쓰기가 가능하다.

MODE_WORLD_READABLE - 같은 이름을 가지는 모든 컴포넌트들이 이 프레퍼런스 값을 읽을 수 있다. 다른 어플리케이션에 속하는 컴포넌트들도 값을 읽을 수 있다.

MODE_WORLD_WRITABLE - 같은 이름을 가지는 모든 컴포넌트들이 이 프레퍼런스에 값을 쓸 수 있다. 다른 어플리케이션에 속하는 컴포넌트들도 값을 쓸 수 있다.

프레퍼런스의 키-값은 파일에 XML 구조로 저장되는데, 값을 쓰려면 Editor를 사용해야 한다. SharedPreferences.Editor는 값을 저장할 수 있는 putXXX() 메서드를 제공하고, 이렇게 저장된 값을 읽을 때에는 SharedPreferences가 제공하는 getXXX() 메서드를 사용한다.

[표 12-1] 프레퍼런스의 메서드

SharedPreferences.Editor	SharedPreferences
putBoolean(String key, boolean value)	Boolean getBoolean(String key, boolean defValue)
putInt(String key, int value)	int getInt(String key, int defValue)
putLong(String key, long value)	long getLong(String key, long defValue)
putFloat(String key, Float value)	float getFloat(String key, Float defValue)
putString(String key, String value)	String getString(String key, String defValue)

프레퍼런스에 값을 저장할 때에는 다음과 같은 방법을 사용한다.

```
SharedPreferences prefs = getSharedPreferences("name1",
    MODE_PRIVATE);
SharedPreferences.Editor editor = prefs.edit();
editor.putString( "key1" , text);
editor.commit();
```

프레퍼런스에서 값을 읽을 때에는 다음과 같은 방법을 사용한다.

```
SharedPreferences prefs = getSharedPreferences( “name1” ,
    MODE_PRIVATE);
String text = prefs.getString( “key1” ,  “” );
```

예제12-4)는 공유 프레퍼런스의 사용 방법을 설명하는 프로그램이다. MainActivity는 공유 프레퍼런스에 문자열을 저장한다. 버튼을 클릭했을 때 실행되는 SubActivity는 공유 프레퍼런스에서 문자열을 읽어서 화면에 표시한다.

예제12-4) res/layout/activity_main.xml

```
<?xml version="1.0“ encoding=“utf-8“?>
<LinearLayout
    xmlns:android=“http://schemas.android.com/apk/res/android“
    android:layout_width=“match_parent“
    android:layout_height=“match_parent“
    android:padding=“10dp“
    android:orientation=“vertical“>
    <EditText
        android:id=“@+id/editText“
        android:layout_width=“match_parent“
        android:layout_height=“wrap_content“ />
    <Button
        android:layout_width=“match_parent“
        android:layout_height=“50dp“
        android:layout_marginTop=“20dp“
        android:onClick=“save“
        android:textAllCaps=“false“
        android:textSize=“20sp“
        android:text=“Save Preference“/>
    <Button
        android:layout_width=“match_parent“
        android:layout_height=“50dp“
        android:layout_marginTop=“20dp“
        android:onClick=“subActivity“
        android:textAllCaps=“false“
        android:textSize=“20sp“
        android:text=“SubActivity“/>
```

```
</LinearLayout>
```

예제12-4) res/layout/activity_sub.xml

```
<?xml version=“1.0“ encoding=“utf-8“?>
<LinearLayout
    xmlns:android=“http://schemas.android.com/apk/res/android“
    android:layout_width=“match_parent“
    android:layout_height=“match_parent“
    android:padding=“10dp“
    android:orientation=“vertical“>
    <TextView
        android:id=“@+id/textView“
        android:layout_width=“match_parent“
        android:layout_height=“40dp“
        android:textSize=“20sp“
        android:textColor=“#FF000000“/>
</LinearLayout>
```

예제12-4) java/..../MainActivity.java

```
public class MainActivity extends AppCompatActivity {

    @Override
    protected void onCreate(Bundle savedInstanceState) {
        super.onCreate(savedInstanceState);
        setContentView(R.layout.activity_main);
    }
    //
    public void save(View view) {
        EditText editText = (EditText)findViewById(R.id.editText);
        String text = editText.getText().toString();
        SharedPreferences prefs = getSharedPreferences(“name1“, MODE_PRIVATE);
        SharedPreferences.Editor editor = prefs.edit();
        editor.putString(“key1“, text);
        editor.commit();
    }
    //
    public void subActivity(View view) {
        Intent intent = new Intent(MainActivity.this, SubActivity.class);
        startActivity(intent);
```

```
21        }
22    }
```

예제12-4) java/..../SubActivity.java

```
1   public class SubActivity extends AppCompatActivity {
2
3       @Override
4       protected void onCreate(Bundle savedInstanceState) {
5           super.onCreate(savedInstanceState);
6           setContentView(R.layout.activity_sub);
7           //
8           SharedPreferences prefs = getSharedPreferences("name1",
    MODE_PRIVATE);
9           String text = prefs.getString("key1", "");
10          //
11          TextView textView = (TextView)findViewById(R.id.textView);
12          textView.setText(text);
13      }
14  }
```

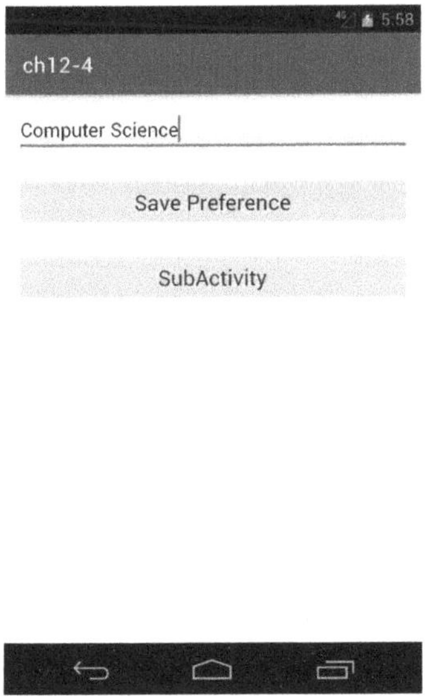

MainActivity에서는 라인 12에서 이름이 "name1" 인 공유 프레퍼런스를 생성한 다음에 라인 13 ~ 라인 15에서 키가 "key1" 인 문자열 값을 저장한

다. 값은 editor를 통해서 저장되고, 저장한 다음에 반드시 commit()를 호출해 주어야 한다. SubActivity는 라인 8에서 이름이 "name1" (Mainactivity에서와 같음) 공유 프레퍼런스를 연 다음에 키가 "key1" 인 문자열을 읽어 와서 TextView에 저장한다.

12.5 어플리케이션 환경 설정

안드로이드는 어플리케이션의 화면 설정이나 동작 환경을 설정할 수 있는 기능을 제공한다. 화면 설정이란 화면의 색상, 아이콘, 문자의 크기 등의 설정을 말한다. 동작 환경 설정이란 알림 설정, 알림을 위한 알림 음이나 진동의 사용 여부, 자동 업데이트 주기 등의 설정을 말한다.

환경 설정 정보는 데이터베이스나 파일, 프레퍼런스 등을 사용해서 저장할 수 있는데, 안드로이드는 환경 설정을 간단하게 할 수 있도록 별도의 프레퍼런스를 제공한다. 화면 설정을 위한 화면 구성을 위해서 EditText, CheckBox 등의 일반적인 뷰를 사용해도 되지만, 환경 설정을 위해 별도로 제공하는 프레퍼런스 뷰들을 사용하는 것이 프로그램을 간편하게 작성할 수 있게 한다. 프레퍼런스 뷰들의 값들은 SharedPreference에 저장되고, 이 정보들을 읽어오거나 변경시킬 수 있는 메서드들이 제공된다. 환경 설정을 위해 사용하는 프레퍼런스 뷰들은 다음과 같은 것들이 있다.

[표 12-2] 환경설정 프레퍼런스

프레퍼런스 뷰	기능
PreferenceScreen	환경 설정 화면의 최상위 레이아웃이다.
PreferenceCategory	설정 정보들을 카테고리 별로 묶어 준다.
SwitchPreference	카테고리 내의 설정을 활성화/비활성화한다.
EditTextPreference	입력 기능을 제공하는 뷰이다.
CheckBoxPreference	선택 기능을 제공하는 뷰이다.
ListPreference	여러 항목 중에서 하나를 선택할 수 있는 뷰이

	다.
RingtonePreference	시스템에 있는 링톤을 선택하는 뷰이다.
MultiSelectListPreference	여러 항목을 선택할 수 있는 뷰이다.

설정 화면은 XML 파일로 작성해서 res/xml 폴더에 저장해야 한다. 설정 화면의 최상위 뷰는 레이아웃인 PreferenceScreen이다. 그 내부의 뷰들은 PreferenceCategory를 사용해서 카테고리 별로 묶어 둘 수도 있고, 설정 정보를 카테고리 별로 묶을 때에는 SwitchPreference를 사용해서 카테고리의 활성화/비활성화를 선택할 수 있게 한다. 이러한 설정 화면은 다음과 같이 구성된다.

```
<PreferenceScreen
    xmlns:android="http://schemas.android.com/apk/res/android“ >
    <PreferenceCategory android:title="“알림“ >
        <SwitchPreference ..................................... />
        <CheckBoxPreference ............................... />
        <RingtonePreference ................................ />
        <EditTextPreference ................................ />
    </PreferenceCategory>
    <PreferenceCategory android:title="“자동 업데이트“ >
        <SwitchPreference ..................................... />
        <ListPreference ........................................ />
    </PreferenceCategory>
</PreferenceScreen>
```

PreferenceScreen을 제외한 모든 프레퍼런스 뷰들은 기본적으로 다음과 같은 속성들을 가지고 있고, 각 프레퍼런스 뷰의 기능에 따라 별도의 속성들을 가진다.

환경 설정 기능은 하나의 액티비티로 실행되는데, 이 액티비티는 PreferenceActivity를 상속 받아서 만든다. 또한 PreferenceActivity는 내부에 PreferenceFragment를 가진다. 따라서 환경 설정을 위한 액티비티는 다음과 같은 구조를 가진다.

[표 12-3] 프레퍼런스 뷰의 속성

속성 이름	기능
title	화면에 표시되는 제목이다.
summary	설정 정보의 설명 또는 현재 값을 나타낸다.
key	각 프레퍼런스 뷰를 식별하는 아이디 역할을 한다.
defaultValue	프레퍼런스 뷰의 초기값이다.
dependancy	이 뷰가 활성화되기 위한 on 되어 있어야 하는 뷰의 key이다.

```
public class SettingActivity extends PreferenceActivity {
    @Override
    protected void onCreate(Bundle savedInstanceState) {
        super.onCreate(savedInstanceState);

        getFragmentManager().beginTransaction().replace(
            android.R.id.content, new SettingFragment()).commit();
    }
}
```

```
public class SettingFragment extends PreferenceFragment {
    @Override
    public void onCreate(Bundle savedInstanceState) {
        super.onCreate(savedInstanceState);

        addPreferencesFromResource(R.xml.setting);
        initSummary();
    }
}
```

이렇게 설정된 환경 설정 정보는 다른 액티비티나 서비스와 같은 컴포넌트에서는 디폴트 공유 프레퍼런스를 통해서 접근할 수 있다. 설정 정보의 값들은 그 타입에 따라서 getXXX(key, defaultValue) 메서드를 통해서 다음과 같이 읽을 수 있다.

```
SharedPreferences sharedPref =
      PreferenceManager.getDefaultSharedPreferences(context);
boolean booleanValue = sharedPref.getBoolean(key, defaultValue);
String textValue = sharedPref.getString(key, defaultValue);
```

예제12-5)는 환경 설정 프레퍼런스를 이용하여 어플리케이션을 위한 값들을 설정하는 방법을 설명하는 프로그램이다.

예제12-5) res/layout/activity_main.xml

```
<?xml version="1.0“ encoding="utf-8“?>
<RelativeLayout
    xmlns:android="http://schemas.android.com/apk/res/android“
    android:layout_width="match_parent“
    android:layout_height="match_parent“
    android:padding="10dp“>
    <Button
        android:layout_width="match_parent“
        android:layout_height="50dp“
        android:layout_alignParentTop="true“
        android:layout_margin="20dp“
        android:onClick="setting“
        android:textAllCaps="false“
        android:textSize="20sp“
        android:text="Settings“/>
    <Button
        android:layout_width="match_parent“
        android:layout_height="50dp“
        android:layout_alignParentBottom="true“
        android:layout_margin="20dp“
        android:onClick="show“
        android:textAllCaps="false“
        android:textSize="20sp“
        android:text="Show Settings“/>
    <TextView
        android:id="@+id/textView“
        android:layout_width="match_parent“
```

```
            android:layout_height=“wrap_content“
            android:layout_centerInParent=“true“
            android:layout_margin=“20dp“
            android:textColor=“#FF000000“/>
</RelativeLayout>
```

예제12-5) res/xml/setting.xml

```
<?xml version=“1.0“ encoding=“utf-8“?>
<PreferenceScreen
    xmlns:android=“http://schemas.android.com/apk/res/android“ >
    <PreferenceCategory android:title=“알림“ >
        <SwitchPreference
            android:title=“알림 방법“
            android:summary=“알림 방법을 설정합니다.“
            android:key=“alarm“
            android:defaultValue=“false“
            android:switchTextOff=“OFF“
            android:switchTextOn=“ON“/>
        <CheckBoxPreference
            android:title=“진동 사용“
            android:summary=“진동을 사용해서 알립니다.“
            android:key=“useVibrate“
            android:dependency=“alarm“
            android:defaultValue=“false“/>
        <CheckBoxPreference
            android:title=“링톤 사용“
            android:summary=“링톤을 사용해서 알립니다.“
            android:key=“useRing“
            android:dependency=“alarm“
            android:defaultValue=“false“/>
        <RingtonePreference
            android:title=“알림 소리“
            android:summary=“알림소리를 선택하세요.“
            android:key=“ringTone“
            android:dependency=“useRing“
            android:ringtoneType=“ringtone“
            android:showSilent=“true“/>
        <EditTextPreference
            android:title=“음량“
            android:summary=“음량을 선택하세요.“
            android:key=“ringVolume“
            android:dependency=“useRing“
            android:defaultValue=“15“/>
```

```
    </PreferenceCategory>
    <PreferenceCategory android:title="자동 업데이트" >
        <SwitchPreference
            android:title="자동 업데이트 사용"
            android:summary="자동 업데이트를 설정합니다"
            android:key="autoUpdate"
            android:defaultValue="false"
            android:switchTextOff="OFF"
            android:switchTextOn="ON"/>
        <ListPreference
            android:title="자동 업데이트 시간"
            android:summary="자동 업데이트 시간을 설정합니다."
            android:key="updatePeriod"
            android:dependency="autoUpdate"
            android:entries="@array/period_name"
            android:entryValues="@array/period_values"
            android:dialogTitle="자동 업데이트 주기(시간)"/>
    </PreferenceCategory>
</PreferenceScreen>
```

예제12-5) res/values/arrays.xml

```
<?xml version="1.0" encoding="utf-8"?>
<resources>
    <string-array name="period_name">
        <item>1시간</item>
        <item>3시간</item>
        <item>8시간</item>
        <item>12시간</item>
        <item>24시간</item>
    </string-array>
    <string-array name="period_values">
        <item>1</item>
        <item>3</item>
        <item>8</item>
        <item>12</item>
        <item>24</item>
    </string-array>
</resources>
```

예제12-5) java/..../MainActivity.java

```
public class MainActivity extends AppCompatActivity {

```

```
    @Override
    protected void onCreate(Bundle savedInstanceState) {
        super.onCreate(savedInstanceState);
        setContentView(R.layout.activity_main);
    }
    //
    public void setting(View view) {
        Intent intent = new Intent(MainActivity.this, SettingActivity.class);
        startActivity(intent);
    }
    //
    public void show(View view) {
        Context context = getBaseContext();
        TextView text = (TextView)findViewById(R.id.textView);
        final SharedPreferences sharedPref =
PreferenceManager.getDefaultSharedPreferences(context);
      String value = ““;

      value += “Vibrate: “ + sharedPref.getBoolean(“useVibrate“, false) + “\n“;
      value += “Ring: “ + sharedPref.getBoolean(“useRing“, false) + “\n“;
      String ringtonePath = sharedPref.getString(“ringTone“, “defValue“);
      Ringtone ringtone = RingtoneManager.getRingtone(context,
Uri.parse(ringtonePath));
      value += “Ring Tone: “ + ringtone.getTitle(context) + “\n“;
      value += “Ring Volume: “ + sharedPref.getString(“ringVolume“, ““) + “\n“;
      value += “Update Period: “ + sharedPref.getString(“updatePeriod“, ““) + “
시간“;
      text.setText(value);
    }
}
```

예제12-5) java/..../SettingActivity.java

```
public class SettingActivity extends PreferenceActivity {
    @Override
    protected void onCreate(Bundle savedInstanceState) {
        super.onCreate(savedInstanceState);
        // Display the fragment as the main content
        getFragmentManager().beginTransaction().replace(android.R.id.content, new
SettingFragment()).commit();
    }
}
```

예제12-5) java/..../SettingFragment.java

```
public class SettingFragment extends PreferenceFragment {
    @Override
    public void onCreate(Bundle savedInstanceState) {
        super.onCreate(savedInstanceState);
        // Load the preferences from an XML resource
        addPreferencesFromResource(R.xml.setting);
        initSummary();
    }

    private void initSummary() {
        SharedPreferences sharedPref = PreferenceManager.getDefaultSharedPreferences(getActivity());

        CheckBoxPreference chkPref = (CheckBoxPreference) findPreference(“useVibrate“);
        chkPref.setSummary(“Vibrate: “ + sharedPref.getBoolean(“useVibrate“, true));
        //
        chkPref = (CheckBoxPreference) findPreference(“useRing“);
        chkPref.setSummary(“Ring: “ + sharedPref.getBoolean(“useRing“, true));
        //
        RingtonePreference ringPref = (RingtonePreference)findPreference(“ringTone“);
        String ringtonePath = sharedPref.getString(“ringTone“, ““);
        Ringtone ringtone = RingtoneManager.getRingtone(getActivity(), Uri.parse(ringtonePath));
        ringPref.setSummary(ringtone.getTitle(getActivity()));
//        ringPref.setSummary(sharedPref.getString(“ringTone“, ““));
        //
        EditTextPreference editPref = (EditTextPreference)findPreference(“ringVolume“);
        editPref.setSummary(sharedPref.getString(“ringVolume“, ““));
        //
        ListPreference listPref = (ListPreference)findPreference(“updatePeriod“);
        listPref.setSummary(sharedPref.getString(“updatePeriod“, ““) + “시간“);
    }
}
```

(1) (2) (3)

결과 화면(1)은 MainActivity의 화면이다. 하단의 Show Settings 버튼을 클릭하면 SettingActivity가 실행되어 결과 화면(2)가 나타난다. SettingActivity는 화면 전체에 SettingFragment에게 할당한다.

SettingFragment는 생성되면 라인 6에서 setting.xml 파일에 정의된 환경 설정 프레퍼런스들을 표시한다. 환경 설정 프레퍼런스 값들은 설정하거나 선택하면 자동으로 저장된다. initSummary()에서는 각 프레퍼런스의 현재 설정 값을 읽어서 표시하도록 했다.

MainActivity에서 상단의 Settings 버튼을 클릭하면 현재 설정 값을 읽어서 보여 준다. 환경 설정 프레퍼런스의 현재 설정 값은 xml 파일에서 key 속성 값을 키로 사용해서 값을 읽을 수 있다.

13 장 그래픽

13. 그래픽

안드로이드에서는 2D 그래픽이나 3D 그래픽을 위한 기능을 지원한다. 2D 그래픽은 안드로이드 플랫폼 자체에서 제공하는 클래스들인 Canvas, Drawable 등을 사용하여 구현할 수 있고, 3D 그래픽은 OpenGL과 같은 라이브러리 기능을 사용해서 구현할 수 있다. 여기서는 비교적 단순한 2D 그래픽 기능만 설명한다.

안드로이드에서 2D 그래픽을 구현하는 방법은 다음과 같은 세 가지가 있다.

(1) XML 파일로 표현하는 레이아웃 안에서 속성을 이용하여 단순한 그래픽을 구현할 수 있다.
(2) View의 onDraw() 메서드 안에서 Canvas 클래스를 이용해서 직접 그래픽을 구현할 수 있다.
(3) 서피스뷰(SurfaceView)를 이용하여 별도의 쓰레드를 생성하여 메인 쓰레드와는 별도로 그래픽을 구현한 다음에 액티비티의 화면에 표시할 수 있다.

13.1 XML을 이용한 그래픽

XML 파일을 이용해서 Drawable 객체를 만들 수 있는데, 이 방법은 보통 단순한 정적 도형이나 뷰의 배경 이미지를 만들 때 사용한다. 주로 도형의 형태, 모서리, 색상이나 그라데이션 등을 지정해서 단순한 형태나 배경을 만든다.

XML로 Drawable 객체를 만들 때는 res/drawable 폴더에 도형이나 색상을 나타내는 XML 파일을 생성하면 된다. drawable 객체를 생성하는 XML 파일 안에 사용할 수 있는 요소는 Shape, Layer List 등 여러 가지가 있는데, 그래픽을 위해서는 주로 Shape 요소를 사용하고 그 내부 요소로 선이나 색상을 표현한다.

13.1.1 XML로 도형 만들기

Shape은 ImageView의 내용이나 TextView, Button 등과 같은 위젯들의 모양이나 배경을 만들 때 사용한다. Shape 요소는 drawable의 기본 형태를 결정하는 shape 속성을 가지는데, [표 13-1]과 같은 것들이 있다.

[표 13-1] Shape 요소의 shape 속성 값

shape 속성 값	형태
rectangle	사각형
oval	타원
line	선
ring	가운데가 비어 있는 링

도형의 기본 형태가 결정되면 테두리 선의 굵기나 색상, 도형의 크기, 내부 색상, 색상의 그라데이션, 모서리 형태 등은 Shape 요소의 내부 요소로 설정할 수 있다. 사용할 수 있는 요소들은 [표 13-2]와 같다.

[표 13-2] Shape 요소의 내부 요소

내부 요소	효과
size	도형의 크기
padding	도형 내부 여백
stroke	테두리 선
solid	내부 색상
gradient	내부 색상의 그라데이션
corners	모서리 모양

예제13-1)은 Shape 요소를 이용해서 ImageView에 도형을 나타내는 방법을 보여주는 프로그램이다.

예제13-1) res/layout/activity_main.xml

```
<RelativeLayout
    xmlns:android="http://schemas.android.com/apk/res/android"
    android:layout_width="match_parent"
    android:layout_height="match_parent">
    <ImageView
        android:id="@+id/img1"
        android:layout_width="300dp"
        android:layout_height="200dp"
        android:layout_centerInParent="true"
        android:scaleType="center"
        android:background="#FFaaaaaa"/>
</RelativeLayout>
```

예제13-1) res/drawable/shape_rect.xml

```
<shape
    xmlns:android="http://schemas.android.com/apk/res/android"
    android:shape="rectangle">
    <size
        android:width="200dp"
        android:height="100dp"/>
    <stroke
        android:width="5dp"
        android:color="#FF000000"/>
    <solid
        android:color="#FFff0000"/>
</shape>
```

예제13-1) res/drawable/shape_oval.xml

```
<shape
    xmlns:android="http://schemas.android.com/apk/res/android"
    android:shape="oval">
    <size
        android:width="200dp"
        android:height="100dp"/>
    <stroke
        android:width="5dp"
        android:color="#FF000000"/>
    <solid
        android:color="#FFff0000"/>
```

```
</shape>
```

예제13-1) res/drawable/shape_ring.xml

```
<shape
    xmlns:android="http://schemas.android.com/apk/res/android“
    android:shape="ring“
    android:innerRadiusRatio="3“
    android:useLevel="false“>
    <size
        android:width="200dp“
        android:height="100dp“/>
    <stroke
        android:width="5dp“
        android:color="#FF000000“/>
    <solid
        android:color="#FFff0000“/>
</shape>
```

예제13-1) java/..../MainActivity.java

```
public class MainActivity extends AppCompatActivity {

    @Override
    protected void onCreate(Bundle savedInstanceState) {
        super.onCreate(savedInstanceState);
        setContentView(R.layout.activity_main),
        //
        ImageView imgView = (ImageView)findViewById(R.id.img1);
//          imgView.setImageResource(R.drawable.shape_rect);   // (1)
//          imgView.setImageResource(R.drawable.shape_oval);   // (2)
        imgView.setImageResource(R.drawable.shape_ring);   // (3)
    }
}
```

shape_rect.xml은 사각형(shape=rectangle)을 나타낸다. 도형의 크기(size)는 가로가 200, 세로가 100이다. 테두리선(stroke)은 검은 색(#FF000000)이고 두께는 5이다. 도형의 내부(solid) 색상(color)은 빨강(#FFff0000)이다. shape_oval.xml은 타원(shape=oval)을 정의한 것이고, shape_ring.xml은 링(shape=ring)을 정의한 것이다. 링을 정의할 때는 내부 원의 크기

(innerRadiusRatio)를 정해 주어야 한다.

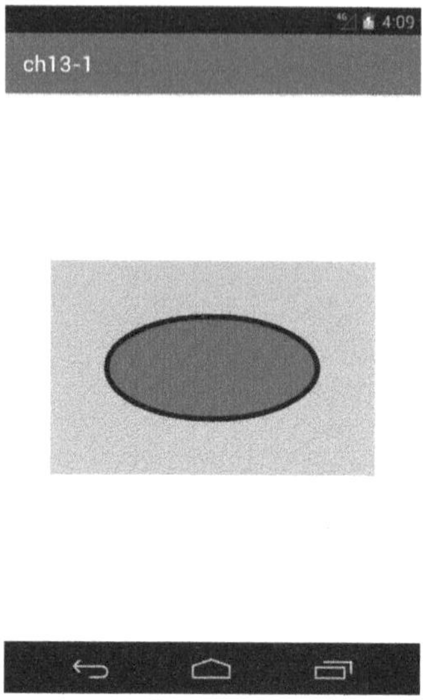

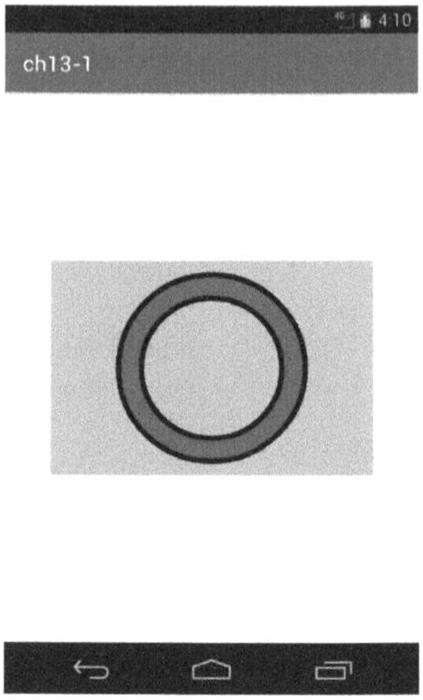

13.1.2 뷰의 배경 만들기

Shape 요소를 사용해서 뷰의 배경이나 형태를 정의할 수 있다. 이 때는 Shape이 정의된 XML 파일의 아이디를 뷰의 background 속성 값으로 설정하면 된다. 예제13-2)는 Shape 요소를 사용해서 레이아웃의 배경을 그라데이션으로 설정하고, 모서리가 둥근 현태의 버튼을 만드는 방법을 보여준다.

예제13-2) res/layout/activity_main.xml

```
<RelativeLayout
    xmlns:android="http://schemas.android.com/apk/res/android"
    android:layout_width="match_parent"
    android:layout_height="match_parent"
    android:background="@drawable/shape_bgk">
    <Button
        android:layout_width="200dp"
        android:layout_height="80dp"
        android:layout_centerInParent="true"
```

```
            android:background="@drawable/shape_btn“
            android:textAllCaps="false“
            android:textSize="20sp“
            android:text="Button Shape“/>
</RelativeLayout>
```

예제13-2) res/drawable/shape_btn.xml

```
<shape
    xmlns:android="http://schemas.android.com/apk/res/android“
    android:shape="rectangle“>
    <corners
        android:bottomLeftRadius="10dp“
        android:bottomRightRadius="1dp“
        android:topLeftRadius="1dp“
        android:topRightRadius="10dp“ />
    <stroke
        android:width="2dp“
        android:color="#a04080“ />
    <solid
        android:color="#2266ff“ />
</shape>
```

예제13-2) res/drawable/shape_bgk.xml

```
<shape
    xmlns:android="http://schemas.android.com/apk/res/android“
    android:shape="rectangle“>
    <gradient
        android:startColor="#FF88ff88“
        android:endColor="#FFffff88“
        android:angle="270“/>
</shape>
```

예제13-2) java/..../MainActivity.java

```
public class MainActivity extends AppCompatActivity {

    @Override
    protected void onCreate(Bundle savedInstanceState) {
        super.onCreate(savedInstanceState);
        setContentView(R.layout.activity_main);
    }
```

```
8  }
```

액티비티 화면의 전체를 차지하는 레이아웃의 배경을 그라데이션으로 하기 위해서 최상위 레이아웃인 activity_main.xml의 RelativeLayout에서 background = “@drawable/shape_bgk”로 설정했다. shape_bgk.xml 파일에서는 gradient 요소를 이용해서 색상이 위에서 아래(angle=270)로 시작 색(startColor=#88FF88)에서 끝 색(endColor=#FFffff88)까지 점차적으로 변하도록 했다. 버튼의 형태에 적용(android:background= “@drawable/shape_btn”) 되는 shape_btn.xml 파일에서는 cornor 요소를 사용해서 오른쪽 상단(topRightRadius)과 왼쪽 하단(bottomLeftRadius) 모서리를 10dp의 원으로 하고 나머지 모서리는 1dp의 원으로 했다.

13.2 Canvas에 직접 그리기

화면에 표시되는 요소인 뷰는 onDraw() 메서드에서 자신의 영역에 글씨나 그래픽을 표시한다. 따라서 뷰에 원하는 형태의 그림을 그리거나 글씨를 표시하려면 뷰의 onDraw() 메서드를 재정의해서 사용하면 된다. 안드로이드는 뷰에 표시되는 내용을 갱신해야 할 필요가 있을 때 onDraw()를 자동으로 호출하는데, 어플리케이션이 onDraw()의 호출을 원할 때는 invalidate() 메서드를 호출하여 안드로이드에게 뷰에 표시되는 내용을 갱신해야 할 필요가 있음을 알려주면 안드로이드는 이에 따라 onDraw()를 실행시켜 준다.

뷰의 화면에 글씨나 그래픽을 그리는데 필요한 클래스는 Canvas와 Paint이다. Canvas는 글씨를 쓰거나 그림을 그리는데 사용하는 화면을 제공한다. Canvas는 여러 가지 메서드를 제공하는데 대표적으로 다음과 같은 것들이 있다.

drawPoint() - 점을 표시한다.
drawLine() - 선을 그린다.
drawRect() - 사각형을 그린다.
drawCircle() - 원을 그린다.
drawColor() - 화면 전체를 색으로 체운다.
drawText() - 글씨를 쓴다.
drawBitmap() - 비트맵을 화면에 표시한다.

Canvas는 위의 메서드의 여러 가지 변형도 제공한다. 예를 들면 원이 아닌 타원을 그리는 drawOval(), 모서리가 둥근 사각형을 그리는 drawRoundRect()와 같은 다양한 메서드들을 제공한다.

Paint는 Canvas 위에 글씨를 쓰거나 그림을 그리는데 사용하는 펜과 같은 기능을 한다. Canvas에 글씨를 쓰거나 그림을 그리는 메서드들은 사용되는 Paint를 인수로 가진다. Paint는 색상, 선의 굵기, 모서리 모양 같은 정보를 가지는데, Paint가 제공하는 메서드는 다음과 같은 것들이 있다.

setColor() - 색상 설정
setStrokeWidth() - 선의 굵기 설정
setAntiAlias() - 가장자리를 부드럽게 표시
setStyle() - 도형의 외곽선과 내부체움 설정
setTextSize() - 글씨의 크기

뷰에 직접 그림을 그리거나 글씨를 쓰려면 View를 상속 받아서 커스텀 뷰를 생성하고, 커스텀 뷰 내의 onDraw() 메서드를 오버라이드해야 한다. 오버라이드한 onDraw() 안에서 onDraw()의 인수로 제공되는 Canvas에 Paint를 이용해서 원하는 글씨를 쓰거나 그림을 그린다.

13.2.1 커스텀 뷰 만들기

기존에 존재하는 뷰를 상속 받아서 특정 기능을 수행하는 커스텀 뷰를 만

들 수 있다. 예제13-3)은 뷰에 직접 그림을 그리고 글씨를 쓰는 방법을 설명하기 위해 커스텀 뷰를 만들고 onDraw() 메서드를 오버라이드 했다.

예제13-3) java/..../MyView.java

```
public class MyView extends View {
    public MyView(Context context) {
        super(context);
    }
    @Override
    protected void onDraw(Canvas canvas) {
        super.onDraw(canvas);
        Paint paint = new Paint();

        paint.setAntiAlias(true);
        paint.setColor(Color.RED);
        paint.setStrokeWidth(5);
        canvas.drawLine(20, 20, 300, 20, paint);

        paint.setColor(Color.BLUE);
        paint.setStyle(Paint.Style.FILL);
        Rect rect1 = new Rect(20, 40, 220, 240);
        canvas.drawRect(rect1, paint);

        paint.setStyle(Paint.Style.STROKE);
        Rect rect2 = new Rect(240, 40, 440, 240);
        canvas.drawRect(rect2, paint);

        canvas.drawCircle(120, 360, 100, paint);

        Path path1 = new Path();
        path1.moveTo(20, 500);
        path1.lineTo(200, 700);
        path1.lineTo(400, 500);
        path1.lineTo(20, 500);
        canvas.drawPath(path1, paint);

        paint.setColor(Color.MAGENTA);
        paint.setStrokeWidth(0);
        paint.setTextSize(50);
        canvas.drawText(“Hello Android“, 20, 800, paint);
    }
}
```

예제13-3) java/..../MainActivity.java

```
1  public class MainActivity extends AppCompatActivity {
2
3      @Override
4      protected void onCreate(Bundle savedInstanceState) {
5          super.onCreate(savedInstanceState);
6          setContentView(new MyView(this));
7      }
8  }
```

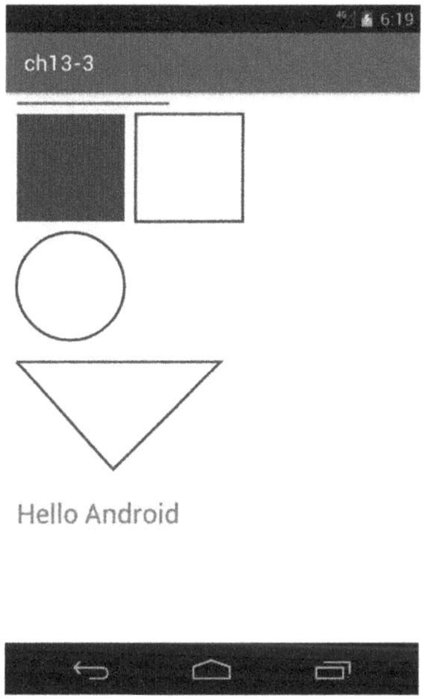

화면에 표시될 수 있는 뷰인 View를 상속받아서 MyView를 만들었다. 생성자인 MyView는 Context를 인수로 받는다. MainActivity의 라인 6에서 MyView의 객체를 생성해서 setContentView()의 인수로 넘겨 주었으므로 MyView가 액티비티 화면 전체를 차지한다. 만약 레이아웃 파일에 MyView를 포함시키려면 레이아웃을 인플레이트할 때 호출되는 생성자인 MyView(Context, AttributeSet)로 만들어 주어야 한다. MyView는 onDraw()에서 몇 가지 도형을 그리고, 텍스트를 표시했다. 도형을 그릴 때는 Canvas가 제공하는 메서드들인 drawLine(), drawRect(), drawCircle(), drawPath()를 사용했다. 이 메서드들은 모두 Paint에 설정된 속성 값들이 적용되는 도형을 그린다. 라인 26의 Path는 임의의 도형을 그릴 수 있도록 화면상의 좌표 위치를 연결하는 라인을 표현한다. 화면에 텍스트를 쓸 때는 drawText()를 사용한다.

13.2.2 터치 이벤트를 이용한 그리기

터치 이벤트는 뷰의 화면을 터치했을 때 발생한다. 손가락으로 화면에 임의의 그림을 그리려면 터치 이벤트를 이용해야 한다. 터치는 다음 세 가지 동작으로 이루어진다.

ACTION_DOWN - 화면을 누르기 시작했을 때 발생
ACTION_MOVE - 누른 상태에서 움직일 때 발생
ACTION_UP - 화면에서 손가락을 뗄 때 발생

터치 이벤트가 발생한 화면 상의 위치는 다음과 같은 메서드로 알 수 있다.

getX() - 이벤트가 발생한 뷰 상의 X 좌표
getY() - 이벤트가 발생한 뷰 사의 Y 좌표

뷰에 발생하는 터치 이벤트를 처리하려면 onTouchEvent()를 오버라이드해서 사용하면 된다.

```
public void onTouchEvent(Event event) {
    int x = (int)event.getX();
    int y = (int)event.getY();

    switch(event.getAction) {
        case MotionEvent.ACTION_DOWN:
            // ACTION_DOWN 이벤트 처리
            break;
        case MotionEvent.ACTION_MOVE:
            // ACTION_MOVE 이벤트 처리
            break;
        case MotionEvent.ACTION_UP:
            // ACTION_UP 이벤트 처리
            break;
    }
    return true;
```

```
}
```

여기서 마지막에 true를 반환한 것은 이 부분에서 터치 이벤트를 처리했음을 의미한다. 만약 false를 반환하면 이벤트가 처리되지 않았음을 의미하므로 이 뷰를 포함하는 레이아웃에 터치 이벤트가 전달된다.

예제13-4)는 터치 이벤트를 이용해서 화면에 손 글씨를 쓸 수 있는 프로그램을 작성하는 방법을 설명한다.

예제13-4) res/layout/activity_main.xml

```
<RelativeLayout
    xmlns:android="http://schemas.android.com/apk/res/android“
    android:layout_width=“match_parent“
    android:layout_height=“match_parent“
    android:padding=“5dp“>
    <LinearLayout
        android:id=“@+id/btnbox“
        android:layout_width=“match_parent“
        android:layout_height=“wrap_content“
        android:layout_alignParentBottom=“true“
        android:orientation=“horizontal“>
        <Button
            android:layout_height=“60dp“
            android:layout_width=“0dp“
            android:layout_weight=“1“
            android:layout_margin=“5dp“
            android:onClick=“CmdClear“
            android:textAllCaps=“false“
            android:textSize=“20dp“
            android:text=“Clear“/>
        <Button
            android:layout_height=“60dp“
            android:layout_width=“0dp“
            android:layout_weight=“1“
            android:layout_margin=“5dp“
            android:onClick=“CmdExit“
            android:textAllCaps=“false“
            android:textSize=“20dp“
            android:text=“Exit“/>
    </LinearLayout>
    <com.example.ch13_4.MyView
```

```
            android:id=“@+id/graphicView“
            android:layout_width=“match_parent“
            android:layout_height=“wrap_content“
            android:layout_alignParentTop=“true“
            android:layout_above=“@id/btnbox“
            android:background=“#FFffffff“/>
</RelativeLayout>
```

예제13-4) java/..../MyView.java

```
public class MyView extends View {
    private Paint paint;
    private Path path;

    public MyView(Context context) {
        super(context);
        initMyView();
    }
    //
    public MyView(Context context, AttributeSet attrs) {
        super(context, attrs);
        initMyView();
    }
    //
    private void initMyView() {
        path = new Path();
        paint = new Paint();
        paint.setAntiAlias(true);
        paint.setStyle(Paint.Style.STROKE);
        paint.setStrokeWidth(5);
        paint.setColor(Color.BLUE);
        paint.setStrokeJoin(Paint.Join.ROUND);
    }
    @Override
    public boolean onTouchEvent(MotionEvent event) {
        switch (event.getAction()) {
            case MotionEvent.ACTION_DOWN:
                path.moveTo(event.getX(), event.getY());
                break;
            case MotionEvent.ACTION_UP:
            case MotionEvent.ACTION_MOVE:
                path.lineTo(event.getX(), event.getY());
                break;
            case MotionEvent.ACTION_CANCEL:
```

```
35                  break;
36              }
37              invalidate();
38              return true;
39          }
40          @Override
41          protected void onDraw(Canvas canvas) {
42              super.onDraw(canvas);
43              canvas.drawPath(path, paint);
44          }
45
46          public void clearAll() {
47              path.reset();
48              invalidate();
49          }
50  }
```

예제13-4) java/..../MainActivity.java

```
public class MainActivity extends AppCompatActivity {

    @Override
    protected void onCreate(Bundle savedInstanceState) {
        super.onCreate(savedInstanceState);
        setContentView(R.layout.activity_main);
    }

    public void CmdClear(View view) {
        MyView gv = (MyView)findViewById(R.id.graphicView);
        gv.clearAll();
    }

    public void CmdExit(View view) {
        finish();
    }
}
```

View를 상속 받아서 커스텀 뷰인 MyView를 만들었다. MyView는 activity_main.xml의 라인 31에 포함되어 있으므로 액티비티 화면이 생성될 때 인플레이트된다. 따라서 MyView.java의 라인 10에서 화면 표시에 필요한 속성 정보를 포함하는 생성자를 만들어 두었다.

MyView는 라인 25에서 onTouchEvent()를 오버라이드해서 터치 이벤트를 직접 처리하도록 했다. Path를 사용해서 ACTION_DOWN 이벤트에서 터치된 좌표를 기억하고, ACTION_MOVE 이벤트가 발생할 때마다 그 위치까지 라인을 그리도록 좌표를 기억해 두었다. onDraw()의 라인 43에서는 drawPath()를 이용해서 그 때까지 기억된 좌표를 라인으로 연결한다. Path에 저장되는 정보가 변경될 때마다 화면을 다시 그리도록 라인 37에서 invalidate()를 호출했다. invalidate()는 MyView가 onDraw()를 다시 호출하도록 한다.

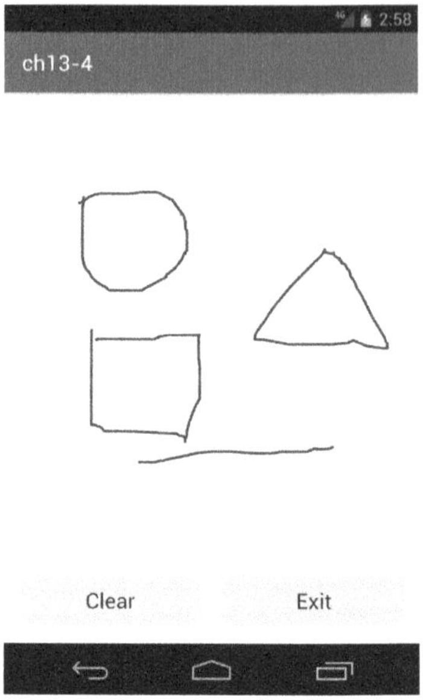

Clear 버튼을 클릭하면 라인 47에서 path.reset()을 호출하여 path에 저장된 모든 정보를 삭제하도록 한 다음에 라인 48에서 invalidate()를 호출하여 화면을 다시 그리도록 하여 화면을 지운다.

13.3 서피스 뷰를 이용해서 그리기

화면에 그리는 기능은 모두 버튼 클릭과 같은 기능을 처리하는 메인 쓰레드가 처리한다. 따라서 게임이나 애니메이션과 같은 화면이 빨리 갱신되어야 하는 어플리케이션을 터치 이벤트를 이용하여 구현하면 메인 쓰레드는 화면 클릭과 같은 이벤트를 즉시 처리할 수 없게 되어 클릭 이벤트에 대한 반응이 느려 지게 된다. 이러한 경우에 사용자는 불편함을 느끼게 될 뿐 아니라, 이벤트에 대한 반응이 많이 느린 경우에 안드로이드는 어플리케이션이 동작하지 않는 것으로 판단하여 어플리케이션을 강제로 종료시키게 된다. 안드로이드는 이렇게 게임이나 애니메이션과 같이 화면 처리가 많은 어플리케이션 구현을 위해 서피스 뷰(SurfaceView)를 제공한다.

서피스 뷰는 메인 쓰레드와 별도로 작업 쓰레드에게 화면에 그리는 기능을 제공한다. 작업 쓰레드는 서피스 뷰가 제공하는 캔버스에 그래픽 작업을 하고, 작업이 완료되거나 필요할 때에 언제든지 서피스 뷰의 캔버스를 메인 쓰레드의 화면으로 복사할 수 있도록 해서 메인 쓰레드를 방해하지 않고도 그래픽 작업을 할 수 있도록 한다.

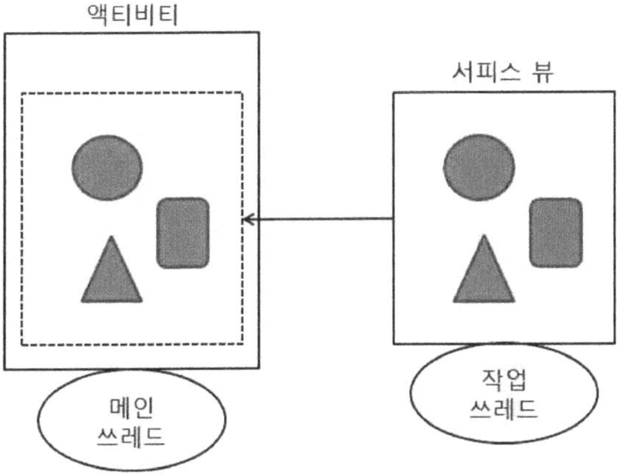

<그림 13-1> 서피스 뷰의 기능

서피스 뷰를 액티비티 화면에 포함시키면 액티비티는 서피스 뷰 화면의 생성이 완료될 때, 서피스 뷰 화면이 파괴될 때, 화면 크기가 변경될 때마다 콜백 메서드를 호출해서 이를 서피스 뷰에게 알린다. 콜백 메서드는 SurfaceHolder.callback이 제공한다. 따라서 서피스 뷰를 상속 받아서 커스텀 뷰를 만들 때에는 SurfaceHolder.callback이 제공하는 세 개의 메서드를 오버라이드 해서 구현해 주어야 한다.

surfaceCreated() - 서피스 뷰가 생성되어 사용할 준비가 되었음을 알려주는 콜백 메서드로 여기에서 작업 쓰레드를 생성한다.
surfaceDestroyed() - 서피스 뷰가 파괴되어 더 이상 사용할 수 없음을 알려주는 콜백 메서드로 여기에서 작업 쓰레드를 종료한다.
surfaceChanged() - 서피스 뷰의 크기가 변경되었음을 알려 줄 때 호출된다.

또한 커스텀 뷰의 생성자에서는 이 콜백 메서드를 다음과 같은 방법으로 등록해 주어야 한다.

```
SurfaceHolder holder = getHolder();
holder.addCallback(this);
```

서피스 뷰의 캔버스은 메인 쓰레드와 작업 쓰레드가 함께 접근한다. 작업 쓰레드는 캔버스에 그림을 그리기 위해 접근하고, 메인 쓰레드는 캔버스의 내용을 액티비티 화면에 복사하기 위해 접근한다. 두 쓰레드의 동기화를 위해서 lock/unlock 기능을 이용한다. 작업 쓰레드는 서피스 뷰의 캔버스에 접근하기 위해 lockCanvas()를 호출해야 하고, 캔버스에 그리기를 완료한 다음에는 unlockCanvasAndPost()를 호출해서 액티비티 화면에 복사될 수 있도록 한다. 따라서 작업 쓰레드는 다음과 같은 형태로 구현된다.

```
public class MyThread extends Thread {
    public MyThread(SurfaceHolder holder) {
        this.holder = holder;
    }

    public run() {
        canvas = holder.lockCanvas();
        // 여기에
        // canvas에 그리기 기능을 구현한다.
        //
        holder.unlockCanvasAndPost(canvas);
    }
}
```

예제13-5)는 서피스 뷰를 사용해서 간단한 애니메이션 기능을 구현하는 방법을 설명하는 프로그램이다. SurfaceView를 상속 받아서 MySurfaceView를 만들고, 그 내에서 애니메이션이 구현된 GameView를 만들었다. 작업 쓰레드는 움직이는 볼을 서피스 뷰에 그린 다음에 액티비티의 화면에 복사하도록 했다.

예제13-5) java/..../MainActivity.java

```
public class MainActivity extends AppCompatActivity {
    MySurfaceView view;

    @Override
    protected void onCreate(Bundle savedInstanceState) {
        super.onCreate(savedInstanceState);
        view = new MySurfaceView(this);
        setContentView(view);
    }
}
```

예제13-5) java/..../MySurfaceView.java

```
public class MySurfaceView extends SurfaceView implements SurfaceHolder.Callback {
    GameThread thread;

    public MySurfaceView(Context context) {
        super(context);
        init();
    }
    //
    public MySurfaceView(Context context, AttributeSet attrs) {
        super(context, attrs);
        init();
    }
    //
    private void init() {
        SurfaceHolder holder = getHolder();
        holder.addCallback(this);
    }
    //
    public void surfaceCreated(SurfaceHolder holder) {
        thread = new GameThread(holder);
        thread.setRunning(true);
        thread.start();
    }
    //
    public void surfaceDestroyed(SurfaceHolder holder) {
        boolean retry = true;

        thread.setRunning(false);
```

```
            while (retry) {
                try {
                    thread.join();
                    retry = false;
                } catch (InterruptedException e) {    }
            }
        }
        //
        public void surfaceChanged(SurfaceHolder holder, int format, int width, int
    height) {    }
    }
```

예제13-5) java/..../GameThread.java

```
public class GameThread extends Thread {
    private boolean runFlag;
    private SurfaceHolder mSurfaceHolder;
    private Paint paint;
    private int r, cx, cy, dx, dy;

    public GameThread(SurfaceHolder holder) {
        mSurfaceHolder = holder;
        paint = new Paint();
        paint.setAntiAlias(true);
        paint.setStyle(Paint.Style.FILL_AND_STROKE);
        paint.setColor(Color.BLUE);
        r = 50;
        cx = cy = r;
        dx = dy = r/10;
    }
    //
    public void setRunning(boolean b) {
        runFlag = b;
    }
    @Override
    public void run() {
        Canvas canvas = null;
        while (runFlag) {
            try {
                canvas = mSurfaceHolder.lockCanvas();
                synchronized (mSurfaceHolder) {
                    canvas.drawRGB(255, 255, 255);
                    canvas.drawCircle(cx, cy, r, paint);
                    cx += dx;
```

```
31                      cy += dy;
32                      if ((cx+r > canvas.getWidth()) || (cx-r < 0)) {
33                          dx = -dx;
34                      }
35                      if ((cy+r > canvas.getHeight()) || (cy-r < 0)) {
36                          dy = -dy;
37                      }
38                  }
39                  sleep(10);
40              } catch (InterruptedException e) {
41                  e.printStackTrace();
42              } finally {
43                  if (canvas != null) {
44                      mSurfaceHolder.unlockCanvasAndPost(canvas);
45                  }
46              }
47          }
48      }
49  }
```

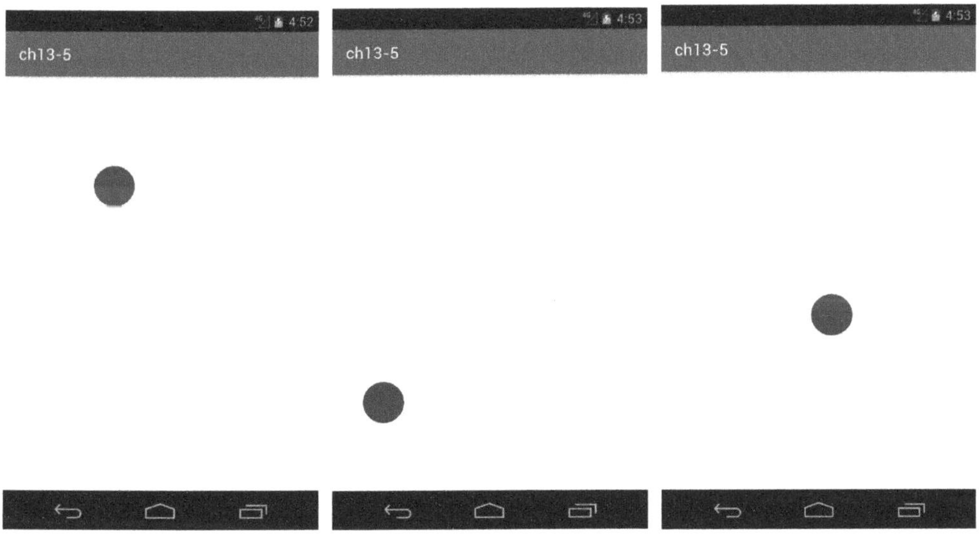

MySurfaceView는 생성자에서 init()을 호출하여 콜백 함수들을 등록했다. 서피스 뷰의 준비가 완료되었을 때 호출되는 콜백 메서드 surfaceCreated() 내의 라인 22에서 자업 쓰레드를 실행했다. GameThread로 구현된 작업 쓰레드는 라인 26에서 lockCanvas()를 이용해서 서피스 뷰의 캔버스에 락을 건 다음에 (ca, cy)위치에 볼을 그리고, 라인 30, 31에서 그 위치를 이동시킨다. 위치가 캔버스의 경계에 이르면 라인 32 ~ 라인 37에서 방향을 바꾸어서 그리도록 준비한다. 그리기 작업이 완료되면 라인 44에서 unlockCanvasAndPost()를 이용해서 캔버스의 화면 전체를 액티비티 화면에 복사되도록 했다.

[과제 13-1]

아래 그림과 같이 동작하는 간단한 애니메이션 프로그램 작성한다.

(1) 화면은 상단에 SurfaceView가 있고, 하단에 두 개의 버튼이 있다.
(2) 볼은 반지름이 50(pixels)인 원으로 한다.
(3) 프로그램이 시작되면 볼을 (50, 50) 위치에서 시작하여 대각선 방향 아래로 움직이기 시작한다.
(4) 볼이 벽에 이르면 입사각과 같은 각도로 반사되어 움직인다.
(5) 볼은 하단의 버튼이 있는 영역을 침범하지 않도록 해야 한다.
(6) Stop 버튼을 클릭하면 볼의 동작이 멈춘다.
(7) Run 버튼을 클릭하면 볼은 이전에 멈춘 위치에서 다시 움직인다.

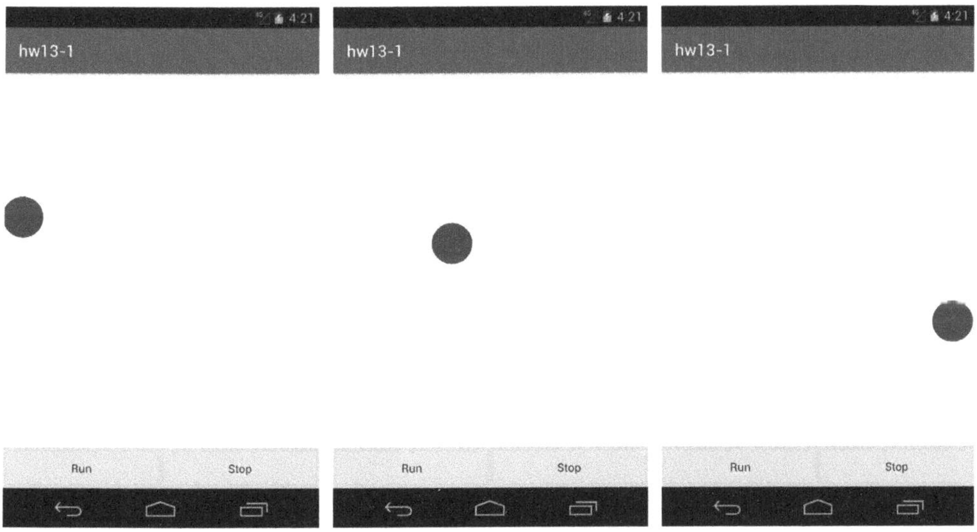

힌트)
(1) 하단의 버튼들은 LinearLayout 안에 두면 배치가 간단하다.
(2) FrameLayout 안에 SurfaceView와 LinearLayout을 둘 때에는 xml 파일에서 이 순서대로 해야 LinearLayout이 보인다.

(3) SurfaceView와 다른 뷰를 레이아웃을 이용해서 한 화면에 배치하면 동작할 때 원하지 않은 결과가 나올 수 있다. 즉, 하단의 LinearLayout은 사라지고 볼이 화면 전체를 움직인다. 이 문제는 SurfaceView와 명령 버튼이 있는 LinearLayout을 FrameLayout 안에 두면 해결된다. 그러나 이렇게 하면 명령 버튼들은 보이지만 볼이 버튼 영역을 침범하게 되기 때문에, 볼의 y 좌표 위치가 버튼 영역까지 오지 않도록 프로그램 해야 한다.

(4) 하단 명령 버튼 영역의 크기는 xml 파일에서 dp 단위로 표시하는데, 프로그램 상에서 볼의 x, y 좌표 위치는 픽셀 단위로 처리된다. 따라서 dp를 pixel로 변환해서 SurfaceView의 하단 경계를 계산해야 한다. 다음 메서드는 dp 단위를 pixel 단위로 변경하는 메서드이다.

```
private int convertDpToPixel(float dp){
    DisplayMetrics metrics = Resources.getSystem().getDisplayMetrics();
    float px = dp * (metrics.densityDpi / 160f);
    return (int)Math.round(px);
}
```

찾아보기

■ 저자소개

나근식 한신대학교 컴퓨터공학부 교수

안드로이드 프로그래밍

인　　쇄 : 2018년 8월 10일
발　　행 : 2018년 8월 20일
저　　자 : **나 근 식**
발 행 처 : **도서출판 한신**
서울시 서대문구 수색로6길 43번지 105-602호
TEL : (02)304-3504　FAX : (02)304-3505
발 행 인 : **김 기 영**
등록번호 : **제 10-1745 호**
I S B N : 979-11-87555-12-4　　93560

정가. 22,000원